本书是 2010 年度国家社科基金重大项目"中国土地制度变革史"（项目批准号：10ZD&078）的成果

龙登高 主编

The History of Land Institution in Traditional China

中国土地制度史

【卷三】

地权市场的制度演化：1650—1950

丁萌萌 著

中国社会科学出版社

目　　录

第一章　前言 …………………………………………………………（1）
　第一节　选题意义 ……………………………………………………（1）
　第二节　文献综述 ……………………………………………………（4）
　第三节　研究思路 ……………………………………………………（22）
　第四节　研究方法和使用的主要材料 ………………………………（23）
　第五节　本书的结构安排和主要创新点 ……………………………（24）

第二章　自发秩序的地权交易形式多样化与制度创新 …………（28）
　第一节　地权市场交易制度的历史渊源 ……………………………（30）
　第二节　土地交易形式的多样化及信用制度的创新 ………………（31）
　第三节　地权交易中介——中人在交易中的作用 …………………（60）
　第四节　近世地权市场产权形式的多样化和制度创新 ……………（88）

第三章　近世地权市场主要交易制度的演化 ……………………（104）
　第一节　佃权由依附走向独立 ………………………………………（104）
　第二节　近世地权市场的押租制 ……………………………………（105）
　第三节　演化博弈视角下的永佃制变迁 ……………………………（111）
　第四节　田面权的变迁 ………………………………………………（121）
　第五节　亲邻先买权的演变 …………………………………………（131）

第四章　自发秩序的土地交易市场 ………………………………（143）
　第一节　自发秩序的基层社会 ………………………………………（143）

1

第二节　基层治理结构的地权市场 …………………（147）
　　第三节　个人利益与公共利益的关系 ………………（151）
　　第四节　自发秩序的地权分配状况 …………………（156）
　　第五节　地权交易多样化与代际传承——以清代家族
　　　　　　地契代际传承为例 …………………………（177）

第五章　政府管理加强的基层地权市场 ………………（201）
　　第一节　政府加强管理的主要表现 …………………（202）
　　第二节　政府管理加强对基层地权市场的影响 ……（208）
　　第三节　地权市场的制度分析 ………………………（232）

第六章　结论 ……………………………………………（246）
　　第一节　近世地权市场的演进脉络 …………………（246）
　　第二节　自发秩序下地权市场的活力 ………………（250）

附录A　亲邻先买权的优先顺序 ………………………（254）
**附录B　豫鄂皖赣四省居乡地主与居外地主百分比及
　　　　　职业比较** …………………………………………（256）

参考文献 …………………………………………………（259）

第一章 前言

第一节 选题意义

当前农村土地制度改革存在很多争论。如农村土地所有权、承包经营权和使用权、土地征用、土地流转、土地财产性收入等问题，人们试图在新形势下找到一条适合农地制度改革的发展道路。本卷对近世[①]土地交易制度的演变过程进行回顾，揭示地权市场配置生产要素和提高生产效率的作用。经济史研究强调"以史为鉴"，回顾三百多年来地权市场的演变史，在政府管理相对较少的清代，土地市场交易活跃，交易形式也呈多样化，土地作为生产要素得到较为合理的配置。土地契约作为交易中介，一定程度上也充当着货币中介的作用，执行着流通手段和支付手段的职能，实现了交易规则和交易制度的创新，如永佃制、找价、活卖等制度的创新和完善，显示了草根经济的活力。

对于自生自发的社会秩序，人们常担心自由的交易会导致社会混乱，政府应加强干预。却没有看到自生自发秩序即非正式制度下，草根经济的活力和效率。地权市场不仅实现了多种交易工具的创新和发展，还实现了资源的有效利用和合理的配置，整个社会的劳动生产率不断提高，人们可以在市场上通过交易获得融通资金，满足各自的融资需求。而这一发展过程是一个渐进的过程，且交易规则是以非正式制度即乡规俗例为基础的，这些规则的形成是在演进过程中经过不断

[①] 指清初 1650 年至土地改革 1950 年这段时间。

磨合逐渐形成的，政府加强管理可能会打断这种进程。

回顾三百多年的土地演变史，可将整个变迁过程简单地划分为六个阶段，分别是：第一，自生自发的、自然秩序下的土地交易。交易规则并不是外来的，也不是外部强加的，是人们在长期交易中自发形成的，乡规俗例在土地交易中起主要作用。第二，政府呈现加强基层管理的迹象。开始进入基层治理，并制定土地交易的市场规则，禁止押租、转佃等是突出的表现。第三，政府对基层管理进一步加强，实行强制性的地权分配。第四，土地集体化。土地产权归集体所有，实行农村合作社，直至计划经济下的政府强力管制。第五，家庭联产承包责任制，农户获得土地的使用权。第六，当前的土地流转问题，市场经济条件下的土地制度改革，面临新的问题和挑战。这里仅将前两个阶段作为研究内容。

对于当前的土地制度改革，学术界也存在很多争论，人们同样对改革存有忧虑和担心，不断寻找和探索适合土地制度改革的发展道路。近世地权市场的发展以及所呈现的草根经济的活力，为当前土地制度改革提供了借鉴，分析和研究近世地权市场的演化过程，可看到原生性和自发性的地权交易制度的活力和效率，多样化交易工具和交易制度的发展和创新，以及资源的有效配置所带动的社会发展。因而应加以保护和扶持，政府应发挥公共管理职能，避免原本井然的秩序受到干扰。本卷选取"地权市场的制度演化（1650—1950）"为题，对近世地权市场演进的过程，即自然秩序前提下的地权市场和政府加强管理前提下的地权市场进行分析和论述，以期为当前土地制度改革提供一些思路和借鉴。

近百年来，人们关于土地制度改革的争论从未停止过，而每一次土地制度的变革，都会带动整个社会的发展和变迁。可以说，每一次土地制度的演化或变革，都是人们在不断探索中推动和实施的，也是一个不断试错的过程。当一种新的土地制度代替旧的土地制度时，新制度总能带来一定的效应，但从长期来看，并不能说明新制度就总是好的。在几百年的地权交易制度的发生和演变过程中，清代的土地交易市场最为活跃。这一方面，是由于在清代，整个社会处在相对自由的经济体制之下，也可以说是处在朴素的经济自由主义体制下（龙登高①、岸本美绪②），政府对整个市场的干预较少；另一方面，皇帝作为一国之君，行为也受到约束，要关心国计民生，并不是传统观念里所说的，可以随心所欲地掠夺和欺压百姓（只有少数暴君除外）。其行政职权不可能涉及每个角落，特别是一些偏远的农村山区，如果在那里设立政府衙门，费用很高，因而在最基层便产生了乡绅治理的基层治理结构形式。在这种相对自由的经济体制下，民间的交易形式才得以实施，地权交易才呈现出多样化的发展趋势。

分析近世中国地权市场的演变过程，有助于理解中国近世农村经济发展的变迁过程。从交易形式上，土地交易形式由最初的民间形式即非正式制度，转变为以法律为主的正式制度。从演进过程看，地权交易形式的变化给农村经济生活带来重大影响。在相当长的历史时期，起初人们在交易中自发形成规则，按乡规俗例进行交易，出现纠纷也由乡绅出面解决。随着交易量的扩大，交易已不再局限于邻里之间，这时土地交易开始由人格化交易向非人格化交易转变，交易过程中出现纠纷的几率大大增加，而这时乡绅自治已被打破。随着城市化的发展，部分乡绅开始进城，乡村基层治理出现空白，政府介入是必然的。随着政府管理的不断加强，贫富分化现象日益严重，许多知识分子出于好心，纷纷要求进行土地制度改革，提出"耕者有其田"等主张，颁布禁止押租转佃等法令，结果均以失败告终。由于政府对自生自发的地权市场认识不够，加强管理不仅没有取得预期效果，还打乱了原有的秩序。

关于土地制度变革的文章很多，但从地权交易形式的演化这一角度进行论述的较少。若以土地交易制度的演进为主线，考察交易习俗、乡规俗例、宗族关系等非正式制度对地权市场的影响，以及在不同的历史背景下，乡村基层治理、政府管制加强等因素所带动的制度变迁，并由此考察中国近世经济史的发展，将对认识和解决今天所面

---

① 龙登高：《清代地权交易形式的多样化发展》，《清史研究》2008年第3期。
② ［日］岸本美绪：《清代中国的物价与经济波动》，社会科学文献出版社2010年版。

临的土地问题，有一定的现实指导意义。

第二节 文献综述

一 关于制度、产权、制度经济学相关理论综述

本卷研究重点放在地权制度的演化过程上，首先应了解什么是"制度"。关于制度一词含义，不同学者的观点不尽相同。

凡勃伦认为制度实质上就是一种思想习惯，是个人或社会对与其有关的某些关系或某些作用的思想习惯，着重于制度的心理和文化分析，把制度的发展看成是思想意识演进的结果。①

康芒斯认为制度就是集体行动控制个体行动的一种集合，把集体行动的组织形式称作"运营机构"，如政府、工会、法院、企业等组织。这些组织又通过"工作规则"，如日常习惯、社会风俗、条例、法律、宪法等来约束、控制个体行动。②

米契尔将制度研究与经济周期的统计检验结合起来。在制度变迁理论问题上与凡勃伦的论点相似，重视"流行的社会习惯"，但他并不十分强调促进制度和意识形态变迁的新技术因素。③

阿里斯同样把制度看作是各种风俗和习惯，即强调非正式制度。不仅包括现存的风俗和习惯，也包括一些原始人类的礼仪风俗，如神话与迷信、图腾与禁忌等。他还认为制度也许是技术变迁与经济进步的障碍。④

诺斯认为制度是社会的博弈规则，制度定义和限制了个人的决策集合。⑤

格雷夫从均衡角度分析制度并将制度定义为：在博弈论的分析框

---

① ［美］凡勃伦：《有闲阶级论》，蔡受百译，商务印书馆1964年版，第139页。
② ［美］康芒斯：《制度经济学》（上册），商务印书馆1962年版，第87页。
③ ［美］米契尔：《商业循环问题及其调整》，商务印书馆1962年版，第9页。
④ ［美］阿里斯：《技术在经济学理论中的地位》，载《美国经济评论》1953年第5期。
⑤ ［美］道格拉斯·诺思、［美］罗伯特·托马斯：《西方世界的兴起：新经济史》，厉以平、蔡磊译，华夏出版社1989年版，第3—4页。

架中，两个制度要素是（关于别人行为的）预期和组织，他们相互关联。组织是非技术因素决定的约束，它们通过引入新的参与人（即该组织本身），改变参与人的信息，或者改变某些行动的报酬来影响行为。[①] 格雷夫通过对比马格里布商人联盟与欧洲商人行会两种商业文化的发展来分析制度。认为在诚实、讲道德的商业文化下，社会制度及内部的组织结构稳定性强，会出现相对静滞的社会；而在自私、不讲道德的个人主义商业文化下，社会内部结构的稳定性较差，更容易发生变迁，形成动态的社会。

青木昌彦在《比较制度分析》中对制度进行深入分析，比较博弈论下的三种制度观。认为在给定的参数值架构下，很可能存在多重均衡，使不同国家出现各种各样的制度安排。由于均衡选择具有路径依赖的特性，不同的制度安排也随之发生着演变，制度安排的多样化可能蕴含着收益。并从比较制度视角出发，对制度一词从五个方面进行把握。这些理由分别是：

（1）对制度起源和实施进行内生性分析。

（2）"历史是重要的。"在特定博弈模型存在多重均衡解的情况下，如果对应于博弈结构的技术设定，博弈只存在一个均衡解，那么该均衡就仅仅是技术条件的一种表征，而不是制度。

（3）制度间的相互关联和相互依赖。均衡制度观提供了一个分析经济社会中，各种制度间相互依存的理论框架。当政府为了引进或实施一项新"制度"而颁布法令，法令的实施在一定的经济、政治和社会背景下经常产生意想不到的后果。

（4）不同符号系统竞争而诱致的制度变迁。当环境发生重大变化时，参与人业已形成的技能和决策习惯可能同时出现问题，当不再适应时，从而引发"制度危机"。

（5）公共政策和成文法的作用。究竟把构成制度的博弈规则看作是内生于相关领域，还是在政治域外生设定的，这对解释公共政策的

[①] ［美］阿夫纳·格雷夫：《大裂变——中世纪贸易制度比较和西方的兴起》，郑江淮译，中信出版社2008年版。

作用具有重要的影响。①

韦森在其文章中对"制度"一词进行了详细论述,对英文中的制度含义与中文的制度加以区分,并阐述了制度在市场中的作用,并就有关博弈论在制度分析中的作用进行了讨论。② 新经济史的代表人诺斯在《西方世界的兴起》中提出,西方世界的兴起是由于建立了一个有效的制度。诺斯运用了成本交易理论,所有权理论等进行分析,从而实现了经济史与经济理论的统一。并运用这些经济理论对西方近代民族国家的兴起采取了不同的研究方法和论述形式。③ 科斯指出产权的重要性,并提出著名的科斯定理。张五常深入地研究了市场经济条件下合约的本质以及交易费用的关系。他认为,合约是一种普遍采用的资产流转的形式。人们要进行各种交易,就必须通过当事人双方以一定的合约方式来实现。强调产权在合约交易中的重要性。④ 步德茂不仅从产权、交易成本、国家意识形态等新制度经济学角度,还从演化博弈论有关群体习俗和惯例等社会秩序角度,分析18世纪中国经济变化与民间社会冲突之间的内在联系,强调产权制度的重要性。⑤

亚当·斯密奠定了古典自由主义理论的基础。驳斥了重商主义的观点,反对政府管理经济,认为市场自由必然会导致效率出现,放任主义是政府经济政策的最佳选择,人的利己心理会达到一个并非出自本意的社会公共利益。斯密主张最小意义的政府,社会应该从政府干预中摆脱出来,尽量的自由。⑥ 这正如托马斯·杰斐逊所说:"管的最少的政府是最好的政府。"自由市场理论在20世纪20年代受到了前所未有的冲击,这时,凯恩斯主义上台,主张政府应该干预经济,

---

① [日]青木昌彦:《比较制度分析》,上海远东出版社2001年版。
② 韦森:《哈耶克式自发制度生成论的博弈论诠释》,《中国社会科学》2003年第6期。
③ [美]道格拉斯·诺斯、罗伯斯·托马斯:《西方世界的兴起》,厉以平、蔡磊译,华夏出版社1989年版。
④ 张五常:《佃农理论》,中信出版社2010年版。
⑤ Thomas M. Buoye, Manslaughter, *Markets, Moral Economy: Violent Disputes over Property Rights in Eighteenth-century China*, Cambridge University Press, 2000.
⑥ [英]亚当·斯密:《国民财富的性质和原因的研究》(上、下),郭大力、王亚南译,商务印书馆2011年版。

以避免经济危机。而政府管制也就越来越成为政府得心应手的工具。凯恩斯主张政府干预是必要的。新古典主义认为，20世纪70年代，世界范围内出现了经济滞胀，以哈耶克为代表的新古典主义重新取得了地位。借鉴新古典自由主义的思想，许多国家掀起了政府改革的浪潮，尤其是放松政府对经济和社会的管制。①

1951年，阿罗出版了社会理论的重要著作《社会选择和个人价值》。首次运用数理逻辑的分析工具，对社会决策和社会民主程序设计之间的关系做了形式化的深入考察，得出"不可能性定理"。阿罗认为，在现代民主社会中，有两种做出社会选择的基本方法：一种是投票，通常用于做"政治"决策；另一种是市场机制，通常用于做"经济"决策。此外，在其他非民主的国家，甚至在民主社会中的较小单位里，也存在两种社会选择的方法，即独裁和传统，在它们的正式结构中具有某些投票或市场机制所不具备的明确性。在理想的独裁体制中，社会选择只根据神的或者全体个人的共同意志做出。因此，这两种情况下均没有个人之间的冲突。然而，投票或市场的方法是汇集许多不同的个人偏好做出社会选择的方法。在任何个人是理性地做出他的选择的意义上，社会选择的独裁方法和传统方法也是理性的。但是在涉及许多个人不同意志的集体选择中，这种个人选择和社会选择的协调性还存在吗？即在不同的个人偏好中是很难形成所谓的社会偏好。②

丹尼斯·缪勒③（Dennis C. Mueller）认为，公共选择理论可以简单地定义为把经济学应用于政治科学的一种理论，主要是非市场决策的经济研究。公共选择的主题与政治科学的主题几乎是一样的：如国家理论，投票规则，投票者行为，官员政治等等。公共选择的方法也仍是经济学方法的一种。和经济学一样，公共选择理论的基本行为假

---

① ［英］哈耶克：《个人主义与经济秩序》，邓正来译，生活·读书·新知三联书店2004年版。
② ［美］肯尼斯·约瑟夫·阿罗：《社会选择与个人价值》，丁建峰译，上海人民出版社2010年版。
③ ［美］丹尼斯·C. 缪勒：《公共选择理论》，中国社会科学出版社1999年版。

设也是经济人假设,即是一个自利的、理性的、追求效用最大化的人。公共选择理论产生于20世纪40年代末,至60年代末70年代初形成一种学术思潮。布坎南、熊彼特也都从公共选择角度论述了政府在政策供给市场上的行为,官员为了实现当选政府的政策目标将提供不同的行政手段。关于这些行政手段的分析如官员经济理论、政府增长理论和政府失灵理论等,也是公共选择理论的内容之一。另外,关于政策执行市场方面,主要分析政策执行给一些人带来的影响,如纳税人、领取福利的人、获得行业补贴和养育补贴的人、向政府供给商品的人,并分析这部分人的个人行为与法律实施间的关系。[①] 庇古(A. C. Pigou)及其以后的福利经济学,都致力于揭露市场机制的缺陷。[②] 凯恩斯经济学的出现,从理论上打破了市场神话。个人对自身利益最大化的追求并不是没有限制的,这种限制就是宪法规则的约束。没有宪法约束,个人对自利的追求将会导致公开的冲突,个人选择也难以有一个公正的秩序。政治的基本任务就是提供这种宪法秩序。

二 自生自发的社会秩序

自生自发秩序思想最初来源于哈耶克对经济问题的研究。他指出自生自发的社会秩序是由个人和组织构成的,在任何一个规模较大的群体中,人们之间的合作都始终是以自生自发的秩序和刻意建构的组织为基础的。罗伯特·萨格登在此基础上,用博弈论诠释哈耶克自生自发秩序的自生和演变机制。美国经济学家安德鲁·肖特(Andrew Schotter)[③] 用一个博弈模型论证了自生性制度生成的机制,一定程度上验证了哈耶克的自生自发秩序理论,只可惜演化博弈论在当时还不成熟,并没有将演化博弈论方法引入其中。埃莉诺·奥斯特罗姆基于

---

① [美] 布坎南:《制度契约与自由——政治经济学家的视角》,王金良译,中国社会科学出版社2013年版。
② [英] A. C. 庇古:《福利经济学》,朱泱等译,商务印书馆2006年版。
③ [美] 安德鲁·肖特:《社会制度的经济理论》,陆铭、陈钊译,上海财经大学出版社2003年版。

演化博弈思想证明了自发形成的内部规则在公共池塘问题的治理上更为有效,使得哈耶克的自生自发理论得以进一步完善。①

国内对哈耶克自生自发秩序研究起步较晚。汪丁丁认为在文化演进层面上,自生自发秩序表现为协调人们行为的各种各样的制度,这些制度是通过人们的长期竞争形成的。②邓正来指出,哈耶克的自生自发秩序有一个要素多样间的互动特征,这种互动其实就是社会群体间博弈的另一种解释。③韦森在《哈耶克式自发制度生成论的博弈论诠释》一文中从博弈论角度对哈耶克的自生自发秩序的生成及其演变过程进行了分析。④龙登高认为明清基层社会呈现自治形态,家族、宗教与结社基本自由,王朝对民间与基层的干预有限,经济自由主义有效地推动资源配置、经济秩序及社会稳定,使大一统的国家在低成本治理的基础上长期延续。也有学者认为,传统中国社会就是以伦理关系为基础的社会。⑤如梁漱溟先生概括"伦理本位、职业分途"的结构,各种社会关系都纳入家庭伦理格局。⑥费孝通所提出的"差序格局"也指出,人与人之间的关系是血缘和地缘为基础的等级关系,每个人在社会中都有自己的位置,这种位置的确定是以血缘为基础,不需要法律。⑦

三 自生自发的乡村治理结构

关于"治理结构"的含义,新制度经济学认为在任何时候,一个

---

① 埃莉诺·奥斯特罗姆:美国著名的政治学、政治经济学家,也是美国公共选择学派的创始人之一。2009 年度诺贝尔经济学奖获得者,也是诺贝尔奖经济学奖自成立以来首位获此殊荣的女性。
② 汪丁丁:《哈耶克"扩展秩序思想"初论》,生活·读书·新知三联书店 1996 年版。
③ 邓正来:《规则·秩序·无知:关于哈耶克自由主义的研究》,生活·读书·新知三联书店 2004 年版。
④ 韦森:《哈耶克式自发制度生成论的博弈论诠释》,《中国社会科学》2003 年第 6 期。
⑤ 龙登高:《历史上中国民间经济的自由主义朴素传统》,《思想战线》2012 年第 3 期。
⑥ 梁漱溟:《中国文化要义》,学林出版社 1987 年版,第 206 页。
⑦ 费孝通:《乡土中国》,江苏文艺出版社 2007 年版。

◈ 地权市场的制度演化（1650—1950） ◈

经济体现存的产权结构是由治理结构（governance structure）或秩序（order）界定和保护的。后者可以理解为一套规则体系和用来执行这些规则的工具。一般地，一个秩序可以通过"完全主观"的机制（理性价值、宗教等）或者"对具体的外部效应的预期"执行。① 制度经济学强调的是通过使用法令限制个人行为的体制。这种法令本身是由法律或者是由惯例（包括伦理和道德的行为约束）建立起来的。② 县官治理地方的方法，在不同的情形下有所差别，他经常把官方的政策和表达，与非正式的甚至是非法的做法结合在一起。③

明清时期的社会秩序，存在两种观点，一种观点认为，明清时期"国权不下县"，出现乡村权力的真空。秦晖总结为"国权不下县，县下惟宗族，宗族皆自治，自治靠伦理，伦理造乡绅"④。韦伯关于皇权的论述为"正式的皇家行政，事实上只限于市区和市辖区的行政……一出城墙，皇家行政的权威就一落千丈，无所作为了"⑤。"无为"实际上便成为所有渴望成为仁君的帝王们的一种政治信条。⑥ 事实上，中国传统社会的秩序存在两种力量：一种是"官制"秩序或国家力量；另一种是乡土秩序或民间力量。前者以皇权为中心，自上而下形成一种等级分明的梯形结构；后者以家族（宗族为中心，聚族而居）形成大小不等的自然村落。中国社会由此可推演为"国家—宗族"或"皇权—绅权"的二元对立模式。在中国强大的王权之下，社会实际是在国家让渡的条件下产生的，其路径则是国家权力逐渐退

---

① ［德］马克斯·韦伯：《新教伦理与资本主义精神》，马奇炎、陈婧译，北京大学出版社 2012 年版。
② ［美］弗鲁博顿、［德］芮切特：《新制度经济学——一个交易费用分析范式》，姜建强，罗长远译，上海人民出版社 2006 年版。
③ ［美］李怀印：《重构近代中国》，岁有生、王奇生译，中华书局 2013 年版。
④ 秦晖：《传统中国的乡村基层控制》，转引自黄宗智主编《中国乡村研究》（第一辑），商务印书馆 2005 年版，第 2 页。
⑤ ［德］马克斯·韦伯：《儒教与道教》，王容芬译，商务印书馆 1995 版，第 145 页。
⑥ 转引自李怀印《近代中国乡村治理之再认识》（Village Governance in North China, 1875-1936, Stanford University Press, 2005）。

出乡村,导致乡村中权力真空的出现。①

另一种观点认为,中国传统的社会秩序,乡村中并没有出现所谓的权力真空。如孔力飞的观点,认为清帝国是一个官僚君主制国家。即君主专制和常规化官僚机构同时并存的"官僚君主制"(bureaucratic monarchy)国家。②清廷的帝王依赖成文法管理其官僚,同时为了维护其个人的独特地位和不受任何约束的超然权力,又竭力避免把皇权纳入官僚制之内。几千年的中国传统社会里,中国政治最大的一个特点就是上层政治变化无常和基层自治社会的稳固不动。③

黄宗智的论述从朝廷权力转向知县对民间纠纷的审理上来。认为韦伯的世袭君主官僚制理论,在解释国家政权和县衙门的日常运作方面都是合理的。通过对大量案例进行分析考察之后,所得出结论是:在处理民事纠纷时,知县不仅是一个照章办事、循规蹈矩的官员,而且以品行端正的"父母官"身份治理一方,并依靠非正式的调解办理讼案;其地位之尊,有如皇帝在朝廷一般。清代地方治理的这些特色,可以视作"世袭君主官僚制的产物"。黄宗智对中国基层社会秩序有特殊的理解,认为"中国地方行政实践广泛地使用了半正式的行政方法,依赖由社区自身提名的准官员来进行县级以下的治理。县衙门只在发生控诉或纠纷的时候才会介入"④。

从民事案例的解决方面,不同学者对清代乡村治理结构有不同的观点。滋贺秀三的"情理说",认为清代乡村治理是以情理为主的社会。在"国法"与情理面前,即便存在处理民事纠纷的相关条款,只要不是极端地背离律例,地方官可以依据"情理"断案。⑤陶希圣

---

① 徐祖澜:《乡村之治与国家权力——以明清时期中国乡村社会为背景》,《法学家》2010年第6期。
② [美]孔飞力:《中国现代国家的起源》,陈兼、陈之宏译,生活·读书·新知三联书店2013年版。
③ 徐勇:《非均衡的中国政治:城市与乡村比较》,中国广播电视出版社1992年版,第3页。
④ [美]黄宗智:《集权的简约治理——中国以准官员和纠纷解决为主的半正式基层行政》,《中国乡村研究》第五辑,福建教育出版社2007年版,第1—23页。
⑤ [日]滋贺秀三:《清代诉讼制度之民事法源的概括性考察》,王亚新等译,《明清时期的民事审判与民间契约》,法律出版社1998年版。

地权市场的制度演化（1650—1950）

从风俗和伦理的角度考察民事案件的解决，他认为民事案件"大抵是依据案中的具体情节，参考当地风俗习惯，而折衷于伦理观念与伦理规范，亦就是准情酌理而判定罪刑"①。既然案件的审理都是以风俗习惯为主，从法律角度看乡村治理，也可以看作为一种在自生自发的社会体制下的乡村治理结构。针对黄宗智和滋贺秀三的说法，中国学者赵旭东提出了"权威多元"的观点予以反驳。他认为中国乡土社会中存在着多元的权威，即"村政府的权威和法庭的权威以及民间的权威和村庙的权威"②。在这种权威多元模式的影响下，民间纠纷的解决既不是通过单纯的习俗惯例，也不是通过单纯的国家法律，"而是借助各种权威力量相互交错形成的合力而实现"③。

对于清代的乡村治理结构，虽然许多学者的观点不同，但共同点在于，他们都承认在清代时期，皇权对乡村的控制减弱，主要是由宗族和乡绅来治理基层社会，唯有发生民事和刑事案件时，县衙才出面干涉，而这种干涉也是以"情理"为主的干涉，即使有相关法律存在，但如不涉及重要案件，多是以民间乡规俗例和风俗习惯作为判决的主要依据。

清代乡村基层治理及交易中的乡规俗例。清时期的乡村基层，主要是基层自治结构形式。王奇生④指出：在中国二千年来的地方政府层级变迁过程中，县级政区是最稳定的一级基层政区。皇帝任命的地方官员到县级为止。但是，我们不能据此而认为县衙以下处于一种"权力真空"状态。事实上，在县衙以下的基层社会，存在着在运作的三个非正式的权力系统：其一，是附属于县衙的职业化吏役群体。如清代州县吏役人数，大县逾千，小县亦多至数百名。其二，是里

---

① 陶希圣：《清代州县衙门刑事审判制度及程序》，《食货月刊复刊》1971年第1卷第2期。

② 赵旭东：《权力与公正——乡土社会的纠纷解决与权威多元》，天津古籍出版社2003年版，第291页。

③ 转引自王洪兵、张思《清代法制史研究路径探析——以黄宗智著〈清代的法律、社会会与文化〉为中心》，《史学月刊》2004年第8期。

④ 王奇生：《民国时期乡村权力结构的演变》，《中国社会史论》，湖北教育出版社2000年版。

甲、保甲等乡级准政权组织中的乡约地保群体。这一群体每县亦有数十至数百人不等。其三,是由具有生员以上功名及退休官吏组成的乡绅群体。据张仲礼[①]研究,19世纪前半期中国士绅总数已达到100余万,平均每县有六七百名。从清代公共建设与管理研究角度,龙登高指出,清代民间公共设施建设的组织者桥会与义渡等公益机构,在基层秩序中有效发挥独特作用。[②]

亲邻先买权。土地交易形式也呈现出多样化特点。亲邻先买权作为一种民间习俗在土地交易中流行,并作为一种俗例得到普遍认可。一方面是由于在地理位置上,亲邻间的土地往往是挨着的或是一个整体,如果土地被外乡人购买或租佃就打破了其整体性;另一方面从投资—收益角度看,亲邻间的土地往往是共同投资的,如共同修一道水渠,共同挖一口水井等,如有一方想出卖土地,当然得先让亲邻优先选择,这样即合情又合理。在以非正式制度为主导的土地市场交易中,亲邻先买权成为约定俗成的乡规。在《民事习惯调查报告录》中,有许多习惯法都规定了亲邻先买权。对于亲邻先买权,史建云通过对近代华北土地买卖的研究提出不同意见,认为这一地区的土地买卖在法律和习惯上都不受"优先购买权"的限制,有比较自由的土地市场。[③] 赵晓力对亲邻先买权也进行了深入研究,认为亲邻先买权有社会整合的功能,而其衰落应从20世纪以来乡村的全面解析来理解,不仅仅是"商品化"经济关系发展的结果。[④]

随着租佃制的扩大,中人在土地交易中发挥重要作用。在《民事习惯调查报告录》里有详细记载。中人的出现,为交易双方提供信息和担保,当交易发生损失时,由中人来承担和解决。土地交易更加依

---

① 张仲礼:《中国绅士——关于其在19世纪中国社会中作用的研究》,李荣昌译,上海社会科学院出版社1991年版。
② 龙登高、王正华、伊巍:《传统民间组织治理结构与法人产权制度——基于清代公共建设与管理的研究》,《经济研究》2018年第10期。
③ 史建云:《彭慕兰著〈大分流:欧洲,中国及现代世界经济的发展〉》,《历史研究》2002年第2期。
④ 赵晓力:《中国近代农村土地交易中的契约、习惯与国家法》,《北大法律评论》1998年第2期。

地权市场的制度演化（1650—1950）

赖于市场，随着交易形式多样化，股权交易形式也产生。① 土地交易中也逐渐形成了找价习俗。明清时期，出卖土地对于人们来说，是一种辱没祖宗、"败家"的一种行为，不到万不得已，不愿意将土地出卖给他人。杨国桢的研究表明，现实中土地交易的时间和推收过户的时间存在距离，从契约关系而言，当时处理产税脱节的办法，是规定在土地成交到推收这段时间内，实际管业的买主必须津贴粮差，而由卖主输纳，这种变通，形式上可以避免税粮无着，但又使出卖的田地变成一种"活业"，卖主在推收之前，可以借口"卖价不敷"要找价，土地买卖的中间行为从一开始的私相认定，发展成全国性的私约习惯，也是非正式制度在土地交易中起重要作用。② 另外，清政府曾多次明令回赎期限，而民商事习惯调查却发现，大部分地主的回赎年限由当事人经契约自行订之，或倾向于放宽回赎的限制，③ 这进一步证明，民间习惯对成文法的影响。在"找价"过程中，仍然以民间习俗作为双方交易的主要依据。

四 关于近世④土地交易市场的研究

近世土地交易形式多样，这从契约文书中能清晰地看到。如永佃制、一田两主、亲邻先买权、找价等多种交易形式，使得清代土地交易市场活跃。方行先生⑤在《清代佃农的中农化》一文中也指出"清代，永佃制流行于福建、江苏、浙江、江西、安徽、广东诸省的部分地区"。对于"田面权是否是地主土地所有权的分割，学术界意见分歧"。对此方行先生持肯定态度，主要理由是"清代土地产权的交易日益频繁，绝卖、活卖、典当、加找之类的多种多样的交易形式日益发展，并在全国各地形成具体的'乡规''俗例'"。李文治指出："明清时代，商品经济伴随土地关系的变化有进一步的发展，这时土

---

① 龙登高：《地权交易与生产要素组合：1650—1950》，《经济研究》2009年第2期。
② 杨国桢：《明清土地契约文书研究》，人民出版社1988年版。
③ 周荣：《永佃权与清代农民生活》，《史学月刊》2002年第4期。
④ 指清初1650年至土地改革1950年这段时间。
⑤ 方行：《清代佃农的中农化》，《中国学术》2000年第2期。

地关系的变化主要表现在：一是国家屯田、贵族庄田向民田转化，地主制经济不断扩大；二是官绅特权地主向一般地主过渡，庶民地主有所发展；三是地主经济本身的变化，封建依附关系趋向松解。"[1] 杨国桢通过对明清土地契约文书的研究，提出明清地权关系的分化，并对各个地区不同的地权交易习俗进行了详细分析，认为明清时期乡规俗例在土地交易中起主导作用。[2] 珀金斯指出，"租佃模式还有非经济的因素"，他认为南北方存在租佃形式的差异。[3] 乌廷玉对中国历史上主要的土地制度或土地问题进行了总体考察，从而全面揭示了中国土地制度沿革的基本面貌。[4] 龙登高认为，清代地权交易类型主要有三种，分别是债权型类型，产权转让和股权交易的出现，通过对原始契约和刑科题本的考据，清代多样化的地权交易形式不仅在金融工具缺失的时代充当了资金融通的替代，更促进了土地流转，使生产要素组合与资源配置通过地权市场得以活跃和发展。[5] 龙登高以典为中心，对传统地权交易形式进行辨析，认为典能够形成担保物权，交易中风险低并有效抑制地权的最终转移。[6] 赵冈[7]指出，永佃制有两项重要的经济功能。第一，永佃制是农田产权的分化，能使地权分配趋向平均。第二，田皮的买卖市场比普通土地市场灵活，交易手续简便，永佃户比地主更容易进行农田整合。张一平指出，从明清以来各种纷繁复杂的土地利用与经营方式中，可以发现租佃制是与商品化、城市化紧密联系的，它同样具有较高的资源配置效率，生产力水平并不就必然亚于自耕农，在自然条件下，土地制度呈现出因地制宜和多

---

[1] 李文治：《再论地主制经济与封建社会长期延续》，《中国经济史研究》1992年第2期。
[2] 杨国桢：《明清土地契约文书研究》，人民出版社1988年版。
[3] ［美］珀金斯：《中国农业的发展：1368—1968》，上海译文出版社1984年版，第123页。
[4] 乌廷玉：《旧中国地主富农占有多少土地》，《史学集刊》1998年第1期；龙登高：《地权市场与资源配置》，福建人民出版社2012年版。
[5] 龙登高：《清代地权交易形式的多样化发展》，《清史研究》2008年第3期；龙登高：《地权市场与资源配置》，福建人民出版社2012年版。
[6] 龙登高：《中国传统地权制度及其变迁》，《近代史研究》2019年第1期。
[7] 赵冈：《论一田两主》，《中国社会经济史研究》2007年第1期。

15

元化的特点。①

五 乡绅及其在乡村组织中的作用

晚清的"绅"与前代历朝则有所不同，前代历朝的绅指的是地主、退职官员和士大夫，晚清的绅除了上述成分外，还包括商人、新式的知识分子。德国学者艾博华将绅士定义为"拥有大地产且有官职的人，后来也包括生员"。②张仲礼认为19世纪绅士的构成是具有功名、学品、学衔和官职者。③费正清曾专门对绅士的社会特质进行了论述，认为绅士有广义与狭义之分。广义的绅士是通过考试、捐纳等途径而取得功名者及家族成员。狭义的绅士仅指取得功名者。从社会特性看，绅士与官职和地产联系紧密。他们构成以地产为基础的家族阶层；从社会角色看，绅士一方面在乡里担负着主持公益事业的社会职责，填补了官僚政府与社会之间的真空，另一方面也充当着联络官民的中介。绅士家族之所以处于主导地位，"不仅靠其拥有土地，而且由于绅士中间主要产生出将来可以被选拔为官吏的士大夫阶级"。④绅士家族的最好的保障不只靠田地，而是靠田地和官府特权的结合。绅士是明清时期的一个"独特的社会集团"。它不仅具有人们所公认的政治、经济和社会特权，享有特殊的生活方式，且"踞无数的平民及所谓'贱民'之上，支配着中国民间的社会和经济生活"，扮演着"纲常伦纪的卫道士、推行者和代表人"⑤。费孝通的《农民与绅士：中国社会结构及其嬗变的解释》，其基本观点是：（1）绅士是一个闲

---

① 张一平：《苏南"土改"中一田两主地权结构的变动》，《中国农史》2011年第3期。

② ［德］艾博华（艾伯华 Wolfram Eberhard），《中国历史》（*A History of China*），伯克利（Berkeley）：加利福尼亚大学出版社（University of California Press），1977（1960）年版。

③ 太平天国前，绅士人数约为110万，若加上其家属，总数可达550万，其中上层绅士约占11%左右，"异途"绅士约占32%，太平天国后，绅士人数约为140万人，若加上其家属，总数可达720万，其中上层绅士约占14%左右，"异途"绅士约占36%。绅士成员遍布全国，并以其特权和势力对地方产生影响。参见张仲礼《中国绅士——关于其在19世纪中国社会中作用的研究》，李荣昌译，上海社会科学院出版社1991年版。

④ ［美］费正清：《美国与中国》，世界知识出版社2008年版。

⑤ 郝秉键：《西方史学界的明清"绅士论"》，《清史研究》2007年第2期。

适的寄生阶级，依靠地租为生，在下层民众眼中高高在上，"象征着政治和财政的权力"①。绅士地位的维持一靠经济上有地，二靠政治上做官。拥有土地既可以使其维持闲适的生活方式，也可以使其有足够的条件接受参加科举考试所必须的教育，而拥有官职则可以使其家族免受专制权力侵犯。（2）与农民不同，绅士具有亲族群体性，绅士着力于家族组织建设。（3）绅士是统治者的代理人，能够在统治者和被统治者之间进行调解。（4）绅士不同于西方的贵族，从未组织过自己的政府。绅士参与政治不是为了政治权力本身的目标，而是为了保护自己的亲属乡邻②。清蒲松龄在《聊斋志异》里这样描述乡绅："章丘漕粮徭役，以及征收火耗，小民常数倍于绅衿。故有田者征求托焉。虽于国课无伤，而实于官囊有损。"《儒林外史》也屡次出现"绅衿"这个词。认为士绅阶层由进士、举人、贡生、生员、监生等有功名的人所构成。③

傅衣凌先生则对"乡绅"一词的界定更加广泛，指出"乡绅"已大大超过了这两个字的语义学含义，既包括在乡的缙绅，也包括在外当官但仍对故乡基层社会产生影响的官僚；既包括有功名的人，也包括在地方有权有势的无功名者。他认为乡绅的特点是为国家所承认，国家利用察举、荐举、科举、捐纳和捐输等社会流动渠道，将之纳入政权体系之中，授予官职、功名和各种荣誉④。

绅士是乡村组织的基石。在管理基层及宗族内事务发挥重要作用。萧公权指出中国历代社会政治结构的变迁，主要出于国家和士绅二元之间的权力转移。政府官员和地方绅士的关系。前者包括现任官、退任官、罢免官及捐衔者，构成权力的中心；后者包括举贡生监，处于权力的边缘，既不属于统治阶层，也不属被统治阶层，是一

---

① Fei Hsiao-t'ung, "Peasantry and Gentry: An Interpretation of Chinese Social Structure and Its Changes", *American Journal of Sociology*, 52 - 1, 1946.
② 张仲礼：《中国绅士——关于其在 19 世纪中国社会中作用的研究》，上海社会科学院出版社 1991 年版。
③ 顾鸣塘：《〈儒林外史〉与江南士绅生活》，商务印书馆 2005 年版。
④ 衷海燕：《士绅、乡绅与地方精英——关于精英群体研究的回顾》，《华南农业大学学报》2005 年第 2 期。

个中间集团。① 庶民地主成为乡绅需通过专门考核，只有取得官衔或学衔才能成为绅士。② 绅士是与地方政府共同管理地方事务的地方精英，是与政府的正式权力相对应的一个非正式的权力集团，其影响主要集中在两个区域——民众与州县官。

在稳定和强化基层社会秩序中起着主要作用的是乡绅。乾隆后期乡绅加强对基层社会的控制。这一方面是由于面对当时社会结构的变迁而表现的适应性。另一方面是由于乡绅在基层社会组织中发挥着越来越重要的作用。到了咸同之际，面对太平军起义，乡绅阶层借助地方团练的兴起与发展，掌握了对基层社会控制的主动权，这也意味着清王朝对于基层社会控制政策的失败。作为一个地方社会系统，团练本身并不具备赋予乡绅阶层任何特殊力量的能量，而且从组织形式上它几乎就是保甲制度的直接演化。团练其实只不过是一种形式，但这时经济结构已发生变化，乡绅阶层社会地位也由此发生了根本性变动，形成了"官不过为绅监印而已"的局面③。随着乡绅势力的加强，乡绅对基层社会的控制日益加强，特别是在公共事务所发挥的作用增大。这时乡绅之治不仅是一个政治和文化范畴的概念，同时也成为一个经济范畴的概念。由于乡绅具有乡民所无法企及的丰厚政治和文化资源，因而他们在财富上也无疑是占有绝对优势的。早年研究乡绅的日本学者就曾得出过"乡绅在经济上是地主"的论断。④

六 地权市场发展与社会经济变化

土地交易的活跃，也促进了清代社会经济的发展。许涤新、吴承明在《中国资本主义发展史》中提到："经过达半个世纪之久的战争，社会经济遭到严重破坏。清王朝和前代一样，采取垦荒、屯田、

---

① 萧公权：《乡土中国：19世纪帝国的控制》，九州出版社1960年版。
② 瞿同祖：《清代地方政府》，范忠信等译，法律出版社2003年版。
③ 修朋月、宁波：《清代社会乡绅势力对基层社会控制的加强》，《北方论丛》2003年第1期。
④ 徐祖澜：《乡村之治与国家权力——以明清时期中国乡村社会为背景》，《法学家》2010年第6期。

兴修水利等政策。从劳动力和耕地面积看，大约在康熙末期才恢复到明万历时水平。历时70年，比明代恢复期长一倍。""在嘉庆末，我国人口可能接近4亿了。""而明嘉靖、万历时人口为1.2亿。由明盛世到清中期，人口由1.2亿增为4亿，即增加2.3倍，粮食产量亦增加2.3倍。若仍按平均每人占有原粮580斤计，即由696亿斤增为2320亿斤。"清代耕地面积的统计普遍偏低。国外学者有估作12亿或13亿亩，吴承明认为耕地面积为11—12亿亩。这时，经济作物开始推广。[①] 这一时期，租佃制度不断创新。方行先生在《佃农的中农化一文》中指出，定额租取代分成制在全国范围内居主导地位，在定额租制发展的前提下，永佃制和押租制随之发展，租佃制度的创新导致了地主与佃农之间产权关系的变化。吴承明先生也提出"清代押租制和永佃权有所发展"，"清代押租制的发展，主要是由于佃农人身依附关系松弛，定额租普遍化，客佃增多"[②]。江太新指出，福建是我国最早发生押租制的地区。并对押租制对该地区农业生产发生怎样的影响进行了讨论。[③] 樊树志认为，押租制是租佃关系发展特定阶段的产物，随着农业危机的加深，抗租斗争的加剧而日趋盛行。[④] 1933年的调查表明，押租已通行于东北、华北、华东、华中、西南、华南二十个省份，押租所占比例较高的地区为西南（84.6%）、华东（64.8%）、华中（62.5%）。李德英通过对民国时期成都平原土地转租的形式、转租所引起的租佃纠纷、转租盛行的原因等问题的探讨，揭示了近代农村复杂的租佃关系，他指出在成都平原的土地经营中，土地转租之风十分盛行，尽管民国法律明令禁止，但在广大的乡间，国家法律的约束力十分有限，"转佃"作为租佃制度中的一种习惯，仍然依照自己的规范存在。[⑤] 刘克祥认为押租制增加了地主对农民的

[①] 许涤新、吴承明：《中国资本主义发展史》（第一卷—第三卷），人民出版社1985年版。
[②] 方行：《清代租佃制度述略》，《中国经济史研究》2006年第4期。
[③] 江太新：《论福建押租制的发生和发展》，《中国经济史研究》1989年第1期。
[④] 樊树志：《传统农业与小农》，《学术月刊》1989年第3期。
[⑤] 李德英：《民国时期成都平原土地转租问题探讨》，《史林》2006年第3期。

剥削。并认为地主通过增押增租、高押高租、明佃暗当，转押租为高利贷，以及贪婪需索、吞霸押租本金等手段，使地租剥削总量和地租率加倍升高，佃农劳动成果被囊括殆尽，广大佃农加速贫困破产。①四川物产丰饶，佃农却是"世界上最苦的"，"天府之国"成了佃农地狱。对此，李德英专门写了一篇文章与刘克祥商榷，他指出成都平原是租佃制度发达的地区，通过对一些县级档案资料和土改档案资料的分析研究，可以看到近代成都平原的押租与押扣，并非如有关学者所说的仅仅是加强剥削的手段，它们有着更广泛的内涵，是该地区自然生态和社会生态环境的产物。缴纳押租，佃农不仅获得了土地的佃种权，而且通过押扣的方式使自己交出去的押租金获得了一定的利息。从制度上看，租佃双方的经济关系比清代以前更趋平等。②

杨小凯在《民国经济史》中指出，"民国时代的土地制度由于1930年土地法的颁布而较清末更为成熟。但由于缺乏长子继承权，战乱连绵，制度化的土地市场仍不发达，所以每户土地分割为很小数块。③据卜凯的估计，1910年户均土地为2.62公顷，1933年为2.27公顷④。民国时土地所有权分布虽然不平均，但比其他落后国家要平均，73%的家庭平均每户拥有15亩地，他们的土地占全部土地的28%，而5%的家庭户均拥有50亩以上的耕地，占总耕地的34%。民国时期资本主义式的雇工租地大规模商业化农业经营并不普遍。"随着土地交易的不断扩大，政府逐渐参与到土地交易的买卖中，这一方面是由于城市化的发展，乡绅搬到城里，为不在地主，形成基层治理的空缺，另一方面是由于土地交易已不再仅限于邻里之间，人们更多的是一次交易，因而发生纠纷的几率比较大，需要用法律来约束，因此交易制度逐渐由非正式制度向正式制度转变。

方行认为，地主城居有各种各样的原因与动机，主要有两种。

---

① 刘克祥：《近代四川的押租制与地租剥削》，《中国经济史研究》2005年第1期。
② 李德英：《民国时期成都平原的押租与押扣——兼与刘克祥先生商榷》，《近代史研究》2007年第1期。
③ 杨小凯：《民国经济史》，《开放时代》2001年第9期。
④ [美]卜凯：《中国农场经济》，张履鸾译，商务印书馆1936年版。

第一章 前言

"一是追求享受。城市、市场镇店铺林立，商品丰富，又有茶楼、酒楼、戏场之类。郡县镇市，层次越高，商业、服务业越繁盛，更有利于享乐。""二是追求发展。他们迁居城市主要是为了追求享受性消费，也有一部分人是为了追求发展性消费。"① 帕金斯关于城市化问题，主要从交通、运输等方面来考察。②

民国知识分子出于好心，提出"耕者有其田"等主张以期消除贫富分化，达到社会公平。杨小凯指出"耕者有其田"可以说是人们对现代经济学无知而接受的一些政党的机会主义口号。一些政党（例如国民党）用这种口号利用人民对经济学的无知，为一党之私利服务，其后果是破坏了有效率制度形成的机制，阻碍了经济的发展。"经济发展的关键并不在于土地改革，而在于交易效率的改进，对财产权和自由契约、自由企业的保护，这方面的改进会促进分工网络的扩大和生产力的进步。"③

按照王奇生的观点，民国时期出现了"传统绅士的没落，知识分子的城市化"，"在20世纪前半期的乡村中国，其基层权力结构有两大历史性的变革值得注意：一是由于科举制的废除而引发的乡村权势的转移与蜕变；二是随着王朝国家向政党国家的转型，国家政权力图加深和加强其对乡村社会的控制"④。

两个主要独立于官方的对民国经济发展的估计，见 liu ta-chung and yeh kung-chia⑤ 和巫宝三⑥。民国时期的经济发展大致可分为农业、现代工商业及影响交易效率的交通运输业和金融业几个部分来记述。总体而言，史学家们基本同意，1912—1949 年间，中国的总产出增加

---

① 方行：《清代租佃制度述略》，《中国经济史研究》2006 年第 4 期。
② [美] 珀金斯：《中国农业的发展：1368—1968》，上海译文出版社 1984 年版，第 123 页。
③ 杨小凯：《民国经济史》，《开放时代》2001 年第 9 期。
④ 王奇生：《民国时期乡村权力结构的演变》，载周积明、宋德金主编《中国社会史论》，湖北教育出版社 2000 年版。
⑤ Liu, Ta-chung and kung-chia Yeh, *The Economy of the Chinese Mainland: National Incomo and Economic Development, 1933-1959*, Princeton: Princeton University Press, 1965.
⑥ 巫宝三：《中国国民所得：一九三三年》，中华书局 1947 年版。

得非常缓慢，人均收入几乎没有增长，但也没有下降，但1937—1949年的战争期间，人均产出和人均收入可能还是显著下降。① 李三谋指出："民国时期永佃制走向没落。"②《民法》第845条规定：永佃权人不可将田皮转租给他人。随之，各省的地方审判厅遵奉中央限制永佃权之精神，禁止永佃农民参与田产交易或出卖使用权（田皮）。游海华在文章中指出："清末民国时期，粮食作物单产和农业劳动生产率相对较低。据30年代对江西省宁都县主要农作物亩均产量的调查，水稻高产如上等田晚稻达到320斤，低产如下等田早稻为126斤；黄豆高的86斤，低的41斤（因附种在甘薯田中，故收成不多）；花生在86至197斤之间。40年代初上杭县农作物产量和宁都差不多，惟山薯的产量比宁都平均亩均高到二三百斤（上杭县山薯亩产最高1000斤，最低700斤，普通的有820斤）。农业劳动生产率也较低，根据笔者的计算，20、30年代的闽西，一个劳动力终年辛苦（劳动时间2—6个多月不等），所得粮食在1 250—3 500斤不等；各县每个劳动力劳作一天的谷物收获量在14.0—17.5市斤之间。劳动力劳作一天，仅得十几斤谷物，真可谓'糊口'农业。"③

第三节　研究思路

本卷的题目是《地权市场的制度演化（1650—1950）》。这里主要强调近世以来地权市场的制度演化过程，由于从宏观角度对这一论题进行把握，在论述过程中难免会有疏漏，由于题目相对来说跨期较大，因而强调从微观角度即土地交易原始契约的角度考察地权市场的演化过程，这样可以将宏观视角与微观分析结合起来，既能展现三百年来地权制度的演化过程。又能从单个案例中看到每个交易规则的细小变化，不至于过于强调宏观而使得论述空洞。

---

① 杨小凯：《民国经济史》，《开放时代》2001年第9期。
② 李三谋、李震：《民国前中期土地租佃关系的变化》，《农业考古》2000年第3期。
③ 游海华：《清末至民国时期赣闽粤边区农业变迁与转型》，《史学月刊》2005年第6期。

由于制度演化是一个潜移默化的过程，各地区的交易习惯、交易规则也存在一定差异，在论述中尽量选取每个地区有代表性的契约案例，注重将清代与民国时期土地契约的前后变化进行对比，以及政府在发挥管理职能时，如何影响民间的交易规则和秩序。

论述重点在于地权市场的制度变迁以及基于原始契约的分析。制度演化主要是从自生自发的基层社会向强权式基层社会的演变。地权即土地所有权，按经济学理论，地权即土地产权，是财产权的一种类型。制度演化是从一种均衡状态到另一种均衡状态的变迁过程。

第四节　研究方法和使用的主要材料

本卷论述近世地权市场的变迁，尝试将演化博弈论的经济学分析方法与所掌握的史料结合起来，主要运用经济学基本原理解释制度变迁，运用博弈论、公共选择理论解释个体行为的决策，以及政府作为公共利益代表的决策问题。结合大量土地交易的原始契约和文献，将地权市场的演化过程加以描述。

所使用的主要材料主要有以下几种：

（1）原始契约

中国第一历史档案馆，中国社会科学院历史研究所合编：《清代土地占有关系与佃农抗租斗争——乾隆刑科题本租佃关系史料之一》（上、下）（中华书局1981年版）。《清代土地占有关系与佃农抗租斗争—乾隆刑科题本租佃关系史料之二》（上、下）（中华书局1988年版）。主要利用与土地交易有关的案例。特别是典、抵、当、永佃权案例等第一手的资料。

安徽省博物馆编：《明清徽州社会资料丛编（第一辑）》，中国社会科学出版社1988年版。

（2）民国时期的资料

国民政府统计局编：《中国租佃制度之统计分析》，正中书局印行，1946年上海版，国内问题统计丛书。书中对中国租佃制度的大量翔实的数据，是研究民国时期土地租佃的较好资料。

23

前南京司法行政部编：《民事习惯调查报告录》（上、下），中国政法大学出版社2005年版。

李文海主编：《民国时期社会调查丛编二编·乡村经济卷》（上、中、下），《民国时期社会调查丛编二编·乡村社会卷》，（福建教育出版社2009年版）。书中对有关民国时期的土地交易、分配、生产等各个方面都有非常详细的分析，是较为重要的参考资料。

萧铮主编：《民国二十年代中国大陆土地问题资料》，成文出版社有限公司（美国）中文资料中心1977年版。

卜凯：《中国土地利用》和《中国农家经济》。对中国农村土地的生产状况进行详细分析，还有大量实地考察数据值得参考。

杨国桢的《明清土地契约文书研究》，本卷提供了大量的各地不同的土地契约，还有大量关于永佃制的契约实例。

台湾的契约文书：《台湾中部平埔族群古文书研究与导读》（上、中、下册），大甲东西社古文书图版等。

（3）土改的资料

如华东军政委员会土地改革委员会编《浙江省农村调查》，1952年。《江苏省农村调查》，1952年。《福建省农村调查》，1952年。

第五节　本卷的结构安排和主要创新点

本卷主要有六部分。

第一章：引言。主要对国内外学者的相关研究成果进行回顾。并对文章的结构和研究方法，研究意义等进行介绍。

第二章：自发秩序的地权交易形式多样化与制度创新。本章首先对地权交易体系进行简单回顾，论述自发秩序下的交易规则多样化，所带动的地权市场的制度创新和完善，展现自生自发秩序地权市场的多样化。地权市场的制度创新主要表现在三个方面：一是地权市场多样化的交易工具，二是信用制度的创新，地权交易反映了不同主体之间的信用关系，地契可以像票据一样转让、背书和贴现。三是交易规则的创新，表现为多种多样的交易习俗的创新，如押租制的产生和发展，永佃制的进一步发展。

随着所有权属的改变，所有权与经营权相分离，交易形式便出现了租佃这一方式。介于使用权和所有权之间，抵、当、押等交易形式以及用益物权形式即典的出现，而相对于卖这种方式又出现了活卖、找价等交易方式。契约在地权市场上不断流转，交易双方逐渐建立起一种信用关系。这种信用关系是以民间信用为基础，具体表现为不同地区的契约形式，如典契、当契、补契和添契等，契约如商业票据一样的流通，通过转让、抵押、贴现等形式实现资金融通，满足人们的融资需求，随着地权市场的发展，交易方式也实现了创新，如新的交易方式产生，活卖和找价的出现等。交易规则的多样化，以乡规俗例为主的交易规则呈现多样化发展。地权交易中介在地权交易中的作用越来越重要，主要论述中人及租栈的发展。随着不在地主的增多，出现了专门为地主收租的中介机构——租栈，租栈的发展反映了地主与租栈间的委托代理关系。

第三章：近世地权市场主要交易制度的演化。本章主要论述押租制、永佃制、田面权、亲邻先买权等在地权市场上的变迁过程。

近世地权市场的押租制。从押租制的特点，押租金与地价的关系，政府加强基层管理对押租制的影响几个方面，对押租制的演化过程进行分析。并从演化博弈论角度论述永佃制的变迁过程，从而论述作为非正式制度的永佃制惯例的演化过程。关于田面权的变迁。田面权的取得是佃农获得耕作权的保障，并作为独立的产权可转卖、转租等，田面权在地权市场对保障佃农的权益方面，曾发挥重要作用。关于亲邻先买权的演变，追溯亲邻先买权的起源，分析亲邻先买权存在的社会价值；经济价值；规模经济的发挥以及对当今社会的影响。随着地权市场的变化，亲邻先买权也不断发生演变。

第四章：自发秩序的土地交易市场。主要讨论在自生自发的乡村秩序下地权市场的发展动态以及乡村治理结构，分析交易市场的基本要素、交易形式，市场完备程度，个人利益与公共利益的关系，地权分配状况所反映的地权市场秩序等内容。

自发社会秩序的地权市场，乡绅、宗族在基层乡村起主导作用，官方对基层自治持支持态度，较少对基层社会进行干预。契约形式呈多样化发展，在交易中充当信用中介的作用。在产权明晰的条件下，个人利益在追求自身利益时，经过磨合可保障公共利益的实现，即在某种条件下个人利益与公共利益可达成一致。

从地权分配状况看，自由的市场交易并未引起市场混乱。从分地区的情况看，南方土地较集中，北方较分散。但民国时期的地权分配并没有变得更不平均，这一时期地主对土地没有主导力。自由交易的市场没有出现人们所担心的混乱局面，只在军阀混乱时期，军阀强权对土地分配产生的影响，与本卷所论的政府加强基层管理的分析无关。

第五章：政府管理加强的基层地权市场。主要分析在政府行为改变下的地权市场的变迁过程。由于政府对地权市场认识不足，对基层加强管理没有取得预期效果，还打乱了地权市场的原有秩序。

政府加强对基层的公共管理，其表现形式之一即政策的变化。这一时期政府实行禁止押租、典、转佃、减租等政策，效果并不明显。政府对自生自发地权市场的认识存在误区：一是政府对自生自发的地权市场认识不够，没有看到佃农在经营中的独立性，自生自发秩序下，佃农不仅拥有独立经营权，还可通过剩余索取权和剩余控制权获得额外收益，而政府却没有看到这一点。二是政府对产权的作用认识不足，特别是土地改革时实行平均分配土地政策，结果并没有使农业生产率提高，反而破坏了原有的秩序。地权市场的演变过程中，交易主体也发生了变化，即地主和佃农的身份也在不断发生变化，有些地主转向经营商业，有些佃农还变成了自耕农、地主、二地主等。近世地权市场的演化过程实际也是政府、基层、宗族、个体等多方不断博弈的一个过程。从制度经济学角度对地权市场的演变过程进行分析。制度演化一般分为强制性变迁和诱致性变迁两种，两种变迁各有利弊。并从单个制度的演化过程进行分析，如永佃制的变迁，通过实证分析得出，永佃制的发展对农业经济增长的贡献率较大，产权在地权交易中起关键作用。

第六章：结论。对本卷进行归纳总结，描述近世地权市场的演进脉络。

  以上各章中，第二章论述自生自发的地权市场交易形成多样化与制度创新。包括地权市场交易方式的多样化，信用制度的创新，交易规则的创新等。第三章主要论述交易制度的变迁。包括押租制、永佃制、田面权、亲邻先买权的演化，这些制度是自生自发秩序下，对地权交易市场产生深远影响的非正式制度，分析其演化过程有助于更好地理解地权市场的变迁过程。第四章论述自生自发秩序是地权市场所在的社会背景，宗族在基层社会中起主导作用，在这一背景下，交易形式多样化，资源得到有效配置，生产效率不断提高，显示出自生自发地权市场所呈现的活力和创新性。第五章介绍政府管理与地权市场的关系，政府盲目加强管理并未取得预期效果，反而破坏了原有的市场秩序，使具有灵活性的自生自发的基层秩序遭到破坏。

第二章　自发秩序的地权交易形式多样化与制度创新

在自发的秩序下，基层地权市场促进了多样化交易工具的发展和制度创新。交易形式如押租、典、找价、活卖等，交易制度如信用制度、金融工具、交易规则，以及地权市场的中介机构的兴起和发展等，都反映了在自生自发秩序下，地权市场的活跃以及草根金融工具的活力，在越来越健全的制度体系下，自生自发的乡村基层地权市场在某种程度上达到一种帕累托最优状态。同时这些多样化的交易规则和交易工具也处在不断演化过程中。

关于自发秩序，哈耶克[①]论述了自发秩序的三要素，即自由、竞争和规则。进一步解释为，市场竞争和规则引发自发秩序的演进，而自由为竞争和规则的有效运行和秩序的发展提供手段。哈耶克的自发秩序理论强调自由市场竞争和法律的一般性规则，从而保障自由的发展，即政府管理较少的秩序。

一　自由

自由被当作自发秩序中最重要的要素，是由于自由在自发秩序中扮演重要角色，是规则和竞争两要素的基础。哈耶克称自由是促进社会进步的手段，自由是促使自发秩序的产生以及相关内部规则得以演进的前提和基础。若个人在实现自身利益的同时，使知识（资源）

---

① ［英］哈耶克：《个人主义与经济秩序》，邓正来译，生活·读书·新知三联书店2003年版，第110—132页。

得以充分利用，社会成员在这个过程中达到协调状态，即个人在追求自身利益的同时促进了社会的整体进步，就可以说自由是自发秩序得以演进和发展的重要因素。

二　规则

规则在社会生活中表现为制度和惯例，这些制度和惯例并不是人为设计或强制产生的，而是自发形成，人们在实践中学习和运用这些规则制度，并逐步演化为共同遵守的行为模式。

三　竞争

竞争实际上是一个"发现"的过程，通过竞争可以将分散的每个个体的知识得以整合，并使得这些知识可以尽可能的传播。通过竞争可以实现资源的有效配置，减少资源的浪费。竞争可以促进社会的进步。但是并不是说没有政府强制力，一个有序的市场竞争都需要一般性规则进行维护，这些规则可以是自发产生的，也可以是约定俗成的，还可以是法律制度，如私有产权和契约自由的实施都需要政府的强制力量来保障，但是政府并不会强加干预，会对乡规俗例加以保护。

在近代基层传统乡村社会，地权市场相对自由开放，人们按照约定俗成的乡规俗例进行交易，政府对基层管理相对较少。可以说，传统基层地权交易是在自发秩序下完成的。

当然，不能用固有的理论去框定某个具体的社会形态或社会秩序，但是从哈耶克自发秩序的三要素看，与近代传统乡村社会是完全契合的。从自由角度看，地权市场上的交易者都是自由的，可以自由的交易，土地可自由流转。从规则角度看，交易双方都是按照乡规俗例或者惯例等进行交易，人们都自觉遵守这些惯例。从竞争角度看，通过交易实现了土地资源的流转，最终集中到种田能手的手中，土地资源得到有效配置，这个过程也是"发现"的过程。综上所述，依据"自发秩序"的特点，可以将近代基层乡村基层社会秩序视为哈耶克所论述的"自发秩序"。

地权市场的制度演化（1650—1950）

第一节　地权市场交易制度的历史渊源

对于地权市场交易制度的演化，可以从所有权和使用权两个角度对地权交易制度的变化进行简要回顾。在土地交易过程中，当只存在一种产权即所有权时，交易一般只有两种方式，即买和卖，人们在交易时也只能选择买和卖来实现商品交换，在土地市场上，实现土地的所有权转移。随着社会的发展，所有权和使用权分离，地权交易中又出现了新的形式，即租佃，获得租佃权的农户拥有田地的使用权。在战国、秦汉至隋唐时期，市场上仅有买和卖、租佃、抵等交易形式。随着交易的进一步发展，唐宋时期，出现了所有权的暂时让渡形式，即典的出现①。典是物权的暂时让渡，即原业主可以赎回，在这种条件下，明清时期又产生了新的交易形式，即活卖和找价②。随着用益物权和担保物权的明确，在典和租佃之间又产生了以物品担保为主的

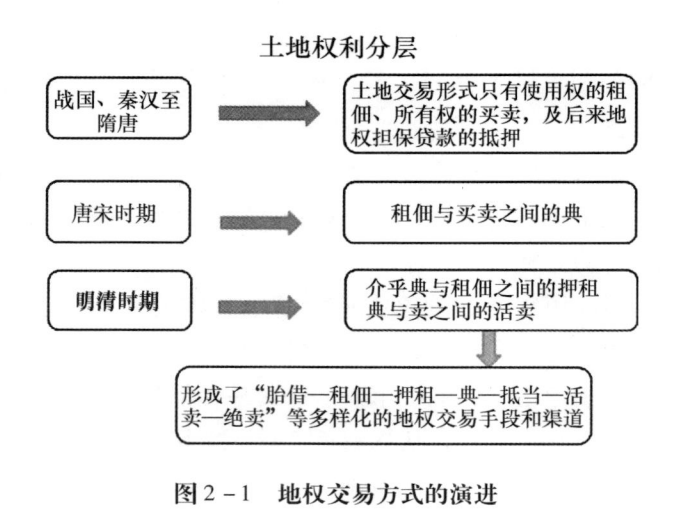

土地权利分层

时期	交易形式
战国、秦汉至隋唐	土地交易形式只有使用权的租佃、所有权的买卖，及后来地权担保贷款的抵押
唐宋时期	租佃与买卖之间的典
明清时期	介乎典与租佃之间的押租，典与卖之间的活卖

形成了"胎借—租佃—押租—典—抵当—活卖—绝卖"等多样化的地权交易手段和渠道

图 2-1　地权交易方式的演进

---

① 大约是在宋代。
② 大约出现在明清时期。

◈ 第二章　自发秩序的地权交易形式多样化与制度创新 ◈

地权交易形式。地权交易形式呈现为多样化，如绝卖、活卖、典、押租、一般租佃、抵押及胎借等多种交易方式，形成了"胎借—租佃—押租—典—抵当—活卖—绝卖"等多样化的地权交易手段和渠道，较完整的地权交易体系。这一过程可通过（图 2 - 1）表示。

从上图可看出地权交易形式的多样化，这些交易形式不仅为农户提供了融资便利，其自身也在交易过程中不断得到发展和更新。

第二节　土地交易形式的多样化及信用制度的创新

一　多样化的契约形式——不同的信用凭证

土地交易通过契约的签订建立合约关系，任何一方违约或不按合约条款执行，都会受到处罚，合约随即失效，从这方面来看，契约关系就是一种信用关系。在自生自发的基层社会，人们之所按乡规俗例订立合约并愿意遵守执行，也反映了彼此间信用关系的稳固，正因为有信用关系的存在，契约才可以不断转手流通，虽没有正式法律效力，却受乡规俗例的制约，所有人都应遵守，而且都愿意遵守。从契约形式上看，自生自发的地权市场上存在多种多样的契约形式，这里选取典契、当契、补契等契约形式加以分析。

（一）典契

典最主要的特征是用益物权和担保物权。物权拥有用益物权和担保物权，使用权或经营权则不具备担保物权；拥有担保物权，就可以自由交易和转让，如抵押、典当等。典是地权所有者出让约定期限的土地控制权与收益权，获得现金或钱财，期限到后，备原价赎回[①]。

在没有见到典契之前，可能会限制许多关于近代地权交易方式的想象力，由于典契是众多地契中较特别的一种，也是学界讨论最多的

---

① 龙登高：《地权交易：融通需求与维系产权的取向》，《中国工商业、金融史的传统与变迁——十至二十世纪中国工商业、金融史国际学术研讨会论文集》，2007 年 。

◈❖◈ 地权市场的制度演化（1650—1950） ◈❖◈

地契之一。薛暮桥在分析中曾指出，典当即活卖，是一种"有回赎权的转让"。典卖者除保留土地的部分处置权外，其他土地的收益权及使用权全部转让。① 龙登高专门对"典"进行深入研究，从土地权利分层与交易的角度，指出典是约定期限内土地经营权及其全部收益与利息的交易，而不是表面上的"租息相抵"。典、活卖、押租的回赎机制，有效维护了农户保障与恢复地权的意愿，有助于实现当期收益与远期收益之间的跨期调剂，充分体现了其金融工具的职能，同时也促进土地流转与生产要素的组合。而且土地出典农户是以土地为抵押品，向典入土地之农户借贷。典权的时代性差异在政府规定上得到相应的反映，宋代典田需要赴官办理合同契，过割田赋和纳交易税，清代中后期则免除交易税，无需过割田赋，使转典交易更加便利。② 曹树基指出，典与押租都形成地权的分割。一般而言，典价低于地价，正因为如此，土地出典之后，在典期内，承典人与出典者分享地权。③ 在进一步的研究中，从金融工具角度，曹树基指出在清代闽南一区，存在一个以典租为主要形式的信贷市场，典契作为借贷票据或借贷票据组合的一部分，在市场中流转，所谓"典租"，实际是金融资本向土地市场的渗透。④

从信用角度看，暂时性让渡的契约体现了双方的一种信用关系，或者说一种暂时的借贷关系。如典契、当契、补契，是所有权暂时性让渡，这种契约在一定程度上是充当了双方信用凭证的作用。

明清时期的契约文书，具体到每个地区的土地契约，不同地区呈现出不同的特点。广东契约文书按土地买卖的性质可分为绝卖与活卖

---

① 薛暮桥：《抗日战争时期和解放战争时期山东解放区的经济工作》，山东人民出版社1984年版，第100—104页（下文未注明出处者，均出自该书，不再一一标注）；《山东省土地租佃条例》（1945年2月12日），山东省档案馆、山东社会科学院历史研究所合编：《山东革命历史资料选编》第14辑，山东人民出版社1984年版，第177—182页。

② 龙登高、林展、彭波：《典与清代地权交易体系》，《中国社会科学》2013年第5期。

③ 曹树基：《传统中国地权问题再讨论——对刘志相关批评的回应》，《中国经济史研究》2018年第5期。

④ 曹树基：《典地与典租：清代闽南地区的土地市场与金融市场》，《清史研究》2019年第4期。

第二章　自发秩序的地权交易形式多样化与制度创新

两种，活卖最典型最通用的形式是典当契。另外是推契。从广东土地买卖的契约格式上看，不管是绝卖契或是卖契，都是单契。广东地区的契约还实行契尾，与福建同时颁发的契尾相比较，广东的契尾删去了因契尾与照根不同时申报而致弊端甚多的一大段文字，与江苏同时颁布的契尾比较，大致相同。① 杨国桢对珠江三角洲及广东地区的契约进行分析，认为明末珠江三角洲的契约以活卖为主，只有另行立契，加价洗业，方为卖断。广东契约中还有"粤半虚价"的交易习俗。②

"典"是卖主立契约时没有将地权一次性卖断，留有收回、增添等余地。有的仅属于出典，收取典金。清政府对典卖交易课税的考虑在律95（沿用明代法典）有关"典买田宅"的开头一句这样描述："凡典买田宅，不税契者，笞五十。"藉此决定对典交易课税，当然，清政府也由此承认典卖土地的合法性③。

1. 典契交易习俗

广东茂名县田地可先典后卖，佃种纳租。如：

> 原蒋高嵩有田七亩六分七厘零，于雍正十年，典于族侄蒋德超，得价钱五十千文。契限三年收赎，田仍自耕还租。雍正十三年十一月，高嵩母死，丧葬无资，又将田地亩二百厘典于林连高，得钱十一千文，亦批回自耕。至十二月，德超催赎，高嵩将蒋、林两姓田亩，绝卖于黄捷荣，得钱六十千文。即向德超赎出原契，并交捷荣，仍复批回自耕，过年交还林、黄二家租役。其盗卖情由，均未得知。至乾隆四年十一月，高嵩又向捷荣找价钱一十一千文，将田退于黄捷荣管业。捷荣批于蒋日雍、蒋日勤弟兄耕种，致林连高与黄捷荣互相讦告，引起纷争。（《刑科题本》，NO.068）

---

① 李龙潜：《清代广东土地契约文书中的几个问题》，转引自《明清广东社会经济研究》，上海古籍出版社2006年版。
② 杨国桢：《明清土地契约文书研究》，人民出版社1988年版，第342—362页。
③ ［美］黄宗智：《法典、习俗与司法实践：清代与民国的比较》，上海书店出版社2003年版。

从该案例可看出，这时土地典当后即可以再典再卖，也可以找价，通过多种形式典卖土地而获得融通资金，反映了典这种交易方式的灵活性。

如江西临川县习俗，可佃种典出之田：

> 孟太于乾隆五年将地一片与王佰太，当役贰石伍斗。至乾隆七年，孟又将田二亩五分复于王佰太，当役壹拾捌石伍斗，并银拾两。田仍孟太耕种，历年租息未清。后王柏太价买王新祖田二亩三分，亦系孟太佃耕，仍不交租，乾隆十一年三月，佰太欲行起田自耕，孟太不允，控县。解决后，佰太又因孟太在地上造屋，索要价银，孟太不给，又起争执。（《刑科题本》，NO.071）

这则案例反映出，由于资金困难，典出去的田地可以佃回自耕，只要按时交纳田租即可。

祖遗典耕田地取赎后仍由原佃批耕。如福建莆田县乡俗：

> 其荣之父王实清，曾将田一亩典与其光故父王魁文，乾隆十二年一月，实清质价向赎，适其光外出，经其光之母将价收留，许等其光回家还契。适其光回家，以此田系伊祖承佃之业，欲令实清写立佃批方还典契，实清不允而散。至三月实清令子王其荣、王凤赴田翻犁，其光出阻，致相争辩，酿出人命。（《刑科题本》，NO.072）

此案例说明，典出的地可回赎，但回赎后由原佃户继续佃种，不得随意更换原佃，同时也反映了获得永佃权的佃户，拥有佃种土地的权利，不受田底主更换的影响。

典契内容书写不明，不能回赎。贵州正安州俗例：

> 周柏胞叔殷汉鼎有高台子田土一块，于雍正七年暂典于温洪

第二章 自发秩序的地权交易形式多样化与制度创新

谟耕种，得受价银九十两。汉鼎往四川营生。后归回，先以温洪谟混占填田，于乾隆九年控经前州陈故牧验契，并无除出填田字样，断令洪谟照契管业在案。至乾隆十二年三月，殷汉鼎因向取赎不允，乘洪谟外出时，即居住在洪谟所造草房内，将田霸耕，双方发生冲突，酿成命案。（《刑科题本》，NO.074）

这一案例说明，典出去的田地，可以回赎，但是如果契约没有写明，就很难再赎回。

浙江余姚县田地典当价格三十多年内上涨十倍：

胡双贵故叔胡新宝，有地四亩，先典于胡子求，得价四两。继于康熙五十八年，复将地重典美辰故父胡廷玉，得价十两，后经廷玉查出重典情由，向新宝理论，新宝以无力向子求回赎，欲将地退给廷玉，作为绝业，应中胡华玉等议找退价银14两，令廷玉向子求赎地管业，新宝立有退契，廷玉收执，当向子求赎地，子求以典限未满为辞。廷玉因为未赎回，找价亦不交出，后廷玉、新宝相继物故，美辰同兄胡美宝幼孤无力，竟不过问。乾隆三年，双贵之兄胡贵元，因新宝列嗣得遗产，遂向子求赎出前地转典与万尔公，胡美宝闻知争控。（《刑科题本》，NO.075）

该案例说明，典出的土地是有期限的，土地在不断转典过程中，价格也在不断发生变化。

乾隆戊申年（1788）文雅立典水田字：

立典字人文雅，今因缺银费用，自情愿承祖有水田壹段，贯在溪外牛路，受种壹石，载租陆石官。托中送就部弟，典起佛面银壹佰贰拾大员。随收讫，其田即付典主前去起耕掌管，不敢异言生端。其田并无来历不明，如有，卖主自当，不干典主之事。其田限至陆年，备银母到日取出文字，不得刁难，再照。

又其米每年贴银壹百零十文，付纳完，照

◈ 地权市场的制度演化（1650—1950） ◈

中见人其麟（福）
知见弟沃睢、沃集（花押）
乾隆戊申年十二月　晶立典契人文雅（花押）
中人礼银壹员。今收完足。①

该案例指明了典价银，每年的贴银，典出年限，双方的权责，典契的回赎方法等，一般由中人作中，并收取一定的中人费。反映出典契的发展已很完备。

2. 典契的特点

从上述案例中可看出，在清代的土地市场上，出现了各种土地交易形式，作为"典"这种契约形式，有些典后可以绝卖，也可赎回，有些年限未满的典当田房，向典主说明即可转卖（山东商河县俗例，《刑科题本》，NO.096）；有些地方如湖北京山县乡例，当卖的田地内种的谷麦听买主收割（《刑科题本》，NO.088）；有些地方如广东平州，佃耕典出田地不许典主自耕和转典（《刑科题本》，NO.079）。从而看出围绕"典"这一种交易形式，就可以引申出多种交易形式。反映了土地市场的活跃及交易规则的自由。人们可以灵活处置土地，而且土地可以像股票、债券一样流通，不断增值。典出的土地还可以收取利息。如广西懋林州张愧柏典进田地每千文每年利谷五斗五升（《刑科题本》，NO.093）。这样土地像金融资产一样可以收取利息，反映了当时土地流通速度及创造价值的能力很强，也看出土地市场发展已相当完善，类似现代金融工具即创新金融工具已具雏形。从价格上看，田地的典当价格也在上涨，如安徽宿州土地典当价格，至乾隆中期较康熙时上涨五倍（《刑科题本》，NO.097）。浙南山区的田价也呈上升趋势，以石仓村的水田为例，乾隆年间10千文到15千文一亩的水田，至道光中期上涨到43千文左右，至光绪年间上涨到53千文左右。

---

① 陈英娟、张仲淳：《厦门典藏契约文书》，福建美术出版社2006年版。

3. 典契的多样化发展

这也是明中叶以后土地契约关系变化的一个侧面。如福建的典当契约：明清时期福建的契约文书中，有一半是有关田产典当的契约。地权分化后，即永佃制产生后，原田主和租佃者在土地所有权中拥有不同的权益。虽然租佃者有的会转化为"二地主"或富裕农民，但多数承佃农民仍无法摆脱贫困的生活境遇，一旦遇上天灾人祸，或婚嫁喜庆之事，他们就被迫去借贷以济急用。这时，佃农常将自己手中的承佃经营权典出以应急，所有权和经营权的分离，以及产权的进一步明晰，为典契的发展创造了条件，特别在南方地区，典契发展更为完善。

以上分析表明，"典"是物权形式的暂时让渡，是满足人们使用资金和应急的需要。从出典人的角度看，主要经历"出典者—借钱状态—（将土地的使用和收益转让给承典者的状态）——持续到他所希望的日期的自由"几个状态，从这个意义上说，'典'可以说是由土地持有者进行的单方面设定土地作用和收益条件的行为"。也说明典所代表了出典者与承典者之间的金融关系。典田的方式至民国时有进一步发展，依据1932年对浙西农村的调查[①]，将10个县14个村的多件契约收集起来，浙西典田方法可分两大类，细分为七种方式（见表2-1），两类分别为：一类是将田底与田面合体出典，受典人取得暂业权，可自由经营那块土地，或自己耕种，或租于佃农收取租息；另一类是以田底出典，受典人取得暂属权，仅能执契向耕种那块地的佃户那里收租，自己不能耕种，此处调查没有发现以田面出典的情况。典作为所有权的暂时让渡，能够给农户带来更方便的取得融通资金的方式，获得典权的承典人相当于成为暂时的业主，可以通过自己经营或租出经营获得收入，也可称作是暂时的企业家。契约签订时各方的权责都很明确，说明这一时期的地权交易工具已很完善。

[①] 韩德章：《浙西农村之借贷制度》，《社会科学杂志》1932年第2期。

表 2-1　　　　　　　　　浙西七种典田方法的分析

分类的基础					契例收集地点
典田	（A）典出田底田面，受典人取得暂业权	a. 写立卖契，暂时作卖绝	（1）写立绝契，定期回赎	（a）契后注明回赎年月	安吉县荆湾村、桐乡县杨南村
				（b）另附回赎契	孝丰县白水湾村、安吉县递铺市
				（c）倒填年月届期不还即作卖绝	安吉县递铺市
			（2）写立活契，不定回赎年限		海盐县牌楼下村
					嘉兴县王店镇、崇德县屈家滨村
		b. 用典契名义	（1）定期原价回赎		新登县洞桥镇、长兴县合溪镇
					孝丰县白水湾村、西亩市
			（2）不定年限，原价回赎		嘉兴县王店镇、王江泾镇
					于潜县藻溪镇、泗洲殿村
	B. 典出田底，受典人取得暂属权——契内注明租额，由受典人收租				平湖县珠港村

资料来源：韩德章：《浙西农村之借贷制度》，《社会科学杂志》1932年第2期。

4. 民国时期的典习惯

从《民事习惯调查报告录》有关典习惯的记录，可看出典权交易在民国时期仍然流行。交易习惯更多样化，一项交易还涉及多种交易方式，如典和抵押权并重，典主对所典房屋有先买权，典当主优先留兑权等；从典的期限上看，有典三卖四的习俗；从典地价格上看，有

第二章　自发秩序的地权交易形式多样化与制度创新

买地小亩、典地大亩的习俗；粮随地行等，在交易方式上，有"租不拦当，当不拦卖"，即各种交易形式互不干涉，产权更加明晰，以下是各地的典交易习俗。

（1）典契可随带抵押物

清苑县习惯：借据随带红契，红契为抵押物

> 债务人既立有借据，复将红契随带，是以红契为抵押物。红契所载之地亩，因届[屈]期不能偿债，将变价出卖，债权人有优先受偿之权利。
>
> 抵押之重复。同一不动产之标的物而有两个抵押，是为抵押之重。在习惯上，不得谓前者之抵押为有效，后者之抵押为无效。

粮随地行。

> 此间典契多于该契另行注明"粮随地行"，是约定承典人随带完粮。俟原业回赎时，只备足原典价即能赎地，则承典人代完之粮均非所问。（《习惯》上，P19—20）

（2）典三卖四，典当主拥有优先留兑权

奉天省之习惯：典三卖四。

> 典契三个月交房，卖契四个月交房，谓为"典三卖四"，买主不能不受其拘束。（《习惯》上，P21）

奉天省习惯：典当主优先留兑权。

> 怀德民间典当田宅，若地主有出兑田地之时，典当主有先留兑之权。上据怀德县首谋席承审员任廷谟调查报告，查奉天各县多有此习惯。（《习惯》上，P25）

39

奉天昌图县习惯：典兑文契不署名捺押

　　昌图地亩全属蒙古博王私产，故民间有兑契无卖契。凡典兑房屋、地亩及金钱借贷一切契约，多数系央请他人代笔，典与人、兑与人、债务人并不署名捺押，中证人亦然。（《习惯》上，P26）

（3）租不拦当，当不拦卖
奉天县洮南习惯：租不拦当、当不拦卖

　　洮南县习惯，凡租典田房，租不拦典，典不拦卖，即租户不能阻止所有者出典，典户不能阻止所有者出卖是也，无论当时租典附有期限与否，概不得限制所有行使权利，但所有者于典卖时，各该租典户有优先权。（《习惯》上，P27）

该案例说明，租户没有权利干涉所有者出典，但有优先典买权，典户不得干涉所有者出卖的权利，可见产权划分较为明晰。
（4）典主拥有先买权，买地小亩、典地大亩
吉林省习惯：典主对于所典房屋有先买权

　　查不动产之买卖，个人原有自由权。惟吉省人民如早将房地典给于人，出卖时先尽原典主留买，若原典主不买，第三者方能接受，否则，第三者买卖契约虽经成立，原典主仍可主张留买。（《习惯》上，P38）

黑龙江省习惯：买地小亩，典地大亩

　　凡买地，无论生荒、熟地，俱由买主直接向国库纳租，每晌均按七扣计算，且均以二百八十八弓为一亩（小亩），典地则不

第二章 自发秩序的地权交易形式多样化与制度创新

然，典主须向地主纳租，按亩计算，并不折扣，惟以三百六十弓为一亩（大亩）。考其典用大亩之故，盖以典主既向地主纳租，不折不扣，而地主转向国库纳租，则按七折若予以小亩，在典主，受无形损害；在地主，受最大之利益。殊非情理之平，此典用大亩之所由来也。（《习惯》上，P47）

（5）区分有息和无息
河南省开封、洛阳两县习惯

揭与借之区别。开封、洛阳放债，分有息、无息二种，有息之债谓之揭，无息之债谓之借，相沿成惯例。故债券方式，有息者写揭字，无息者写借字，然间有有息亦写借字者，断无无息而写揭字。（《习惯》下，P456）

这些习俗都反映了土地市场交易规则的多样化，人们按照约定俗成的惯例进行交易。政府虽然加强对基层的干预，但效果并不明显。这一时期，政府在制定某些具体法规时，还会考虑到当地的习俗和惯例，证明这时的政府对基层治理还留有空间，有些乡规俗例在某些地方仍在沿用。

5. 清代"典"的派生权益更加清晰

典作为唐末五代开始成型的一项地权交易新形式，其形态的发育、社会的认识、规则的成熟必然经历了一个演进过程。龙登高对典交易形式的演化进行梳理，通过对典交易形式的分析，进一步厘清了对"典"的认识，重申典交易形式的实质和特点。[①]

在历史演进过程中，典权交易规则与表现形态处于动态变化中，传统社会对典权特征的认识也在发生变化。典交易形式在宋代处于发育之初，当时典权的派生权益还很不清晰，至清代时，其派生权益逐

---

① 龙登高、温方方、邱永志：《典田的性质与权益——基于清代与宋代的比较研究》，《历史研究》2016年第5期。

渐明晰。

宋代的典权特点更接近本原权利,如"典需离业"揭示,出典人将土地经营权与处置权转让给承典人,仅保留所有权凭证"田骨""田根";承典人由此获得约定期限内的全部土地经营收益,这是典权的本原权利。但是随着典田使用权处置的多样化,其派生权利逐步明朗。承租人可将典田出租,这是之前典权交易中所没有的,是派生出来的权利。承典方有时将承典的土地出租出去,自己不耕种,通过出租典田而获取地租,被恰当地称为"管佃",对于将田地出租给谁,没有限制,既可以出租给第三方,也可以维持原有土地的租佃关系;还可以租佃给出典方本人,对出典方而言即为"出典自佃"。这就使得典权交易形式呈多样化,打破以往"典需离业"的规定,典权交易更加灵活多样。

通过将典田出租,承典人可以从土地经营中脱身出来从事工商业等活动并另外获取收益。也就是说,承典方可以还原其权利与收益。无论是承典方(典主、债权人)出租给出典方(田主、债务人),还是出租给第三方佃农,抑或典主与原佃农维持租佃关系,都表明田主、典主、佃农三者通过地权交易共享地权,表明典权的派生权益,使原本仅限于两方的交易演变为多方交易,各方的社会角色也随之发生变化。另外,承典人还可以通过转典或抵押等形式,将典田未来收益变现,通过担保物权的功能,满足自己的融通需求,实现当期与远期收益的跨期调剂,这也属于典权的派生权益。从典商规范上升为国家法律的角度看,国家法律依照民间习俗进行修定,通常修订过程为先有人禀告——成为地方条例——发展为全国条例——修入会典,从中可看出习惯法对国家法律的影响,反映出了古典交易的演进相类似。[①]

(二) 当契

当契,指在约定时限内可以向买方偿还买方原典、当的金额即可收回地权,如过期不赎,就成为死契。徽州歙县当地文约:

---

① 刘秋根:《清代典当业的法律调整》,《中国经济史研究》2012年第3期。

第二章　自发秩序的地权交易形式多样化与制度创新

立当约人鲍集良,今因欠少钱粮,营米无措,自情愿将凤字一千二百四十九号,地税三分零三毫;又将凤字一千二百五十一号,地税二分,土名暮春塘,四至在册,凂中立契出当到许荫祠名下,本纹银一两一钱整。其银利议定每年交纳当租麦一斗,黄豆一斗,二季交清,不致欠少。今恐无凭,立此存照。

外有中人酒水五分,取日认。外有挂税票一纸。

雍正六年十一月　　　　　　　　　日立当约人　鲍集良
　　　　　　　　　　　　　　　　代笔凭中　鲍德裕

（徽州地区博物馆藏）（2：23444）[①]

契约中明确指出抵押物及当地所得银两,并且还规定了利息,以及中人所得。可看出当时的当契内容很完善,这种土地交易规则能被大多数人所接受。有些契约规定的条款更为详细。如：

徽州歙县高寿当地契：立当契人许高寿,今将祖遗化字三千三百二十八号,地税四分,土名下塘坞,凭中立契出当与荫祠名下为业,三面议定得受当价九色银四两整。其银当即收足。其地即交收租挂税管业。言定以十年为满,听凭取赎。恐口无凭,立此存照。

乾隆二十八年四月　　　　　　　　日立当地契人　许高寿
　　　　　　　　　　　　　　　　凭中　　　许云起
　　　　　　　　　　　　　　　　　　　　开寿
　　　　　　　　　　　　　　　　　　　　有寿
　　　　　　　　　　　　　　　　　　　　元寿
　　　　　　　　　　　　　　　　　　　　文寿

其地因高寿病办衣衾所用,候后八桂成人之日,取还归之。

[①] 安徽省博物馆编：《明清徽州社会经济资料丛编（第一辑）》,中国社会科学出版社1988年版,第400页。

◈ 地权市场的制度演化（1650—1950） ◈

又照（2：23460）[①]

这份契约比雍正年间的契约更加详细，契约中对当地的金额以及税额都有很详细的说明，并记录了十年期满后可随时取赎的惯例，同时反映了交易中信用制度的发展。因契约体现了交易双方的一种特定经济关系的借贷行为，这种行为有两种表现形式：或是以收回为前提条件的付出即贷出；或是以保证归还为义务的获得即借入。而且一般来说贷者有权取回利息，借者必须支付利息。这些契约符合借贷行为的两个特征：一是以偿还为前提条件，到期必须偿付；二是偿付时带有一个增加额——利息。可见当时的土地交易已体现出一种信用关系，契约的流通和交易体现了一种价值运动形式。

抵田相当于取得"小额贷款"。以浙西的调查为例[②]，其抵田方式分两大类9种（见下图2-2），这些抵田制在收集地较为通行，是否在他处通行并未得到证实，从抵田的方式上看，一类是抵田契约限定日期回赎的，如届期债务人清偿本利，方得将契约赎回，实行解约，否则抵契仍归债权人收执，债权人仍有监视或处理作抵田产的权利；另一类是不定回赎日期的，债务人如不拖欠利息，随时可以缴足本金，赎回抵契。从这方面看，抵田相当于小额贷款，分定期和不定期贷款，使得农户在没有资金或收获物的情况下，可以通过贷款的方式获得田地从事耕种，并获得一定的收入，除还本付息外，剩下的劳动收入归自己，这样也激发了抵田者的生产积极性，在本利一定的情况下，收入越高，还本付息后的余额越大，在这种激励下，抵田者更会加倍努力。

---

① 安徽省博物馆：《明清徽州社会经济资料丛编（第一辑）》，中国社会科学出版社1988年版，第403页。
② 韩德章：《浙西农村之借贷制度》，《社会科学杂志》1932年第2期。

第二章 自发秩序的地权交易形式多样化与制度创新

表 2-2　　　　　　　　浙西九种抵田方法的分析

初步的分类			利率	付利时期	契例收集地点	契头名称	这种抵田方法在当地的通称
抵田	A. 定期回赎，如到期不赎，改作卖绝或凭中处理	a. 届期本利同缴					
		（1）立借票，另附卖契（活契）作抵	月利	回赎时	海宁县元东区	借票及卖契（活契）	典田
		（2）用卖绝契作抵，契尾注明抵借情形	月利2%	回赎时	余杭县长乐桥村	杜绝卖契（死契）	典田
		（3）用卖契（活契）作抵	月利	回赎时	新登县渌渚镇	卖契（活契）	典田
		（4）用戬契作抵	—	回赎时	杭县河东村	戬契	戬田
		b. 零付利息					
		（1）用借票作抵	月利	每年2次	崇德县芦花滨村	借票	抵田
		（2）用抵契作抵	月利	按月或年终	崇德县芦花滨村	抵田契	抵田
	B. 不定回赎日期	（1）如拖欠利息三期，即作卖绝	月利2%	每年2次	吴兴县汤村	抵借契	典田
		（2）如利不清，以田上出产抵偿	月利或年利	按月或年终	于潜县藻溪镇	典田契	典田
		（3）如利不清，改作卖绝	年利20%	年终（？）	新登县干坞村	卖契（活契）	典田

资料来源：韩德章：《浙西农村之借贷制度》，《社会科学杂志》1932年第2期。

"典契"和"当契"的区分。有些学者认为两者之间没有区别。而有些学者认为单纯用"典契"和"当契"来指代"典当契"中的不同类型是不太合适的。"典"主要强调卖出的行为，即没有一次卖出,强调的是"卖"这种行为。"当"主要强调抵押的性质,两者的共同点是,都可以赎回,但具体的赎回方法,各地做法不尽相同,有些地区明确规定典出的土地不准赎回,而在当契中很少甚至没有不准赎回字样。特别在民国后,徽州地区凡注明"取赎"的卖契皆是当契[①]。典契与当契区分的标志,就是看是否能取赎,一般地,在契末声明"其业日后照依原价取赎"这种类型的契约作为当契来看待。

  典与押的不同。典出的土地,土地使用收益权即转移给了承典人,原典主暂时放弃了土地的使用收益权,典出的土地"地不起租,银不起息"[②],在约定时期内可按原价赎回,只是在典出期内,与出卖无异,只有在期满备原价赎回后,田地归还原主,从这一点上看,典与绝卖存在差异。而对于押来说,田地仅为抵押借款的担保品,土地使用收益权仍归债务人。一般情况下,农户在遇到资金困难或意外时,往往先选择以抵押的形式获得一些相当于贷款的资金,若因债务重无力承担时,才不得不将田地典出,故典价皆高于抵押所得款项,若典后收益仍减少,债务更加繁重时,由于无力取赎田地又急需用款,这时势必通过找价形式向承典人索取资金,经多次找得价款后交易便变成绝卖,这时土地所有权完全转移给他人。据土地委员会的调查,出典的原因,大都是天灾人祸、婚丧、日用、还债等,用于改良田地修理房屋的绝少。一般典田期限,大都在3年以上,最长者达12年。各省平均期限:冀、豫、鲁均3年,陕、赣、湘、鄂均为3年半,苏皖4年,浙近4年半,桂5年,闽近6年,粤为8年半[③]。

  典与活卖的不同。典是占有权的交易,卖则是所有权的交易,两者根本的性质差别是,典脱胎于卖。在清代之前,习惯于"典卖"连用。但是典契保留田骨或田根,为利于回赎,并与卖相区分。清代新出现了"活卖"的交易形式,"典权"的交易规则更加清晰,与卖

---

  ① 汪柏树:《坚持以徽读徽——解读民国徽州土地卖契中的当、卖及典卖之典》,《黄山学院学报》2010年第12期。
  ② 有些地区典出的田地要求定期交一定租谷。如刑科题本 NO. 093。
  ③ 土地委员会编:《全国土地调查报告纲要》,北平大学农学院农业经济系,1935年版。另见《农学月刊》1936年第1期,第5页。

彻底区分，其不能满足的需求则由活卖来实现。从这一历史演进的视角来看，可澄清"典就是活卖"的误区。在典与卖之间出现了"活卖"的交易形式，活卖和典一样可以赎回，基于这一共同点民间或统称为"活业"。但是从交易程序上看，典与卖的区别已非常明显，典不办理税赋与产权的交割过户，只有由典而卖时，才办理投税、过割、执业。即典不发生所有权交割，而活卖则发生。典和活卖交易双方的权利具有本质的不同。田地出典之后所有权田主还可出卖，即"典不拦卖"。由典而卖，如果典出的土地逾期无力回赎，通常自动延续，因为债权人控制着田业。或以找价的方式，增加典价，一而再，再而三，直至转为卖，变为所有权的转移。

（三）补契和添契

"补契"是买主把原契约遗失了，需重新写一份，重新写的这份叫"补契"。"添契"指卖方不是一次性收取买方田（地）价银，而是分期收取价银。对于买方来说，相当于分期付款的形式。

"补契"一般盖有官印，格式严谨。如一份订立于清道光十年（1830）的契约，到民国时，买主把地契遗失了，重写了一份，叫"补契"。契约内容与原契约相同，只是另加一张契写明原因，一般开头要写"失遗补契立卖地人某某某"，然后将这张写明原因的纸粘贴于补契上。订立补契时，同一般契约订立时一样，田主可邀请本族、田邻、村长（或里正）作证，立就的契约与其他契约具有同等效力。一般要经过官府认可和验证，盖上基层政府的大印。还有一种补契叫"加价契"，或称"添契"（加添契），卖方不是一次性收取买方田价银，而是分期收取的，于是再立个补契。补契是方便交易之后出现各种情况的"售后服务"，是买卖双方进行妥协和变通的主要方式。[①]

各种各样的契约形式，反映了清代地权市场发展完善，作为交易中介的土地契约，如同金融市场上的票据，可以流通，转换，成为可交换的金融工具和信用凭证，充当和具备了金融工具的某些职能，这

---

① 孙钦良：《地契大观园：补契、老契、换契》，《洛阳晚报》2010年5月20日第3版。

进一步表明了清代土地市场的多样化和活跃程度。正是由于土地市场的开放和自由,才创造出多种多样的地权交易工具,而且这些交易形式和规则,大多是在民间自生自发产生的,充分体现了清时期基层土地市场的活力。龙登高的研究指出,现代金融手段,早在清代就已经出现了,有的现在仍在沿用,显示出草根金融的生命力。[1]

二 新交易方式的发展——活卖和找价

活卖和找价也体现了交易双方间的信用关系。卖出去的田地可以不断找价,直至绝卖,如果没有信用关系维系其中,找价是不可能实施的,正是由于民间习俗中,人们普遍认可这种找价方式,以信用为基础,找价才得以实行。对于活卖而言,卖出的土地可以回赎,同时也是建立在双方信用基础上的,如果没有信用关系,活卖也只能等同于绝卖。在清代的土地交易市场中,随着交易的日益频繁、交易形式的多样化,"找价"和"活卖"两种交易方式日渐流行。明中后期大为流行,清代自乾隆以后尤为显著。故找价现象产生于明中叶,嘉靖万历以后渐成"俗例""俗风"。这里将"找价"和"活卖"作为一种新的交易方式进行重点论述。所谓找价,指土地的典卖主,在土地典卖并收取了典卖价之后,仍向买主索取加价的一种方式。往往是活卖之后,买主再行"加绝",才可以成为绝卖。从卖方来说则叫"找价"(找洗、找贴),土地买卖完成后,因地价的升值或卖主生活困难等原因,卖主要求补增价钱[2]。

关于"典""找贴"与"绝卖"的关系。典在本质上是一种过程性的卖,出典开始了一个业权转让的过程,找贴是其后续阶段,在找贴之后便成为绝卖。在土地交易过程中,活卖的形式之一实际是"典"。土地在出典、出当期间,典主、当主有使用权、处分权,可以自种或召佃收租,或原主耕作纳租,或转典于他人。这样,土地在典出之后与活卖土地已没有多大差别,实际上也可看作是活卖的一种

---

[1] 龙登高:《清代地权交易形式的多样化发展》,《清史研究》2008年第3期。
[2] 龙登高:《清代地权交易形式的多样化发展》,《清史研究》2008年第3期。

形式。① 有学者认为由于典地大多数会转变为卖地，典卖通用一种契式的现象是很普遍的。但是典与卖还是存在较大区别，典是所有权的暂时让渡，而卖是所有权的完全转移。

（一）法典以民间习俗为依据

由于"找价"和"活卖"常会引起纠纷，随着地价的变化以及卖主、买主身份地位、生活状况的变化，卖主常常借各种理由要求买主支付更多的价款，在这种"找价"行为中，发生纠纷是不可避免的，清法典对此也做了明确规定。

1. 清代法典在乾隆十八年（1753）对那些没有明确是典卖还是绝卖的契约制定了30年的时间限制。②

2. 清代法典试图通过规定仅限一次"找贴"来阻止出典人的不断需索。它从未承认或批准习俗中的"找价"概念。清代法典也承认土地市场价格变动的事实，但它只允许买卖双方绝买（卖）时"找贴"一次。但从契约文书里可以看到，这些禁令在清代只是具文。找价和活卖的习俗一直沿用，甚至在新中国成立前夕，有些地方还在流行。据《大清民律草案 民国民律草案》第1002条规定："典权存续中，典权人得将典物转典或赁贷与他人。但当事人有契约或特别习惯者，依其契约或习惯。"③

（二）各地的"找价"习俗

清代大量典当契约表明，契式除沿袭明代之外，典卖合一的形式十分盛行。典与活卖混同，契纸上有微小的区别，有的在卖契文末写上"典"字，有的文字与卖契一样，但中人不画押，不加注意，很难辨认。一般来说，田地出典以后，交出使用权者，立有卖契，逾期不赎，作为绝卖，活契即变为死契；或用空白卖契，逾期不赎，填写卖主姓名、卖价、日期等，即作为绝卖。典契在民间使用习惯上有立合同式和单契的不同，乾隆二十五年，福建官府规定只准使用合同

---

① 李力：《清代民间土地契约对典的表达及其意义》，《金陵法律评论》2006年春季刊。
② 转引自杨士泰《清末民国地权制度变迁研究》，中国社会科学出版社2010年版。
③ 杨立新：《大清民律草案 民国民律草案》，吉林人民出版社2002年版。

式。如土地出典后,仍归原主耕种者,则需另立租约,如山西之用"秤约",安徽之用"打乾租""包租"等。此外,在地权分割买卖的影响下,土地典当中也有"活卖""找价"以及田底、田面分别典当等诸问题。因而土地买卖中的各种补充契式,也被借用来表述从典到卖各种中间环节的契约关系。①

湖北京山县俗例:出卖产业许原业主找价一次。

> 黄述文将自己眉冲山田一块,给张文盛祖人为业,是卖是典多少价值没说。乾隆五十八年,黄述文孙子因家道贫难,因京山地方俗例,凡出卖产业,许原业加找一次。但黄述文孙子将张家的耕牛牵回,张家给黄家找价钱陆千文,另立加补字据,其间,张家觉得补价太多,双方起争执(《刑科题本》,NO.213)。

安徽怀宁县杨廷荣贱价绝卖土地后四次向买主找价。

> 监生祖父于雍正十二年间,买了杨廷荣的父亲田亩园地,契载杜绝的。自从买后,他屡次索找加价。乾隆三年,加添二十两银子。十八年冬,又加添二十两银子,都有纸笔叠据。十二月杨廷荣又来加找,把监生家的墙挤坏,双方发生争执,酿人命。(《刑科提本》,NO.160)

闽北找价习俗:

> 瓯宁县禾供里立找贴人罗恭智,原于丙寅年将大新源田大苗田陆担,当得价银三十九两正,契再取赎,今因智无银使用,就托中劝谕到习主赵天辚,找得价银十两整,其价当日一并收足讫,并无短少分文,亦无货制准折债户之等情,所找所贴,无比情愿,自找之后,听凭买主永远管业,卖主向不得取赎,以及登

---

① 杨国桢:《明清土地契约文书研究》,人民出版社1988年版。

第二章　自发秩序的地权交易形式多样化与制度创新

门索找讨贴，任凭买主过割收产入户，卖主不得阻汪异说，今恐无凭，立此找价贴契为照。……

　　乾隆拾四年拾二月念八日
　　立讨找贴契人　罗恭智 押
　　劝谕凭中人　　马赐林 押
　　见交价银人　　付廷英 押
　　在见同谕人　　章君直 押
　　依口代笔人　　章光祯 押[1]

徽州找价习俗：

歙县叶方翼，今因前乾隆六年将场字号田一亩，卖与许荫祠名下，得过价银十四两五钱，因契上批有五年取赎，今又加价银一两八钱整。其银系身收去。其田日后永远不得回赎。今恐无凭，立此据存照。

　　乾隆十一年十二月　　日立批据人　叶方翼
　　　　　　　　　　　　中人　　　　叶自芳
　　　　　　　　　　　　代笔　　　　叶三蓝（2：23568.12/18）[2]

福建各地的契约中，福州、南平、漳州、宁德、仙游五地区共1739件土地典卖文书中，找价文书613件，占总数35.3%；而其中福州985件土地典卖契约文书中，找价达503件，占总数51%，找价习俗在福建流行很广。[3]

---

[1] 杨国桢：《清代闽北土地文书选编（一）》，《中国社会经济史研究》1982年第1期。

[2] 安徽博物馆：《明清徽州社会经济资料丛编（第一辑）》，中国社会科学出版社1988年版。

[3] 唐文基：《关于明清时期福建土地典卖中的找价问题》，《史学月刊》1992年第3期。

◈❖ 地权市场的制度演化（1650—1950） ❖◈

图 2-2 中所示，找价文书 613 件，占总数 35.3%，其中福州 985 件土地典卖契约文书中，找价达 503 件，占总数 51%。找价现象在福州较为流行。随着土地买卖频繁，"加找""回赎"案件层出不穷。江苏、浙江、江西、湖南、广东等省某些州县都有类似记载，有些土地已经卖了二三十年，地价已由银二三两上涨至七八两[①]，仍在加找不已。可见找价是随市场行情变化而变动的，地价变动越大，地价上升越快，找价次数越多。

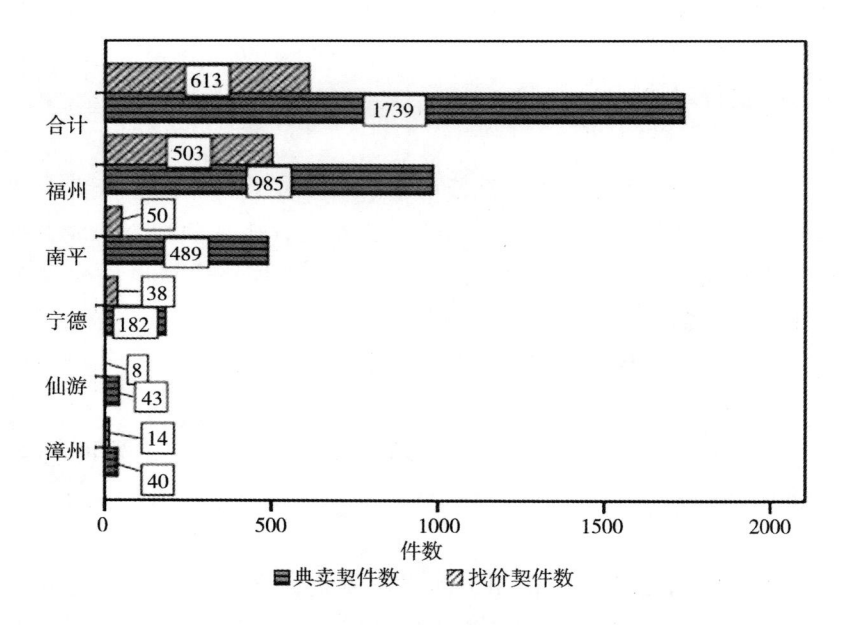

地区	典卖契件数	找价契件数
合计	1739	613
福州	985	503
南平	489	50
宁德	182	38
仙游	43	8
漳州	40	14

图 2-2　福建土地典卖情况

资料来源：唐文基：《关于明清时期福建土地典卖中的找价问题》，《史学月刊》1992年第 3 期。

新交易方式的产生和发展，促进了地权交易市场的进一步完善，从各地的地权交易习俗中也可看出，多样化的地权交易形式和习俗，有利于交易规则的不断创新和发展。

---

① 李文治：《论清代前期的土地占有关系》，《历史研究》1963 年第 5 期。

三 交易规则的发展和创新——多样化地权交易习俗

从各地多样化的地权交易新方式的产生和发展，均能看到自生自发秩序下交易市场的活跃，相应地，地权市场的活跃也带动了规则的发展和创新，对于在地权交易中普遍存在的押租、永佃制可以说是交易规则的创新，虽然两者不是新生事物，但是在各地的交易中，得以不断发展和完善。如浙江临海县乡例：因胞兄冠卿有一亩五分佃田，转佃与牟世英的义男黄永春，按地方乡例，租人田种，原有佃价与田主的，佃户无钱，把佃田转佃别人，不拘年月，原许原佃赎回的，若田主把田卖于别人，仍旧是原佃户耕种还租，叫卖田不佃。侄子阿贵无田耕种，找黄永春取赎，黄不肯，两人争执（《刑科题本》，NO.244）。从这一案例中，一块田地的交易中涉及多种交易方式，如永佃、转佃、卖田不卖佃，虽然没有法律制度的强制执行，民间自发产生的交易习俗，某种程度上实现了一种规则创新。

一般地，在地权交易中，多样化的交易规则包括：典、当、活卖、找价、押租、永佃等。前几种交易方式已经论述，这里重点分析押租、永佃习俗。

（一）押租制习俗

押租其实是对未来收益的变现，随着押租额的变化，当地租为零而押租最大化时，则表示约定期限内的未来收益全部变现为当期收益，这时押租就等同于典。反映了押租与典之间的联系和区别。各地有关押租的称谓不同，习俗也不相同。

1. 出租山地收"上庄钱"

湖北郧西乡例：

> 乾隆五十六年，姚秉虞要将买得的山地给人佃种，熊起知道后来向其承佃，许出上庄钱一千文，约定初十日成交。到期时熊某没来，就将地给赵宇佃种，双方发生争执。（《刑科题本》，NO.241）

该案例是押租制的普遍形式。
2. 伙佃土地当衣物交付"佃礼钱"
河南光州俗例：

> 喻谟的哥哥先借王四海钱十千七百文，言明二分行息，并没立约，也没中订。哥对喻谟说，他租种罗忠信的地，要佃礼钱五千文，因自己只有二千五百，叫王四海也出钱二千五百，搬到喻谟家里同住，伙种地亩，将来给他置办牛具，当因没钱，把衣服当钱二千五百，……后劝哥反悔，王不允，双方争执酿命案。（《刑科题本》，NO.240）

这一案例所指的"佃礼钱"，就是押租的一种形式。
3. 奉天省保定所属各县之习惯
预付押租。

> 租地人向地主租地，订立租约，预付押租，何时租约解除，地主仍有返还押租之义务。

此案例说明预交的押租，若地主解约须退还押租金。

（二）永佃制、田面权习俗

1. 永佃制是宋至近代时期，佃户在按约交租的条件下，享有长期耕作权和处置耕作权的租佃制度，其特点是土地所有权和土地使用权的分离。一般来说，地租多为定额租制，垦荒永佃的租额较轻。获得永佃权的佃户，实际拥有所佃田地的经营权，佃户独立经营，生产效率不断提高。而且佃户有自由处置经营权的权利，可随时按个人所需将田地的经营权转佃或转租予他人。通过不断流通和转手，资源得以合理配置，土地最终落在种田能手手中。如以下案例：

（1）所租河滩地开垦成熟，议定永远佃种
直隶怀安县习俗：

第二章 自发秩序的地权交易形式多样化与制度创新

> 庞正喜之祖庞太喜将刘珠之祖河滩地一顷开垦成熟，佃种已多年，子孙相继分种，正喜自幼失母，与杨世旺相依，故分佃刘珠之地二十五亩，同世旺耕种，刘珠疑正喜典给世旺，想将田地收归，但正旺、世旺不肯，双方争执。（《刑科题本》，NO.245）

该案例中提到了永佃权，取得永佃权的佃农有转让佃种权的权利，但没有典卖田地的权利，可见土地在交易时，产权的划分已非常清晰。

（2）佃户种田历来只换田主不换佃户就算世业一般

广西武宣县习俗：

> 韦扶欢因佃种罗扶元粮田四升，但欠下租谷二百七十五斤，扶元来讨要多次，家中清苦，不曾清还。为还租钱，将扶元的田二坵，暂典与他人，得银四两，食用度日，不想被罗扶元知道，扶元便牵了牛，背着犁来犁田，双方起争执。（《刑科题本》，NO.246）

该例中，可看到佃种田地只要不欠租就可以永久租种，并且历来有只换田主不换佃户的习俗，这在某种程度上是对佃农耕作权的保护。但是取得永佃权的佃户不得欠租，若欠租，田主将永佃权收回。另外，获得耕作权的佃户可将田地的田面权暂时典于他人，获得临时资金，以解决生活困难，等资金充足后，再将田赎回。

2. 田面习俗。田底和田面各有价格，田面价格一般低于田底价，但是也有例外，也有等于或高于田底价的情况。田面权的转租和买卖，会出现一田二主或一田多主的现象。田面权是以永佃制为前提的，在永佃制下，农户才有权将依约取得的土地使用权，通过继承、出租或出卖的方式转让给他人。如以下案例：

（1）将田面转顶并绝卖与章茂甫永远佃种

江苏长洲县习俗：

地权市场的制度演化（1650—1950）

> 堂伯章敬山，把八亩五分的田面，得银八两，立契顶与小的耕种还租，几年后，又加绝了十两银子，契上已载明，给小的永远佃种，有正找文契可依。乾隆九年，敬山侄子章子华要将田赎回自己耕种，小的因是绝业，不肯放他回赎，后亲族出来劝说，小的只得让他赎了四亩田去，还有半亩田，历来是小的耕种，他再来争夺，双方发生争执。（《刑科题本》，NO.253）

此案例谈及地权交易中的多种交易方式，有找价、永佃、田面权的转让等，转顶的田地可以找价，找价后双方约定为绝卖，由买者永远为业。可见取得田面权的佃户不一定拥有永佃权，若想拥有永佃权须再经过协商，一般需再加些银两即加绝方式，方能获得永佃权。反映了地权市场上多种交易工具和交易制度的发展，为农户获得融通资金提供了便利。

（2）买田收租纳粮者为粮业，出资买耕者为佃业

广东惠州府乡规：

> 谢文运兄弟有祖遗佃业田一十九亩，系温习连与伊兄温锦文粮业。乾隆元年，文运兄弟将田顶与母舅陈逊平耕种，得顶手银五十二两，议以七年照价赎回。陈逊平因屡年欠收，积欠租谷八十石。乾隆八年，锦文令逊平将前给文运等顶手银两，抵欠租价，文运兄弟将田退还与伊耕种，不必再还逊平之银，另给粪脚银二十两。逊平转告文运兄弟，文运等以田系祖遗佃业，不愿退耕，随将原得顶手银五十二两交还逊平，赎回原田。温锦文不待逊平回复，即于弟温习连去田地插秧。（《刑科题本》，NO.251）

此案例说明田底权与田面权的分离，获得田面权的佃户还可以将田面顶与他人而获得银两。世代耕种的佃业可以永远租种，只要不欠租，田底业主就无权过问。

（3）佃权转卖由新佃向田主交租

福建永春州习俗：

第二章 自发秩序的地权交易形式多样化与制度创新

> 普涵墩的田，原是郑廷田主收租，原佃主是陈伯君，陈伯君将田转卖与陈保让耕种，得佃价银三十一两。乾隆十六年，郑锡们把自己的田，向郑廷对换这正租的田，又向原佃主买佃归一，议价三十两，原佃主写了卖契给郑锡们。他先交番银一元给原佃主作定，余价待原佃主向陈保让妻子黄氏赎明后全交。原佃主找陈保让妻取赎，其妻说契无载赎，不肯让其回赎，双方起争执。(《刑科题本》，NO.261)

这则案例说明取得田面权的佃户可以将田转卖于他人，获得现金，还可将转卖的田地取赎。可见佃农一旦获得永佃权，就可以自由处置和买卖田面而不受原业主的干扰，卖出的田面权还可以取赎。也说明获得独立的产权是进行自由交易的前提条件，多样化的地权交易形式为土地流通提供了便利。

(4) 倪汉林等顶买并加绝褚苍培所租的田地进行耕种

江苏元和县习俗：

> 倪阿再故父倪汉章与兄倪汉林，合出七折钱二十二两，顶得褚苍培租田得十亩五分耕种，四年后，倪汉林用钱八两五钱，向褚苍培加绝。倪汉章旋即物故。倪汉林因倪阿再弟兄幼小，不能耕种，将倪汉章所出原价十一两交还倪汉章之妻陈氏收回，田归倪汉林独种。十六年后，倪陈氏因子倪阿再年已长成，措钱十五两，令子邀同原中褚惠德，往向倪汉林说合，欲其退回一半田亩耕种，倪汉林未允。经中人褚惠德勒令倪阿再再给钱一两五钱，令倪汉林退还田五亩二分五厘，倪汉林应允，先将五亩退还，其余二分五厘，倪汉林因租轻，欲行自种，不允退出。倪阿再屡索未给。一年后，倪汉林将钱一两五钱送至倪阿再家，值倪阿再外出，倪汉林将钱给倪阿再母亲，并告之想自己耕种。其母未允。倪汉林将钱留下而归，等倪阿再回来，其母告知前情，令其将钱退回，倪汉林不依，双方起争执。(《刑科题本》，NO.293)

◈ 地权市场的制度演化（1650—1950） ◈

从这则案例中，可看到佃户通过顶买的方式获得田面权，如果再追付一部分资金即可加绝，从而获得永佃权。获得永佃权的佃户可以将永佃权自由转让，原田主无权过问。永佃户在资金紧张时，可将田面卖与他人，或因家中缺少劳动力时，将田面卖出，等劳动力充裕后再将田面权赎回。该案例中还提到了中人在交易中所发挥的重要作用，在交易双方发生纠纷时，中人起调解和协调的作用。另外，文中所提到的褚苍培本身也是租户，只是他租的田较多，可将田再转租于他人，可见褚苍培相当于"二路地主"的身份。这份契约也反映了地权市场上交易方式的灵活多样，农户可通过自由交易获得田地的耕作权，还可通过土地交易获得资金融通，充分发挥市场在资源配置中的有效作用。

押租、永佃制度不仅可以将未来的劳动收入贴现，也可以将未来的土地收益贴现，通过押租金，田主实际上是将未来的土地收入贴现；同时田主获得了土地出租的风险保证金。佃农则以押租金的交易获得了对土地耕作权的稳定控制并支配农业生产中的剩余索取权。通过未来收益的变现，耕作权租佃制以其跨期调剂功能实现生产要素的动态配置。

在近世社会中，多种交易工具的产生和发展，实现了资源的有效配置和合理流动，能够最大化发挥每种生产要素的效用。在土地市场上，只要产权界定明确，交易就可以进行，在没有土地的情况下可以通过田面权的方式取得耕种权，当需要资金又不愿变卖田产时，可以典、抵、押、当等方式暂时让渡所有权；当经济状况好转，不需要资金时，可以将典出的土地赎回，也可以找价，当需要大量资金或投资其他产业时，可以绝卖。没有田底权，可以获得田面权，永佃权可以转让、抵押、典、当，土地在不断流转过程中，在没有其他金融工具的情况下，充当了金融工具的作用，实现了生产要素的动态结合，多样化的交易安排为农户利用地权进行资金融通提供了便利手段。出卖土地是农户万不得已之举，在此之前仍可利用土地便利实现其融通需求。①

四 地权交易中的信用关系

土地契约在地权市场上的流通，体现了交易中的信用关系。信用体现了一种特定经济关系的借贷行为，近世地权市场上的借贷行为主要是民间信用形式。土地契约在某种程度起货币中介的职能，是一种信用货币，类似于现代商业信用活动中的商业票据，是交易双方的信用凭证。土地交易中，无论取得土地所有权还是耕作权，都要签订契约，契约本身没有价值，起着信用中介的作用，一方面是债权、债务的信用凭证，同时也可作为购买手段和支付手段进入流通，这种契约以立契人的信誉为基础。如土地交易过程中，可以押、典、当，还可以抵，这些交易形式都反映了交易双方的信用关系。从另一方面来说，地契作为一种凭证，在不断流转过程中充当一般等价物的作用，有时可以作为价值尺度，用以衡量交易物品的价值；有时可以充当流通手段，在不同的所有者之间转手流通，某种程度上充当着货币的一些职能，同时也反映了交易中的信用关系。如押租制中收取的押租金，就起着信用保证金的作用，一方面，对于地主来说，以此为担保，地主可以保证在遇到佃户欠租时，可将佃户的押租金抵为所欠地租而减少损失。另一方面，对佃农来说，交付了押金就相当于获得了担保，以此为担保获得租佃地主田地的权利，这一过程也体现了交易双方信用关系的建立，反映了越来越健全的地权市场上，以乡规俗例为纽带的交易各方所建立的信用关系，即诚信在地权交易中发挥着重要作用。如果交易双方缺乏诚信或对信用没有一定的认识，很难想象在以非正式制度维系的基层地权市场上交易如何进行，正如新制度经济学关于诚信的论述："诚信是演化中的产物，而演化是需要时间的，传统社会关系是由'根深蒂固的习惯'所决定的。"② 由此看出在传统社会中的地权市场上，即在自生自发秩序下，诚信或信用在交易中

---

① 龙登高：《地权交易与生产要素组合：1650—1950》，《经济研究》2009年第2期。
② ［美］弗鲁博顿、［德］芮切特：《新制度经济学：一个交易费用分析范式》，姜建强、罗长远译，上海人民出版社2006年版。

的重要作用，这种信用关系不是通过法律强制推行的，而是人们在长期合作不断演化中逐渐形成的。

另外，明清时期众多的土地契约文书中，所记录的交易过程也反映了交易双方的信用关系，契约之所以能够签订，很大程度上得益于双方信用关系的建立。交易中类似金融工具的发展，反映了类似地权金融市场的活跃，而金融市场中所反映的借贷关系实际也是信用关系。以高利贷为例，一方面高利贷被视为一种重要的剥削手段，另一方面，它也体现了土地交易中买卖双方的信用关系，其本身就是信用关系的一种形式。特别是在高利贷下的土地所有权转移，高利贷者在放债时，一般都顾忌债务人无法偿还，要求以财务作为信用担保建立借贷关系。作为农民，他之用于担保的财物，最主要就是土地。债务人直接以土地在一定期限内的经济收益抵算利息，交由债主掌管收租，谓之典。当，是在典的基础上，每年另加纳粮银若干。这些都反映了交易双方间的信用关系，是以还本付息为基础的借贷关系，多样化的交易形式的发展和创新，体现了交易中信用关系的建立和发展。

第三节　地权交易中介——中人在交易中的作用

近代基层乡村相对自由宽松的市场环境，为制度的创新和发展提供了前提条件。在土地交易中，中人的作用越来越重要。起初，中人在地权交易中仅起见证人的作用，一般请族内或村里较有威望的人担当，其职责也仅限于帮助核实一下土地面积，确认田地位置等，或估算一下土地价格，或在交易双方意见不一致时，出面协调。随着交易量的增加，中人的职责也开始发生变化，有些已不再是简单的见证人，同时还充当交易双方的担保人，负有连带责任，其在地权交易中的作用变得越来越重要。另外，新兴中介机构即租栈的兴起，也是在地权交易市场不断发展的条件下产生并发展起来的，随着乡绅进城，城居地主的增多，专门为地主收租的租栈开始兴起，租栈作为一种新

第二章 自发秩序的地权交易形式多样化与制度创新

兴中介机构,体现了地主与租栈间的委托—代理关系。

学术界对中人的研究文献较多。关于中人的社会来源划分,黄宗智认为:"中人通常是那些通过其所拥有的人际关系和声誉,能够促成交易的人物,因而被称为'介绍人'或'说合人'。"[1] 美国学者杜赞奇将中人分为三种类型:第一种类型是很有面子的保护人,第二种是与交易一方有亲友、同族关系,同时又为交易另一方所熟识者,第三种类型一般是城居地主的代理人、村中强人或职业经纪人。[2] 李金铮则认为,中人的社会来源有四种:即与交易者有亲友、同族关系或者比较熟识者,有一定经济基础的人,乡村领袖以及城居地主的代理人。[3] 吴欣通过对清代徽州地方契约的分析,认为中人的主要社会来源于六个方面:一是地方基层组织中的领袖人物,二是族长与族众,三是立契人的亲戚,四是妇女,五是佃仆,六是主人。[4]

关于中人在乡村土地交易中的作用,不同学者的观点也不尽相同。如滋贺秀三指出"不动产交易、家产分割、缔结婚约等等重要的法律行为一定会有中人、媒人等通常为复数的第三者在场……在那里,社会所需要的某种公证的功能,并不集中在特定的专家或制度化的机关手里,而是以极为分散的方式又具体的场合下,受邀作为中人"[5]。还有学者认为,乡村契约构成了社会秩序的大部分内容,而实际上,虽然只是契约的附属物,中人才是保障契约实施的民间最有效的保障机制。中人的保障作用来源于两个方面:一是其公开性。"第三方"并不仅仅是一个"量"的概念,而是一极力量,是"介绍、商定,确认和事后的宴请"等一系列活动的参与者。二是其权威

---

[1] [美]黄宗智:《清代的法律、社会与文化:民法的表达与实践》,第52—54页。
[2] 叶显恩:《明清徽州农村社会与佃仆制》,安徽人民出版社1983年版。
[3] 李金铮:《20世纪上半期中国乡村经济交易的中保人》,《近代史研究》2003年第6期。
[4] 吴欣:《明清时期的"中人"及其法律作用与意义——以明清徽州地方契约为例》,《南京大学法律评论》2004年第1期。
[5] [日]滋贺秀三、寺田浩明等:《明清时期的民事审判与民间契约》,王亚新、梁治平编译,法律出版社1998年版,第312页。

性。中人的这些特性保证了其在契约履行中的重要作用。①

通过以上分析，学界对中人的研究主要集中在"中人"的调解作用上，而对其区域性特点和对土地交易的作用等方面，缺乏系统的研究。本卷主要从中人在交易中承担的责任、"中人"的区域性特点、"中人"作为民间法的象征等方面进行分析。

一 中人的称谓和主要类型

（一）中人的称谓

土地交易文书中，许多地区都存在着"凭藉中人"的乡规。简称"凭中""中见""居中""见立""中人""正中""偏中""证人""引中"等称谓。中保人的名称可多达40余种，而最常见的称谓为"中人"。根据交易内容的不同，中人主要分为土地买卖的见证人、家产分割的见证人，如"凭族""凭亲"。"凭族"一般要请族中尊长、近支，凭亲"通常指舅家、姻亲（包括女婿、姑丈、内兄弟等），另外也有少数请保邻、西宾（家塾先生）、朋友等参加中见的。中人是除买卖双方之外的重要参与人，若买卖双方称为第一位契约当事人的话，中人则可称为第二位的契约当事人。田宅典当买卖中的"中人"与商品交易中的牙人有共性，也有区别，这里重点强调土地交易中的"中人"。按照习惯，请中人需支付中人费，不同地区的习俗不同，中人的称谓也不同，交易中收取中人费的方法也不相同，其在交易中的责任也不同。

（二）中人的主要类型

随着土地交易量的增加，中人在交易中的作用也在发生变化，渐渐分化出不同的类型，主要存在三种形式。第一种是交易双方或其中一方的熟人、亲友或邻居等，担任"中人"职务，只是由于和交易者的这种特殊关系。第二种是里长、甲长、村长、保长等，有些地方惯例由这些人作中。第三种是专业的中间人，称经纪人，又称牙人、

---

① 陈胜强：《论清代土地绝卖契约中的中人现象》，《民间法》2011年辑，第234—245页。

第二章 自发秩序的地权交易形式多样化与制度创新

牙纪。在清代,凡在政府有关部门登记注册的经纪人称官牙纪,未经政府批准者为私牙纪,民国时期官牙改称监证人,其具体职责与清代官牙有所不同。[1]

第一种,清代土地交易中的中人,最初是经济自身发展的产物。中人的充当,开始也是一种自发的现象,一般需要有经验的老人担任,初期与官府没有丝毫相干。按照《习惯》中的调查,这时的中人只是充当见证作用,按俗例交易双方要给中人或牙人一定费用,如"买三卖二"等形式。在民间典当中,中人也起着信息媒介、从中撮合、提供相关知识和经验的作用。这时的中人只是作为交易双方的见证人,与契约双方没有经济上的联系,只按乡规俗例收取一定的中人费,至于交易双方日后发生纠纷也与中人无关,只有当双方要求中人出面调解时,中人才会参与进来,这时的中人在土地交易中的作用相对简单。

第二种,族长为中见人。有些地方的中人为族中最有名望的人担当。如清代徽州族长在族人出卖产业时经常扮演中见人的角色。当普通族人将财产出卖与异姓宗族或其成员时,族长常受邀请扮演财产交易中见人的角色。咸丰六年(1856),吴永周"因清理账目,自情愿将承祖阄分田一处,土名井丘,计客租二十五租正",出典与黟县查村江氏族人江锦荣名下为业,在订立杜断典田约时,族长吴廷玉应邀充当产权交易的中见人[2]。

第三种,专业的中间人。是指专门为交易双方充当见证人的组织。分官方和非官方两类。这时的中间人已不单纯是见证人,不仅成为交易双方的担保人,负有连带责任。

第四种,妇女、佃仆充当中人。清代和民国时期的乡村基层社会,妇女和佃仆也可充当中人。

在中国传统基层社会,妇女的权利受到各种因素限制。《大清律例》规定:"若妇人,除谋反、叛逆、子孙不孝,或已及同居之内为

---

[1] 史建云:《近代华北土地买卖的几个问题(三)》,《华北乡村史学术研讨会论文集》,2001年。
[2] 陈瑞:《清代徽州族长的权力简论》,《安徽史学》2008年第4期。

人盗诈，侵夺财产及杀伤之类，听告，余并不得告。"① 而在经济活动中，妇女财产权的实现方式是多样的，特别是作为中人，实际并不存在性别差别，这也为妇女作为中人提供了依据。在乡村基层社会，妇女成为中人的现象是存在的，大致有以下三种类型：一是妇女为立契人的族中长辈。二是立契者家庭内部的同辈。三是立契者的仆妇作为中人。由于其被交易双方熟知，又是族中长辈，妇女和佃仆作中，也成为中人的一种类型。

在近代乡村基层社会，中人在整个社会经济生活中扮演极其重要的角色，在习俗惯例和习惯法上，他们的活动也已充分制度化，以至于我们无法设想一种没有中人的社会和经济秩序。②

二 地权交易收取中人费的方法

土地交易中，中人的作用主要是见证人，从各地的土地交易契约中，可看到每订一份契约都必须请中人到场，中人作中要收取一定的中人费。各地的习俗不同，各地收取中人费的方式和数额也不尽相同。有的地区是契约双方共同分担中人费，有的地区只需一方承担；有的地区收钱，有的收物或酒水，有的既收实物也收钱。具体到不同地区，收取费用的方法不同。如山西各县有"成三破二"的习惯，江西赣县有固定收取5%的中人费，其中买者支付五分之三，卖者付五之二等，如在福建闽西民间典当中，闽西支付给中人酬金占典价的比值一般为2%。③ 这一习俗一直延续下来，民国时期土地买卖仍请中人到场，在中证人中还有正中与偏中之分。按南昌地区的俗例，④ 土地买卖时，请正中2人，由卖方、买方各请1名，偏中则多少不等。中人费用也分两种，一为酒席费，一为谢中费。酒席费，由买方

---

① [清]阿桂等：《大清律例·刑律·诉讼·见因禁不得告举他事》，中华书局2015年版，第339.00号。
② 梁治平：《清代习惯法：社会与国家》，中国政法大学出版社1996年版，第121页。
③ 俞如先：《民间典当的中人问题：以清至民国福建闽西为视点》，《福建论坛·人文社会科学版》2009年第5期。
④ 农业推广部：《南昌全县农村调查报告》，江西省农业院专刊，1935年。

第二章 自发秩序的地权交易形式多样化与制度创新

出五分之三,卖方出五分之二,出费多少,视田价而定,若田价为 100 元,酒席费便为 5 元,双方按比例分摊,买田百元,需交费 103 元,卖田者只得 98 元。至于谢中费,其如同酒席费一样摊派,正中谢仪最多,偏中则多少不等。由此可见,中人在土地买卖中的作用依然重要,需按乡规俗例邀请中人到场,签订契约极为慎重。

不同地区收取中人费的惯例不同。大多时候是根据交易金额的大小来确定,如果邀请中人只是证明一些小事情,或者金额较小的交易,一般中人不收取中人费。如果交易金额较大,中人收取中人费也按照当地习俗,按比例收取。中资的比例根据惯例是有限制的,中人的中资占契约交易额的比例,也根据当地的惯例执行。

总结来说,一般在中人费的收取中,买主承担 3%,卖主承担 2%,俗称"买三卖二"或"成三破二"。一种情况是买卖双方共同承担,另一种是由买主独立承担。有些地方散中虽然到场,但不得分用中人费。在佃种土地和资金借贷中,中人一般不收费,还有些地方的中人在契约上不用画押。

(一) 中人费由买卖双方共同承担:买三卖二的习俗

从民商习惯调查看,一般的费率在总价款的 5% 左右。土地交易成交后,经纪人照地价"八折扣钱",即收取 20% 的牙用银即为中间手续费。[①] 具体到各地的收费标准,依照各地不同的乡俗,也有一定的差异。

中人费由买主和卖主共同分担的,即买主多分担一些,为 3%,卖主只分摊 2%。这样成交后,买主谓之"成",卖主谓之"破"。福建一些地区买卖杉木,中人费按"买三卖二"的方式收取。根据民国时期的习惯,各地收取中人费时,不同地区的收取费用的方式不同。如安徽颖上县:"名为'买三卖二',各中平均分受,亦恒有习惯也。"[②] 安徽天长习惯:"按百分之五'买三卖三',以原中、陪中

[①] 赵晓力:《中国近代农村土地交易中的契约、习惯与国家法》,《北大法律评论》1998 年第 1 期。

[②] 前南京国民政府司法行政部编:《民事习惯调查报告录》(下),中国政法大学出版社 2000 年版,第 551—560 页。(以下简称《习惯》)

◈◈ 地权市场的制度演化（1650—1950） ◈◈

之分别为得受多寡之标准。"① 江西赣县习惯："则买者负五分之三，卖者负五分之二。"②

具体案例如下：

山西各县习惯：成三破二，买主谓之成，卖主谓之破。

买卖不动产，由牙保作中时，买卖两方均应按照卖价给以一定之报酬，买主应给百分之三，卖主应给百分之二，买主谓之成，卖主谓之破，故有"成三破二"之称。

按：此项习惯各处大抵有之，但变有称为"买三卖二"者。（《习惯》，P478）

江西赣县习惯：不动产买卖之中人费用，由买卖当事人分别担负，如价洋一百元，中人费五元，则买者担负五分之三，卖者担负五分之二。（《习惯》下，P575）

安徽天长县习惯：卖主与买主分担中费。

天长卖买田产，卖主、买主均出中资，按百分之五"买三卖二"，经原中、陪中之分别为得受多寡之标准。与本会第一期报告芜湖县，及第三期报告广德、舒城县中资负担及分配之习惯各有异同。（《习惯》下，P555）

安徽颍上县习惯：不动产之买卖双方均负担谢中费。

颍上不动产之买卖契约，双方均有谢中费用，如买卖百元，买主谢中三元，卖主谢中二元，名为"买三卖二"，各中平均分受。又有卖主急待事就，或买主速成锦（即其所买之不动产与买

---

① 前南京国民政府司法行政部编：《民事习惯调查报告录》（下），中国政法大学出版社2000年版，第555页。
② 前南京国民政府司法行政部编：《民事习惯调查报告录》（下），中国政法大学出版社2000年版，第575页。

第二章 自发秩序的地权交易形式多样化与制度创新

主原有之产业相毗连,凑成整块之意),而于谢中之外另许的中(即主要中人)酬敬若干者,亦恒有习惯之。(《习惯》下,P551)

直隶省习惯:

牙纪为买卖地亩之居间人,其责任专行收取杂用费。所谓杂用费者,买主三分,卖主二分,要皆为各县习惯之所不能及。(《习惯》,P435)

福建晋江、建阳等县习惯:仲钱或中见费,买卖杉木"值百取五"。

晋江卖买产业均有仲人(即中人),除特别契约外,卖价百元,中资例抽五元,由买主出三元,卖主出二元。福州大略相同。建阳卖买杉木,所有中人及代笔费用,每价百元,卖主出二元,买主出三元,即卖主实得九十八元,买主实出一百零三元也。(《习惯》下,P642)

(二)中人费由买主独立承担,另收酒水钱

有些地方的惯例,中人费由买主一人交纳,卖方并不承担中人费,这显示出各地区的差异。不同地区的习俗惯例不同,收取中人费的方式也有所不同。

一般中人费分为三笔,一笔给正中人,一笔给散中,一笔给写契人。另付酒席费,一般须出二分,若买主愿办酒席则不必再出酒钱,总之酒水钱是必须支出的款项。

如南昌县习惯:中三笔一酒二分。

凡买业者,于业价之外,尚须出中人钱三分、代笔钱一分、酒钱二分,而中人之三分,则由正中得一分,其余散中均分一分

五；代笔之一分则归写契人独得；至酒席费须出二分，若买主愿办酒席，则无须再出酒钱。此历来买卖之习惯也。（《习惯》下，P574）

如湖北习惯：买卖契约用费之负担。

广济、京山、竹山三县，买卖动产、不动产，所有一切费用均归买主负担。谷城县，买卖不动产，一切费用归买主负担。巴东县，买卖货物各费用多由买主担任，买卖田房一切费用，则买主、卖主各有负担，惟买主此费恒较多于卖主。潜江县民买卖房屋，所需酒席税契各费，归买主负担，其谢中则以"买六卖四"或"买三卖二"计算。（《习惯》下，P660）

（三）卖屋价收取的中人费用比卖田价高。
房屋的中人费一般比田地的中人费高，一般田地的中人费为3%，而房屋中人费有的地方为4%，有的为6%，有的为8%。
如江西南昌县习惯：买卖不动产之中人钱。

凡买卖田地房屋，在场作中之人，取得中人钱，均由买主支出，如所买卖之田价为一百元，应给中人银三元，屋价一百元，应给中人银四元，故中人钱有"田三屋四"之称。（《习惯》下，P572）

在湖北地区的房屋交易习惯：

谷城、广济、巴东、京山、竹山各县，买卖房屋、田地，均有谢中钱之习惯。谷城县系依契价，以三分计算。巴东县依契价，买主任百分之四，卖主任百分之二，"中五笔一"。潜江县，如系房屋，依契价计算，买主出百分之六，卖主出百分之四；田地，买主出百分之三，卖主出百分之二。广济县，房屋以契价百

分之八,"中五笔三";田地经契价百分之五,"中三笔二"。(《习惯》下,P663)

(四) 散中虽到场,但不能分用中人费

散中不能分用中人的中资,只可得买主送予的画字礼,一般数百文不等。

如安徽当涂县习惯:散中不给中资。

> 当涂不动产卖买之中资,按照原价银洋,由买主每元出洋三分,卖主每元出洋二分,交由原说合之中人分受,其他先未帮说,临时到场,列名之散中,仅由买主送给予画字礼数百文不等,不得分用中资。(《习惯》下,P560)

(五) 佃种土地的中人、贷借的中人不收费

佃种田地中的契约签订时,中人到场,但不收取中人费,买卖牲口时,中人费以粮食收取,借贷资金时的中人,一般也不收取中人费。

如湖北佃种田地,不收中人费。

> 至于佃种田地,上开各县均无谢中钱之习惯。又如买卖猪牛羊或谷类及其他一切物品之中人,竹山、巴东两县无谢中钱之习惯;京山县买卖猪牛羊有谢中钱,谷米系按斛抽用。(《习惯》下,P663)

福建地区习惯:

> 如南平凡关卖买、贷借、抵当等事,均有居间人,俗称"中见",除贷借中见人或不取费外,如卖买、抵当,中见人必有报酬,其报酬费照契"值查抽五",以"买三卖二"为标准。(《习惯》下,P642)

（六）中证不画押

一般中人在契约签订时，要签字画押，而有的地方中人不需画押。有些地方只请中人吃饭，不给中人费。有些地方中人到场，只写"同见"两字，其他均不写。

如山西荣河县习惯：中证不画押。

契约成立，须有中证，既需中证，必须其署名画押，此乃通例。惟荣河县人民，契约上所有中证，仅允署名，不行画押，积习已民［已］久，相安无异。

按：上项习惯系据荣河县知事吴登云，承审员贾桂馥报告。（《习惯》下，P495）

安徽芮城县习惯：买卖产业无中佣，不收中人费，只一起吃饭算是作中成立。

民间买卖田房产业，经中说合定妥后，即由买主设席，将卖主、中人请到，成契付价，两相交割，吃饭了事。中人只受买主此次设宴酬谢，别无酬劳等费。（《习惯》下，P548）

滁县习惯：契约内中证不画押。

滁邑不动产典卖契约以及借贷条据，由典卖主及债务人署名画押，中证仅书"同见"二字，并不分别签口。（《习惯》下，P552）

三 "中人"在交易中承担的责任

清代至民国时期，乡村土地交易中，中人扮演着重要角色。其社会责任和功能，主要是起着双方介绍、撮合、担保和调解纠纷，收取

第二章 自发秩序的地权交易形式多样化与制度创新

佣金也体现了承担这一责任的报酬。中人最初在地权交易中仅起见证人的作用,后来才演变成负有连带责任的担保人。如果交易双方发生纠纷,由见证人出面调解,调解不了的才去官府衙门,所以在交易中充当中人的多为有名望和威信的族长或者大家庭的家长等。"交易双方正是考虑或预期到万一出现争执的情况下,才事先请求中人参加契约的缔结过程的。"①

中人与交易者有亲友关系或者在契约中仅承担中介或证明作用,亲友作中一般不会收取报酬,而若是乡保作中,往往会因追逐经济利益而收受中资。中人在调解双方纠纷、促成合约达成的过程中付出辛劳,有时会承担一定责任,这时会收取中资。民间流传的"买业不明,可问中人;娶妻不明,可问媒人"以及"不做中,不做保,一世无烦恼"的俗语就是明证。

按照中人在契约中承担的责任看,大致分为以下几种情况。

(一) 中人主要调解纠纷,不负连带负责

在这类契约中,中人在交易中充当的角色,主要是调解交易双方的纠纷。租地纠纷主要源自地租交纳和退佃等情况。在安徽潜山县,地主辞退佃户时,佃户如不愿意,由中人说合,给佃户钱若干,方可解决,俗曰"下庄礼"②。

在土地交易完成后,中人的责任并没有因此而结束,若交易双方出现纠纷,作为交易见证人的凭中,有责任和义务出面调解双方的矛盾。例如贵州侗族惯例③,姜老凤与姜应桥兄弟二人将祖父留下的一块山地,卖给姜春发,双方起争执,请中人讲理,通过中人调解,确定山地四至界限,并立字"今凭中寨长分拨落弟应桥面分","今欲有凭,立此分拨字样为据管业"。从而调解双方纠纷,此案例体现了中人在交易中"调解人"的作用。

---

① [日] 滋贺秀三、寺田浩明等:《明清时期的民事审判与民间契约》,王亚新、梁治平编译,法律出版社1998年版,第133页。
② 李金铮:《20世纪上半期中国乡村经济交易的中保人》,《近代史研究》2003年第6期。
③ 贵州省编辑组编:《侗族社会历史调查》,贵州民族出版社1988年版,第27页。

另一例：

> 立请白字合同字人本寨姜□□兄弟与姜开明父子得买辛龙辛贵兄弟之山场杉木一块，地名冉幼山，此山界限上凭孝忠山，下凭士周山，左凭冲，右凭文献山为界，二人争夺，蒙中等解劝，将地祖三股之山场杉木分作两家，兄弟占一股半，开明父子占一股半，二人皆自愿立清白合同字样二纸，每家各收存一纸，以免后患，事实为据。外批：此自界老木二股，摘手是世洪所占。
>
> 劝中 龙现彩、姜世安
> 代笔 姜世和
> 道光十三年正月十六日立①

以上两份契约表明，中人的职责主要为调解纠纷。第一例中指出"今凭中寨长分拨落弟应桥面分"，第二份契约落款处直接就写上"劝中"人名字，表明中人在交易中发挥重要作用，特别是发生纠纷时，一般都请中人出面调解，并立字为据，免得日后起纠纷，就算双方发生矛盾，也是先请中人进行调解。

再如徽州惯例，交易双方发生纠纷时，先请中人出面调解。"咸丰元年（1851）许大运父亲病故而许大运却无钱购买棺木、衣梓，万般无奈，也只得央求中人胡林宝出面，向姚姓借到足典钱十二千文，才将父亲安葬。"②

又如嘉庆二十四年八月徽州祁门洪时贵等和好合同文约。③ 立和好合同文约，清公祠秩下洪时贵同侄孙枝发，原因嘉庆十四年结账，发借过祠银五两三钱，未曾归结，以致互相争论。兹蒙中劝论，体念族谊，以作三股均分，发自愿将前银付出，贵收一股，学收一股，发自

---

① 张应强、王宗勋主编：《清水江文书第二辑》第 10 册，广西师范大学出版社 2007 年版，第 40 页。
② 安徽省博物馆：《明清徽州社会经济资料丛编（第一辑）》，中国社会科学出版社 1988 年版，第 559 页。
③ 张传玺：《中国历代契约会编考释》下册，北京大学出版社 1995 年版，第 390 页。

第二章 自发秩序的地权交易形式多样化与制度创新

坐收一股,当即经中收论,两无异言,两家子孙各宜,永远遵守,和好如初。今欲有凭,立此和好合同两纸,各收一纸存照。再批:所有祠内山场所需正用亦照股均出,又照。嘉庆二十四年八月初五立和好合同文约洪时贵(押)同侄孙枝发(押)中见董成美(押)汪永桥(押)金麟王(押)胡有檀(押)周君成(押)代笔汪大全(押)。安排债务人以田地或其他产业抵债也是解决此类纠纷所常用的办法。

在中人调解纠纷中,就算告到官府,官府通常也判由中人裁决。如乾隆三十八年(1773)巴县杨启元将瓦房出典给严光大,严给付典价钱五十千。十七年后杨启元按照当时每千钱折合白银六钱的兑换标准,凑足三十两白银向严光大回赎房屋。但是严光大之子严彪挹不答应赎回。杨启元告到官府。县令批令:由原中理楚。原中人为晏述庵、雷信丰、张兴武等随即进行调解。认为当时钱贱银贵,给银回赎更公平些,理应领银还赎。但是严氏父子执意要成都新局钱五十千,方肯其赎回。无奈,杨启元再次诉讼至公堂,然县令依然责令中人继续调处①。可见中人在交易双方中调解的作用非常重要,也得到官府的认可。

(二) 中人在交易中起担保作用,承担部分连带责任

在土地交易中,中人要担保佃户按时交租。如河北天津县习惯:"如至开种地亩之时,租价不到,有中人一面承管。"② 江苏常熟县市新村习惯,需由中人担保才能租到地,若地租交不起,也由中人负责。③ 浙江杭县河东村租佃契约规定:"倘若不清,凭中追足。"④ 山西平顺县习俗:"秋后同中交租,倘有交不到者,保人等情愿负责垫还。"⑤ 这些习俗惯例表明,中人在交易中起担保作用,如果一方违

---

① 四川省档案馆编:《清代巴县档案汇编》(乾隆卷),档案出版社1991年版,第255页。
② 前南京国民政府司法行政部编:《民事习惯调查报告录》,中国政法大学出版社2000年版,第16页。
③ 李学昌主编:《20世纪常熟农村社会变迁》,华东师范大学出版社1998年版,第513页。
④ 韩德章:《浙西农村之租佃制度》,《社会科学杂志》1934年第4卷第1期。
⑤ 实业部国际贸易局:《中国实业志·山西省》(乙),实业部国际贸易局,1937年,第32—47页。

约，中人有责任追讨，如果负债方不能及时偿还债务，中人还承担偿还的责任。若租佃人不能按时交租，也由中人负责催缴。如乾隆六十年（1795）八月，巴县刘明安用银一百两，押佃张光泰田一分耕种，双方议定每年交纳租谷四十五石，到嘉庆元年（1796）秋天，刘明安只交纳了三十四石五斗，欠租谷十石五斗。张光泰通过原中刘仁俊等向刘明安多次交涉，到十一月刘明安又补交纳租谷六石[①]。该案例表明中人在调解纠纷中起担保作用，协助原业主催交租税，承接了原业主的部分权利，有权向租佃方追讨欠租。

清代租佃关系纠纷中，因押租银退还问题引发的纠纷也不少。如道光十一年（1831）巴县邹正修将业地一分卖于丁万山，价银二千三百两，收银二千一百两，余下二百两作为佃耕丁万山田地的押佃银。至十二年九月邹氏将租谷房屋交清，并要求退佃，要丁万山退还押佃银二百两，丁万山以邹氏将石墩搬走为由，拒不退押佃银。邹氏请原中徐寅清出面调解，经调解凭原中将石墩如数缴出，但丁万山仍不给押佃银，邹氏只好到官府告状[②]。

这些地区的习俗表明，中人在交易中负有连带责任，但不负全部责任，当负债方或租佃方不能按时履约时，中人才承担连带责任，在此之前，中人的职责更多地起担保作用。

（三）中人代为偿还债务，负全部责任

在某些契约中，按照俗例"中人"需负连带责任，一旦交易一方出现问题，另一方则可要求中人承担相应的责任。

从各地纠纷案例中，负有全部责任的中保人，其职责主要为负责追索、代为偿还两种情况。如河北清苑县，债务中保人有两种习惯，一是保证人催债户偿还债务，不负赔偿之责；二是届期债户不能偿

[①] 四川大学历史系编：《清代乾嘉道巴县档案选编（上）》，四川大学出版社1996年版，第145页。

[②] 四川大学历史系：《清代乾嘉道巴县档案选编（上）》，四川大学出版社1996年版，第161页。

第二章 自发秩序的地权交易形式多样化与制度创新

还，保证人须负赔偿之责。① 有的直接将债户放到一边，直接要求中保人负责偿还。如万载县，借贷不仅抵押债户的田契，连保证人的田地也要写在供据上，债户若不能偿还债务，债主可得双份。② 如湖北郧县习惯：在借贷关系中，由中人书写立借券给债权人，而中人自己则收执债务人揭字作抵，此后原债务人的债务即完全转移于中人。其中原因主要是债权人不信任债务人而信任中人。③ 山西潞县习惯甚至为：中保人对债权利息三分取一，若债务人不履行债务时，中保人负偿还之责。④

在借贷关系中，有的中人还要垫付借款。如清代浙东契约记载⑤：

> 立合同议据，任作韶、曹景祥，兹因去年二月间曹恒儒该欠项钱贰百四拾千文，系某二人作保。今恒儒出外生理，索欠紧急，情极无奈，故某二人代垫理楚，俟曹恒儒归家，将此款收来，无论多寡，二人均分；抑或曹恒儒物故，此款无着，各听天命，彼此所垫之钱作赔偿，两向（相）莫诉。此系两愿，各无翻言。恐后无凭，是以挽中立此合同，各执一纸存照行。
>
> 议曹景祥垫钱壹百念千文，任作韶垫钱壹百念千文，将来如景祥收得恒儒该款，无论多寡，均作对分与任作韶；任作韶收得恒儒该款，亦无论多寡，均作对分与景祥。恒儒本利收齐，两家撤销合同作为废纸并照。
>
> 议曹恒儒在外生理，毋许各施诡计，私自收取；或恒儒归家，变毋须抢前夺后，巧诈先收。倘有收得分文，各宜公平均

---

① 前南京国民政府司法行政部编：《民事习惯调查报告录》，中国政法大学出版社2000年版，第751页。
② 中国人民银行江西省分行金融研究所编：《湘鄂赣革命根据地银行简介》，1987年印行，第81页。
③ 前南京国民政府司法行政部：《民事习惯报告录》，中国政法大学出版社1998年版，第674页。
④ 前南京国民政府司法行政部：《民事习惯报告录》，中国政法大学出版社1998年版，第479页。
⑤ 张介人：《清代浙东契约文书辑选》，浙江大学出版社2011年版，第52页。

分。如有诡巧等情察出,邀中重罚并照行。

同治二年七月　　日立合同议据任作韶(画押)、曹景祥(画押)

见中陈兆员(画○)、任洪山(画押)

合同大吉行　　　　代笔任间笙(画押)

有些地区的惯例,中人要负全部责任。直接要求中人偿还债务。如山西鲁平县习俗:"一至偿还期限,债权人得直接向担保行使债权。"① 安徽颖上县习俗:"债户以店铺的戳记盖在借据上用为保证,届期债主不向债户交涉,而是执此向店铺取钱。"②

在一些票据交易中,"保票人"同样附有连带责任。如福建南平惯例,"保票人"可持保留态度,无需履行还款义务。"保证债权之人,南平谓之'保票人'。"如债权人在契约中写明负完全责任者,债务人不能按期履约者,债权人可向"保票人"请求赔偿。如保票人仅在票内记载"担保"字样,并无赔偿义务。一般地,中人在契约中负连带责任,均会在契约里写明,按照契约确认是否负有连带责任。

在习惯法中,为使交易双方放心,特别是让承典方放心,契约中通常会言明"中人"承担的责任。如广东连南大掌排村瑶族土地典权契约中,关于"中人"的规定如下:(1)请中送到大龙山沙坭寨邓十马,留中出头承当。(2)中人引主到田踏,自词记中意。(3)三面言定,合值田价银二拾两正。(4)二家不得反悔,如有一家反悔者,为中将出主张为照。该契约中,"中人"负有实质义务,也收取相应报酬。③

四 "中人"作为民间法的象征

从中人在交易中的作用看,中人在民间社会秩序的维护方面起至

---

① 前南京国民政府司法行政部:《民事习惯报告录》,中国政法大学出版社1998年版,第822页。
② 前南京国民政府司法行政部:《民事习惯报告录》,中国政法大学出版社1998年版,第479、943页。
③ 朱继胜:《瑶族习惯法研究》,中国法制出版社2015年版,第241页。

第二章　自发秩序的地权交易形式多样化与制度创新

关重要的作用，是民间法的象征。其在乡村地权交易中的作用不可替代。一方面，按照乡规俗例，契约的签订必须由中人到场，没有中人担保，交易将无法完成。同时，根据不同地区的习俗，中人在交易过程中负有相应的责任，这为交易双方提供了第三方保障，即便发生纠纷，也有人作证，或帮助协调，或负责追讨，或代为偿还。这无疑为交易的顺利进行增加了筹码，等于提供额外保障，相当于一种保险。另一方面，中人在交易双方中的作用，得到官方的认可，官方不仅对中人的公正性给予审核，保障其公正性；同时，当交易双方发生纠纷，即使告到官府，官府通常判定先由中人进行调解，或维持中人的调解结果。

由于中人自身特点具有善变特性，注定其不可能成为国家秩序性结构中的主要力量。但中人在基层乡村中所发挥的作用，弥补了成文法及其维护机制在民事秩序中的不足，是对社会习俗的认同，是对人们已有的价值观的认可，从而将社会秩序维持大致平衡的状态。

综上所述，近代基层乡村土地交易中的中人，在地权中承担重要职责。主要表现为：一是各地习俗不同，称谓多样，不同地区的中人职责也不同。二是在乡村基层社会，中人具有不可替代的作用，若没有中人在场，交易将无法完成，中人不仅承担见证人的作用，还承担一定联带责任。三是中人的中资设计也较为合理，若中人只是见证，仅起证明作用，一般不收取中人费，酒席招待即可。若中人承担相应责任，则收取中人费，收取的方法在不同地区也不同。有些地区是买卖双方共同承担，有些地区由买方承担。四是从中人承担的责任看，不同地区的习俗也相差很大。有些交易习俗，中人仅调解纠纷，不承担赔付责任，有些习俗中，特别是借贷纠纷中，中人负全部责任，若负债人不能按期偿还债务，债主有权要求中人替其偿还债务，这时中人就被赋予新的职能，将负有连带责任。五是官衙对中人角色的认可，在一些案例中可见，当交易双方发生纠纷时，起先由中人负责调解，由于双方对交易结果不满，告到官衙，官衙的审判结果依然判定由中人出面调解，可见官衙对基层"中人"这一角色的认可。一是基层乡规俗例，即非正式制度；二是政府官方所代表的正式制度，官方对"中人"的认可,也表明正式制度与非正式制度在"中人"这一问题上的统一。

可以说中人是民间法律的一种象征,在清代法律制度还不是很健全的情况下,基层乡村社会秩序主要通过乡规俗例来维护,特别在交易双方发生冲突时,中人将承担起调解纠纷的责任。中人在处理纠纷过程中,若有不当行为,官方还将对其进行惩处。如清代《刑科题本》中记载,乾隆四十一年(1776)十一月山东巡抚杨景素曾就中人参与违例交割之事例做出规定:遇"例不准赎……辄敢从中写契"者,加以重究。[①] 这是在法律上对"中人"的行为进行约束,"中人"在履行职责时,需主持公道,不得偏袒任何一方。

中人现象本质上创造了一种"柔性秩序",主要相对于国家强制力的"刚性秩序",即非正式制度相对于正式制度而言,更注重乡规俗例在基层治理的作用。非正式制度更注重人情、社会情感功能,更符合基层乡村社会的认知规律、道德和价值认同,更有利于基层乡村秩序的维护和治理。

五 租栈的兴起和发展

随着乡绅进城,城居地主逐渐远离乡村,并转向投资商业,常无暇顾及田地,加上农民抗租斗争增多,城居地主更不愿直接找佃农收租,这时便产生了专门以收租为主的中介机构——租栈,最初是近代江南地主为了收租方便建立的收租机构,它的出现是近代租佃关系发展中的新动向。地主把自己的田产转由"租栈"或受雇于个别地主的职业人员经办。这些收租机构一开始有宗族义庄、义田、族办性质。后来由于收租便利上的考虑,一些中小地主纷纷把自己的土地委托给宗族、大户的租栈,由其代为收租办赋[②],租栈得以产生。从租栈产生的背景看,主要有两点:一是不在地主制的发展,另一是农村

[①] 安徽省博物馆编:《明清徽州社会经济资料丛编(第一辑)》,中国社会科学出版社1988年版,第559页。

[②] 张研:《清代江南收租机构简论》,载叶显恩主编《清代区域社会经济研究》,中华书局1992年版。

第二章 自发秩序的地权交易形式多样化与制度创新

抗租运动的经常化。[①] 随着不在地主的增多,佃农只要取得土地的耕作权就可以自由支配田地,不在地主常驻城中,也很少有时间顾及田地,只要佃农按时交租就可以,再加上通过租栈机构收租比地主直接到田地收租更方便有效,随着佃农抗租行为的增加,租栈应运而生。最早的租栈大约形成于太平天国运动中或运动前,但大量出现以及内部结构的完备是在太平天国运动结束后。从苏州等地的租栈资料看,吴江县最早的簿记日期是光绪三十二年。[②] 租栈在土地交易中发挥着重要作用。一般租栈由绅士经营,到民国时期租栈仍有很大发展。

从委托代理关系看中人在土地交易中的作用。一般地,中保人的主要职责是,一是为了防范信用风险的产生,二是在信用风险产生后作为证明人。如陕西雒南县一赊买案中,保人周德章供:"道光元年(1821)十二月初十日,袁林福央小的作保,赊买魏有才包谷一石,该价钱一千三百文,约月底清还,过期屡讨没给。"[③] 用现代经济学的观点解释,地主是委托人,租栈是代理人。由于地主与租栈之间的信息不对称使地主不能完全观察到中人的行为。租栈的基层办事人员是催甲,他们直接与佃农进行联系。每个分栈一般下管几个或十几个催甲,每个催甲又管辖一定数量的土地和佃户。

催甲在领催时要向账房立契据,每当秋收时,催甲要将自辖土地的丰歉情况报告账房,以便账房定出具体租额。收租前,将租单下发给自己辖地的佃户。如佃户不按期交租,他们就逼追。协助催甲催租的还有差友、经保,他们属临时雇用,一般第十天给工资二三百文或三四百文。[④] 从租栈收租的形式看,租栈是联系地主与佃农的中介,地主不直接管理田地,由佃农从事生产,他们只关心是否按时交租,租栈作为地主的代理人,对佃农进行管理,租栈的产生一方面反映了

[①] [日] 村松祐次:《近代江南的租栈——中国地主制度的研究》,东京大学出版会1970年版,第697—740页。

[②] [日] 村松祐次:《近代江南的租栈——中国地主制度的研究》,东京大学出版会1970年版,第61页。

[③] 中国第一历史档案馆、中国社会科学院历史研究所编:《乾隆刑科题本租佃关系史料》,中华书局1988年版。

[④] 郑北林:《租栈浅析》,《史学集刊》1990年第3期。

租佃关系的新形式，另一方面也反映了土地市场上，地主、租栈、佃农三者之间的复杂关系。

许多学者指出，清代乡村自治下的地权市场，不应用西方经济学的理论进行简单归纳，但是仔细考察清代基层的土地交易市场，中人在契约中起重要作用，由于在相对自由竞争的市场上，政府干预较小，可以说，埃奇沃斯盒中的"契约曲线"实际上刻画了瓦尔拉斯一般均衡下的帕累托最优的短期契约集合。即在自由竞争市场上，假设①社会上只存在两个消费者（A，B）和两种产品（X，Y）；②社会上只存在两个生产者（生产 X 和 Y）和两种生产要素（L，K）；③资源（生产要素）的总量和产品与要素的价格既定；④人们所追求的是效用最大化和利润最大化。在这种条件下，能够达到帕累托最优状态，分别包括交换的帕累托最优；生产的帕累托最优；生产和交换的帕累托最优。此处从生产的契约曲线角度进行分析。

在生产的埃奇渥斯盒图中，任意一点，如果它处在生产者 C 和 D 的两条无差异曲线的切点上，则它就是帕累托最优状态，即所有等产量线的切点的轨迹构成的曲线，即为生产的契约曲线，表示为 $MRTS_{LK}^{C} = MRTS_{LK}^{D}$。表示两种要素在两个生产者之间的所有最优分配（即帕累托最优）状态的集合（如图 2-3）。

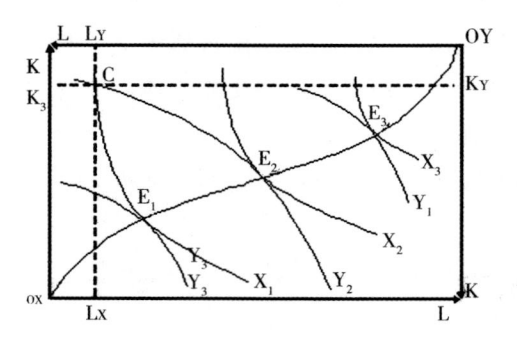

图 2-3 生产的契约曲线

从生产契约曲线到生产可能性曲线，遍取生产契约曲线上的每一点，可得到相应的最优产出量，将所有的最优产出量表示在一张图中，可得到生产可能性曲线，横轴表示最优产出量中 X 的数量，纵轴

第二章 自发秩序的地权交易形式多样化与制度创新

表示最优产出量中 Y 的数量（如图 2-4）。曲线 $E_1E_2E_3$ 表示生产可能性曲线，即曲线将整个产品空间分为三个互不相交的区域，曲线本身，曲线的右上方区域，曲线的左下方区域。右上方区域是生产不可能达到的，左下方区域是"生产无效率区域"。

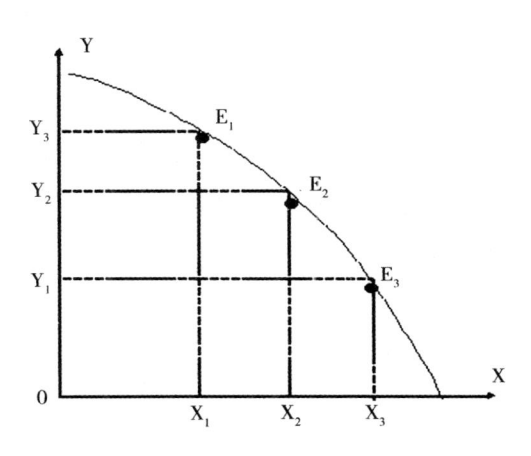

图 2-4　生产可能性曲线

从生产的契约曲线角度分析地主与租栈之间的关系。地主与租栈都是在价格既定的条件下，追求和实现自己的利润最大化。只要任意两种要素的边际技术替代率等于这两种要素的价格比，帕累托条件就可以满足，在相对宽松的近世地权市场上，地主和租栈总能找到一种方式达成协议，由于地主一方面不愿意与佃农直接打交道，另一方面回乡收租的成本也很高。对于租栈来说，只要帮助地主收租或获得一定收益，他们就愿意接受这项任务。地主与租栈最终会达成协议，这些协议也许不是帕累托最优的，是落在生产可能性曲线左下方区域的点，即生产无效率区域，这时存在帕累托改进的余地，地主与租栈在经过多次谈判后，重新配置资源，如地主提高给租栈的利润，或租栈降低所收取代理费用，都会使左下方区域的点慢慢向生产可能性曲线上移动，最终实现帕累托最优。同样的，如果租栈要求过高，收取较高的费用，或地主过于苛刻，只给租栈较低的费用，双方不能达成协议，只会导致出现生产可能性曲线右上方区域的点，即落在生产不可能性区域的点,是无效率的,这时双方谈判破裂。若想达成协议,需再次谈判,地主增加代理人工资,或代理人降低要求,使落在右上方的点逐渐向左下方移动,最终落在生产可能性曲线上。

契约理论早期也称代理理论,后来发展成为更加形式化的委托—代理理论或者激励理论。威廉姆森和哈特为代表的经济学家认识到,由于某种程度的有限理性或交易费用的存在,使得现实中的契约是不完全的(incomplete)①。契约的不完全也使得租栈和地主之间的关系变得复杂化,对于地主来说,想多收取地租,而如果只一味要求高地租,不考虑收租的难易程度,很可能找不到合适的租栈,另一方面,佃农也不愿支付高额地租;对于租栈来说,想获得更多的收益来维持租栈的经营,除了完成地主的交租任务,还要有一定的收入,两者追求利益的目标不一致,实际中也需要在谈判中,或经过多次博弈达成契约。

中人在契约交易中主要充当代理人的角色。滋贺秀三在讨论民间的纠纷调解时也涉及不动产的公证作用。他指出类似西洋社会里公证人那样的专门职业尽管在中国不存在,但"取而代之的是另外的机制。不动产交易、家产分割、缔结婚约等重要的法律行为一定会有中人、媒人等第三者在场。这些行为都是中国自古以来就普遍存在的惯习"②。

租栈机构的出现,使得地主、佃农、租栈三者之间的关系变得更为复杂,由于地主委托代理人收租,佃农也会想方设法尽量少交粮食,并常常贿赂前去收租的代理人,一方面可以少交些租物,另一方面还可以保证下一年能继续耕种。卜凯对代理机构收租时情景这样描述:"外在的地主要么派代理人,要么亲自去地里估算产量,佃农缴纳地租的比例就是以这一估算为基础。这些人估算产量的经验十分丰富,能使估算的产量接近于真实产量。……佃农欺骗地主的方法,通常是在交租前巧妙地隐藏部分粮食,或向地主交一些劣质谷物。另一

---

① 杨瑞龙、聂辉华:《不完全契约理论:一个综述》,《经济研究》2006年第2期。
② [日]滋贺秀三等:《明清时期的民事审判与民间契约》,法律出版社1998年版。

方面，地主或他的代理人也经常会使用大斗来收租。代理人去收租时，佃农不得不殷勤地招待他，而且常常不得不贿赂他，以便下一年能继续耕种土地。"[1] 这里强调，分成合约下的交易成本要高于定额租约下的交易成本。但同时也可以看到，在收租过程中三方的博弈过程。单从代理人（租栈）与委托人（地主）之间的博弈分析看，在信息不完全的条件下，假设双方都是理性的，委托人（地主）有两种选择即信任和不信任；代理人（租栈或催甲）也有两种选择即合作和欺诈，如果二人都选择合作行为，即选择了"信任与合作"这个战略组合，那么各自的收益分别为 w（w>0）；如果地主选择了信任，而租栈利用他的信任进行欺诈，那么地主的损失为 -y（y>0），而租栈的收益为 w+X（X>0）；如果地主不信任对方，而租栈想与地主合作，则地主不会有损失，而租栈由此失去了其他的机会，并且还存在一些交易成本，于是租栈的损失为 -Z（Z>0）；如果双方互不信任，则交易无法发生，于是双方的收益均为 0。从下表可看出，租栈有一个占优战略：欺诈，地主如果清楚地知道欺诈是对方的占优战略，于是他的选择只能是不信任，于是就出现了纳什均衡：不信任与欺诈，这也是囚徒困境所揭示的情形：

表 2-3　　　　地主与租栈委托代理关系的博弈论分析

地主＼租栈	合作	欺诈
信任	W, W	-y, W+X
不信任	0, -Z	0, 0

以上分析表明，从经济人假设出发，信任机制无法建立，也无法达到帕累托最优。现实中博弈双方要经过多次博弈，地主与租栈才能达成协议，使得交易得以进行。在委托代理关系中，由于委托人与代

---

[1] Buck, *Chinese Farm Economy*, Chicago: University of Chicago Press, 1930, pp. 149-150.

◆ 地权市场的制度演化（1650—1950） ◆

理人的效用函数不一样，委托人追求的是自己财富最大，而代理人追求自己的收入最大，必然导致两者的利益冲突。但是现实生活中双方并不是一次博弈，需要经过多次谈判达成共识，由于地主不愿意亲自到乡村收租，收租的成本较高，再加上佃农运动的增加，地主更愿意委托代理人收租，如果地主一直采取不信任的策略去寻找租栈，则永远也找不到，他只得自己去收租。现实是他不愿意亲自去，这时他就只能选择信任这一策略，这时对于租栈来说，有两种策略可供选择，一是欺诈，一是合作，如果选择欺诈，地主得 - y，租栈得（w + x），虽然租栈收益高，但会失去信誉，因他拿了地主应得的那份，会渐渐失去顾客直至亏损倒闭，而如果选择合作这一策略，地主得 W，租栈得 W，在经过多次博弈后，双方最终达成协议。由于不在地主的增加，租栈在收租过程中起着越来越重要的作用，这一现象到民国时期更加突出。中国的地主制度至少在 1920 年代初期仍具有相当强的生命力，"租栈"制度发展是维持其生命力的一个极重要的因素。

收租制度的发展过程中，不同地区的收租方式不同。如政府常派遣"府差"，或"县差"或其他低级衙役如"舟盘"，帮助租栈的收租人强迫佃户向租栈交租。对于收租额度，在清代光绪年间，因收米有许多麻烦，改收货币，就有了"折价"，由地主按当时米价订定，说明苏州地主除了"少数之家"尚收"米谷"外，大多征收"折租"，这种收租方式到民国时期已成惯例。[①] 而松江地区的租栈"典于记"以实物地租为主，货币地租极少，货币折租的比重也不大。1918—1936 年间，"典于记"经营管理的租佃田地达 3 千余亩，分布在松江与青浦相邻两县，常年有佃户 260—280 余户。"典于记"的货币折租价基本上低于米市上的米价。[②] 不同地区的租栈收租方式不同，同是江南地区，差别也很大。

从地域上看，租栈主要分布于以苏州为中心的江南各县。1930 年以前，吴县一带的大小租栈约有上千家，抗战前夕，1948 年苏州

[①] 尤建霞：《苏州的地主与农民》，载《苏州文史资料》第 1—5 合辑，1990 年。
[②] 邢丙彦：《民国时期松江地主收租组织的地租形态与货币折租》，《社会科学》2004 年第 11 期。

第二章 自发秩序的地权交易形式多样化与制度创新

城内有140余家。新中国成立前夕，吴江县有租栈277家①。这表明租栈在江南地区的发展，在鄂豫皖赣地区，租栈或收租经理人有一定程度的发展。从图（2-5）可看出，江西地区多为地主自己收租，租栈很少，安徽地主委托经理人收租的情况比较多，此外，湖北襄阳和河南汝南的收租机构较多，其他地区多为地主自己收租。

租栈的出现，原有的主佃关系也发生了一些变化，特别江南租栈的规模化和社会化程度越来越高，主佃关系变得间接化。民国时期所有的租栈均以盈利为目的，租栈的利润来自地主转让的一部分地租，随着国家对租务干预的加强，地主对国家的依赖也越来越强。由于抗租事件的发生，许多地方地主与佃农之间的矛盾激化。国家并没有正式赋予或明确认可租栈具有政治或法律的独立性；由于向国家缴纳赋税是地主和其佃户的共同责任，也是在这个基础上，在对付不缴纳地租的佃户时，租栈才有权请求国家的帮助来惩罚佃户。租栈在某种程度上得到政府的支持，至少在1920年代初，租栈仍具有相当的权力。对于绅士或官僚而言，只要拥有一定的资本，投资租栈就是一个很好的选择。这是获得悠闲富裕生活的最容易、最保险和最体面的方法。②由于租栈通过为地主收租可获取收益，既不用参与田间劳动，也不用承担国家税务，只以中间人的身份，提供中介服务而获得利润。如昆山地区，从事租栈经营的一般是大地主或居外地主，租栈多设在城内或市镇间，以便佃户交租。租栈又分大账（正管理）和小账（副管理），大账每年俸金约200元，另有小费，一般不列入账内，如承揽费、过账费等，小账俸金每年百余元，也有小费可得，主要专管出外收租或催租③。可见租栈内部机构已相当完善，分工明确，收入也可观，稳定的资金收入为租栈的迅速发展提供了保障，民国时期江南的

---

① 邱建立：《民国时期租栈制度在苏南的运作——以苏州、松江的若干租栈为例》，博士学位论文，华东师范大学，2011年。
② ［日］村松祐次、邢丙彦：《清末民初江南地主制度文书研究》，《史林》2005年第3期。
③ 乔启明：《江苏昆山南通安徽宿县农佃制度之比较以及改良农佃问题之建议》，金陵大学《农林丛刊》第30号，1926年。

◈❖ 地权市场的制度演化（1650—1950） ❖◈

租栈发展已具规模。

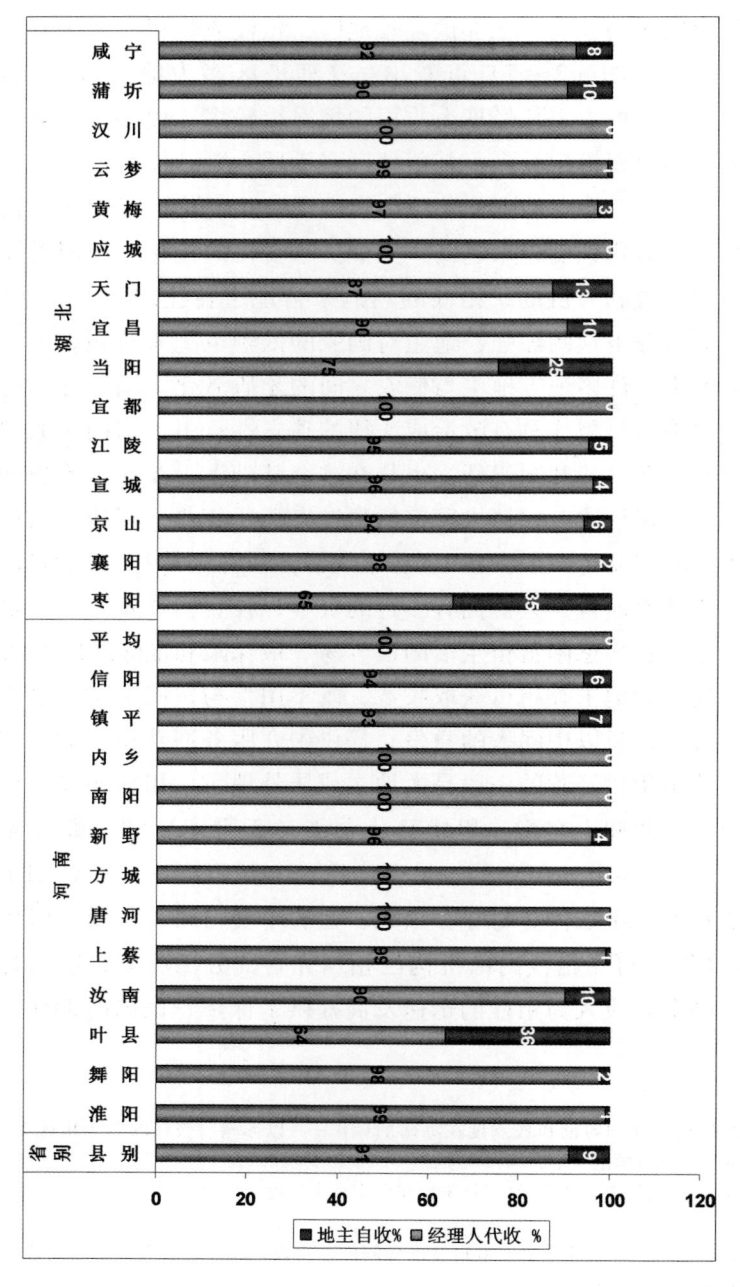

县别	地主自收%	经理人代收%
咸宁	92	8
蒲圻	90	10
汉川	100	0
云梦	99	1
黄梅	97	3
应城	100	0
天门	87	13
宜昌	90	10
当阳	75	25
宜都	100	0
江陵	95	5
宜城	96	4
京山	94	6
襄阳	98	2
枣阳	65	35
平均	100	0
信阳	94	6
镇平	93	7
内乡	100	0
南阳	100	0
新野	96	4
方城	100	0
唐河	100	0
上蔡	99	1
汝南	90	10
叶县	64	36
舞阳	98	2
淮阳	99	1
各县别	91	9

（上部：湖北；下部：河南）

86

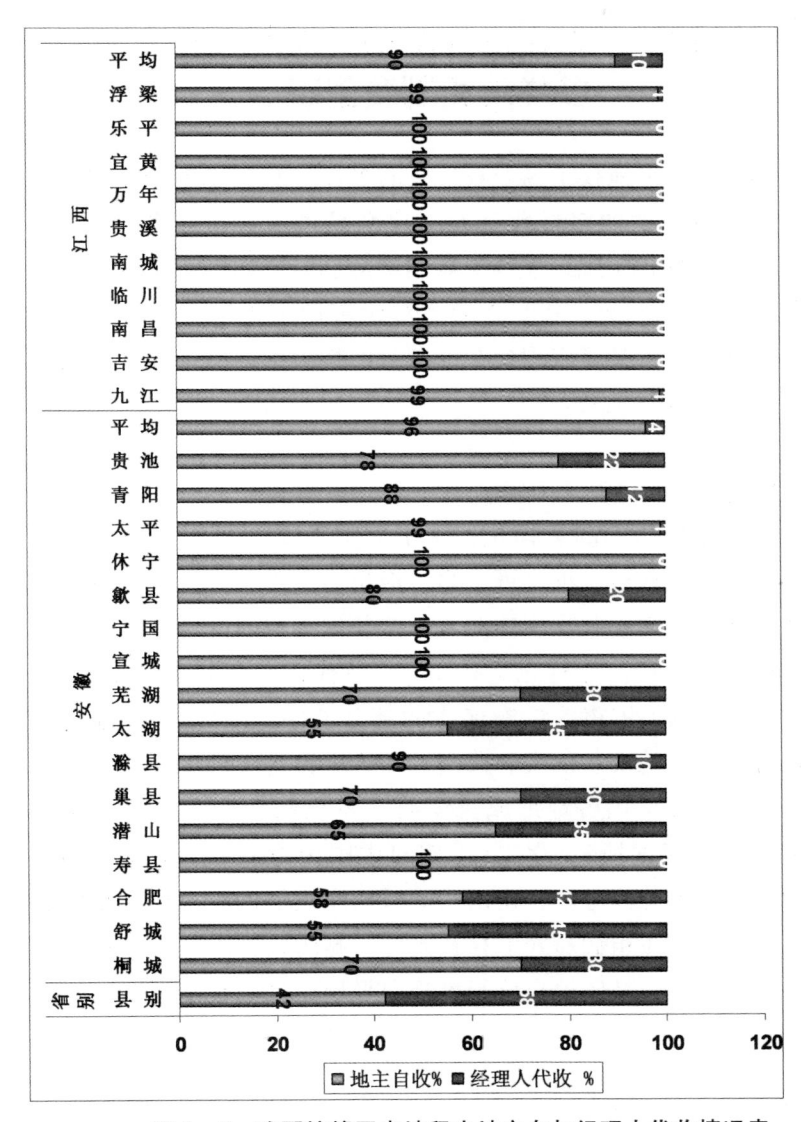

第二章　自发秩序的地权交易形式多样化与制度创新

省别	县别	地主自收%	经理人代收%
江西	平均	90	10
	浮梁	99	1
	乐平	100	0
	黄年	100	0
	宜万	100	0
	贵溪	100	0
	南城	100	0
	临川	100	0
	南昌	100	0
	吉安	100	0
	九江	99	1
安徽	平均	96	4
	贵池	78	22
	青阳	88	12
	太平	99	1
	休宁	100	0
	歙县	80	20
	宁国	100	0
	宣城	100	0
	芜湖	70	30
	太湖	55	45
	滁县	90	10
	巢县	70	30
	潜山	65	35
	寿县	100	0
	合肥	58	42
	舒城	55	45
	桐城	70	30
		42	58

图 2-5　豫鄂皖赣四省地租由地主自与经理人代收情况表

资料来源：《豫鄂皖赣四省之租佃制度》，中国农民银行委托金陵大学农学院农业经济系调查编，1936年6月

第四节　近世地权市场产权形式的多样化和制度创新

归结起来，近世地权市场产权形式的多样化和制度创新，主要表现为：一是产权形式的多样化，如土地交易可通过典、当、抵、活卖、找价等多种形式实现，二是交易制度的创新，如押租、永佃制的发展和创新，三是地权交易形式的多样化带动了土地金融市场的发展，每一种交易工具都具有现代金融工具的特点，四是地权市场的活跃带动了乡村经济的发展。

一　概述

近世地权交易形式的多样化，从土地契约文书中清晰地反映出来。如交易形式包括典、押、抵、当、活卖、绝卖、找价等，以及交易制度如永佃制、押租制、一田两主、亲邻先买权等的制度创新，清代地权市场交易活跃。方行先生指出："清代，永佃制流行于福建、江苏、浙江、江西、安徽、广东诸省的部分地区。""清代土地产权的交易日益频繁，绝卖、活卖、典当、加找之类的多种多样的交易形式日益发展，并在全国各地形成具体的'乡规'、'俗例'。"[①] 珀金斯[②]、乌廷玉[③]、杨国桢[④]、李文治[⑤]曾对中国历史上主要的土地制度或土地问题进行了总体考察，指出明清时期乡规俗例在土地交易中起主导作用，南北方在租佃形式上存在差异。赵冈认为永佃制具有两项重要的经济功能，一是使地权分配更趋向平均，另一是永佃制更为灵

---

① 方行：《清代佃农的中农化》，《中国学术》（第2辑），商务印书馆2000年版，第44—50页。
② [美]珀金斯：《中国农业的发展：1368—1968年》，宋海文等译，上海译文出版社1984年版。
③ 乌廷玉：《中国历代土地制度史纲》，吉林大学出版社1987年版。
④ 杨国桢：《明清土地契约文书研究》，人民出版社1988年版。
⑤ 李文治：《论明代封建土地关系》，《明史研究（第1辑）》，1991年，第14—19页。

第二章 自发秩序的地权交易形式多样化与制度创新

活，永佃户比地主更易于进行农田整合。① 张一平认为明清以来租佃制与商品化、城市化联系紧密，土地制度呈现出因地制宜和多元化的特点。② 龙登高总结了清代地权交易的三种融资类型，分别是债权型类型，产权转让和股权交易的出现。③

地权交易形式的多样化和交易市场的活跃，带动了整个乡村经济的发展。从交易形式上，土地交易形式由最初的民间形式即非正式制度，转变为以法律为主的正式制度。从演进过程看，地权交易形式的变化给农村经济生活带来重大影响。在相当长的历史时期，人们在交易中自发形成规则，按乡规俗例进行交易，出现纠纷也由乡绅出面解决。随着交易量的扩大，交易已不再局限于邻里之间，这时土地交易开始由人格化交易向非人格化交易转变，自发形成的交易形式呈现出多样化特点和制度的不断创新发展。

以上从不同角度论述了清代租佃制的发展及多样的交易形式，由于相关的文献较多，这里无法一一列举。主要通过对原始契约和刑科提本相关案例的进一步考据，分析清代地权交易形式的多样化、制度创新以及土地金融市场的发展，特别是清代多样化的地权交易形式不仅在金融工具缺失的时代，充当了资金融通的替代，更促进了土地流转，使生产要素组合与资源配置通过地权市场得以活跃和发展。

二 土地产权形式的多样化

（一）地权交易形式的演进过程

从所有权和使用权两个角度来看，地权交易形式经历了一系列发展过程。在土地交易过程中，当只存在一种产权即所有权时，交易一般只有两种形式，即买和卖，由于物主仅仅拥有所有权，人们在交易时也只能选择买和卖来实现商品交换，进而实现土地的所有权转移。随着社会的发展，所有权和使用权分离，地权交易中出现了新的形

---

① 赵冈、陈钟毅：《中国土地制度史》，新星出版社 2006 年版。
② 张一平：《地权变动与社会重构——苏南土地改革研究（1949—1952）》，博士学位论文，复旦大学，2007 年。
③ 龙登高：《清代地权交易形式的多样化发展》，《清史研究》2008 年第 3 期。

式,即租佃,获得租佃权的农户拥有田地的使用权,随着交易的进一步发展,出现了所有权的暂时让渡形式,即典的出现。典是物权的暂时让渡,原业主可以赎回典出的物品,在这种条件下又产生了新的交易形式,即活卖和找价。随着产权的进一步明确,在典和租佃之间产生了以物品担保为主的交易形式,如抵押等,地权交易方式呈现出多样化,这些交易方式不仅为农户提供融资便利,交易形式自身也在交易过程中不断得到发展和更新。

（二）产权的确立,农户产权意识的加强

在近世社会中,多种交易工具的产生和发展,实现了资源的有效配置和合理流动,能够最大化发挥每种生产要素的效用。农户也逐渐从依附走向独立,获得独立的产权。由原来依附于地主,转变为拥有独立产权的农户,他们可以如"企业家"一样管理自己的田地①。在土地市场上,只要产权界定明确,交易就可以进行,在没有土地的情

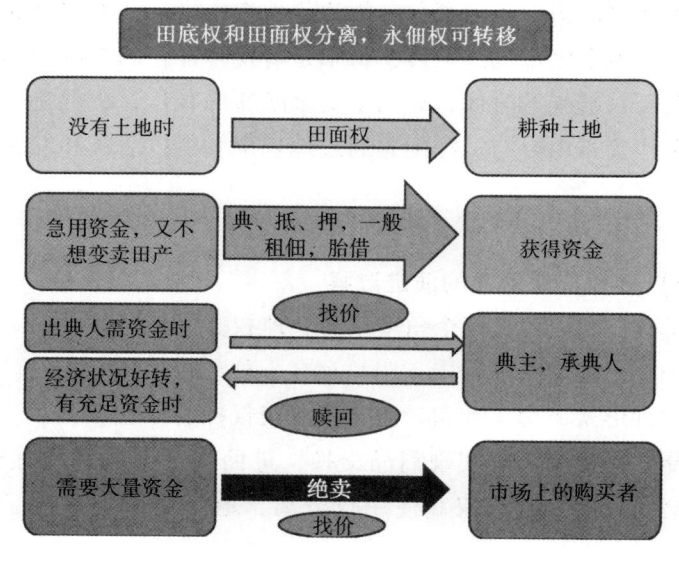

图2-5 近世地权交易双方产权明确

---

① 龙登高、彭波:《近世佃农的经营性质与收益比较》,《经济研究》2010年第1期。

况下可以通过田面权的方式取得耕种权,当需要资金又不愿变卖田产时,可以通过典、抵、押、当等方式暂时让渡所有权;当经济状况好转,不需要资金时,可以将典出的土地赎回,也可以找价,当需要大量资金或投资其他产业时,可以绝卖。没有田底权,可以获得田面权,永佃权可以转让、抵押,典、当,土地在不断流转过程中,在没有其他金融工具的情况下,充当着金融工具的职能,实现了生产要素的动态结合,多样化的交易方式为农户利用地权进行融资提供了多样化的选择。农户只是在万不得已时才肯出卖土地,在此之前仍可利用土地便利实现其融通需求。随着土地交易量的扩大,农户的产权意识不断增强,这在一定程度上促进了交易形式的多样化和地权市场的活跃。

(三) 地权交易形式的多样化

1. 典的发展

典是民间地权市场上较流行的一种交易形式,虽产生于宋代,明清时期得以普遍发展。具体来说,典是地权所有者出让约定期限的土地控制权与收益权,获得相应的现金或钱财,等到约定期满,原业主可以备原价赎回原土地的一种交易形式。土地出典农户是以土地为抵押品,向典入土地的农户借贷。获得借贷的农户既取得了所需的资金,解决了临时困难,又不会因变卖土地而丧失土地的所有权,从这一角度看,"典"实际是对原业主的一种保护,不仅为其获得借贷资金提供便利,还给予其多种选择的权利,比如有按期赎回田地的权利,也有放弃赎回的权利等。总之,农户可根据自己的实际情况进行灵活选择。从信用角度看,契约的签订体现了双方的一种信用关系,或者说一种暂时的借贷关系。

2. 当

当契,指在约定时限内,原卖方若想收回已经卖出的地权,需向买方偿还原典、当的金额即可收回地权,但这收回地权是有期限的,如果过期不赎,就成为死契。从表面看,典契与当契并无大的差别,但是当契更强调抵押的特点,如徽州歙县当地文约写到:

立当约人鲍集良,今因欠少钱粮,营米无措,自情愿将凤字一千二百四十九号，地税三分零三毫；又将凤字一千二百五十一号，地税二分，土名暮春塘，四至在册，凂中立契出当到许荫祠名下，本纹银一两一钱整。其银利议定每年交纳当租麦一斗，黄豆一斗，二季交清，不致欠少。今恐无凭，立此存照。

外有中人酒水五分，取日认。外有挂税票一纸。

雍正六年十一月　　　　　　　日立当约人　　鲍集良
　　　　　　　　　　　　　　 代笔凭中　　　鲍德裕

（徽州地区博物馆藏）（2：23444）[①]

契约中明确指出抵押物及当地所得银两，并且还规定了利息，以及中人所得。这些契约符合借贷行为的两个特征：一是以偿还为前提条件，到期必须偿付；二是偿付时带有一个增加额——利息。可见当时的土地交易已体现出明确的信用关系，契约的流通和交易体现了价值运动形式。

3. 新交易方式的发展——活卖和找价

"活卖"是明清出现的一种新的土地买卖形式。活卖在交易形式和方式上与"典"有很多相似之处，活卖交易一般规定原主保留对土地回赎和找价的权力。不同之处在于活卖发生了所有权的最终转让。在转让最终土地所有权之前，活卖可追加一些交易行为。就买方而言，加价买断称之为"加绝""断骨"，而对于卖方来说，叫"找价"。与产权转让之前的续典、再典相比，找价则是产权转让之后的补偿。一般地，买方加绝只有一次，而卖方找价则可能二三次甚至更多。

"绝卖"，则是土地所有权或占有权的最终转让，原主不能回赎和找价，但实际交易中，绝卖了的田地仍可找价。乾隆时期曾规定，即使绝卖也可找价，以此保障弱势者延续其土地收益的获取权。

[①] 安徽省博物馆：《明清徽州社会经济资料丛编（第一辑）》，中国社会科学出版社1988年版，第400页。

4. 押租制

押租制是定额制流行以后出现的一种租佃制度。地主具有土地所有权，即原始产权。押租制实际上是一种"筛选"，它使许多农民因付不出押金，而被摒除在押租佃户之外，而使另一些经济势力比较强的农民成为押租佃户。[①] 押租制创行之初，最多是以常年一年租额为限。押租给那些没有更多资金购买土地的佃农提供了机会，可通过押租方式获得佃种权，另一方面，为佃农进入地权市场降低了门槛，佃农获得除购买、租佃土地以外耕种土地的新形式。佃农所缴纳的押租金，是一种信用保证金。其实是对未来收益的变现，随着押租额的变化，当地租为零而押租最大化时，则表示约定期限内的未来收益全部变现为当期收益，这时押租就等同于典。这也反映了押租与典之间的联系和区别。

5. 永佃制

获得永佃权的佃户，实际上拥有所佃田地的经营权，佃户独立经营，生产效率不断提高。佃户有自由处置经营权的权利，可随时按个人所需将田地的经营权转佃或转租予他人。通过不断流通和转手，资源得以合理配置，土地最终落在种田能手手中。

押租、永佃制度在地权市场上，不仅可以将未来的劳动收入贴现，也可以将未来的土地收益贴现，通过押租金，田主实际上是将未来的土地收入贴现；对于田主来说，还获得了出租土地的风险保证金。对于佃农来说，通过押租金的形式获得了土地耕作权，并可以支配农业生产中的剩余索取权。随着对未来收益的变现，耕作权和租佃制以跨期调剂的方式，实现了各种生产要素的动态配置。

三 土地产权制度的创新

（一）交易规则的创新：活卖和找价的金融属性

从金融市场的发展角度看，活卖和找价也体现了交易双方间的信用关系。卖出去的田地可以不断找价，直至绝卖，如果没有信用关系

[①] 魏金玉：《清代押租制新探》，《中国经济史研究》1993 年第 3 期。

维系其中,"找价"是不可能实施的,正是由于民间习俗中,人们普遍认可这种"找价"方式,以信用为基础,"找价"才得以实现。对于活卖而言,卖出的土地可以回赎,同时也是建立在双方信用基础上的,如果没有信用关系,活卖也只能等同于绝卖。

从土地金融角度看,活卖和找价体现了地权交易的新形式,对已经卖出的土地进行找价,从而获得资金,更显示了金融工具的灵活多样。

(二) 交易制度的创新:押租、永佃的流行

从各地多样化的地权交易新方式的产生和发展,均能看到自生自发秩序下交易市场的活跃,对于在地权交易中普遍存在押租、永佃制可以说是产权制度的创新,两者虽然不是新生事物,但在明清时期得以不断发展和创新。原先的地权交易主要以买和卖来实现,自从押租和永佃制普遍流行之后,推动了交易形式的多样化,交易双方可通过多种交易形式实现各自的融资需求,实现了交易制度的创新。

(三) 土地金融工具的发展

土地契约在地权市场上不断流通,在没有强制法令约束下,交易更需要双方的诚信和信用来维护,以民间习俗为基础的信用体现了一种特定经济关系的借贷行为,近世地权市场上的借贷行为主要是民间信用形式。土地契约作为一种信用货币,类似于现代商业信用活动中的商业票据,是交易双方的信用凭证,一定程度上起货币中介的作用。土地交易中,无论取得土地所有权还是耕作权,都要签订契约,契约虽然其本身没有价值,却起着信用中介的作用,是债权、债务的信用凭证,同时也可作为购买手段和支付手段进入流通环节。如土地交易过程中,可以通过押,典,当,抵等多种交易方式实现资金融通,地契在不断流转过程中充当着一般等价物,作为价值尺度,用以衡量交易物品的价值;并充当流通手段,在不同的所有者之间转手流通,反映了交易双方通过交易所建立起来的信用关系。

在地权市场上以乡规俗例为纽带的地权交易,诚信在其中发挥着重要作用。如果交易任一方缺乏诚信或对信用没有一定的认识,很难想象在以非正式制度维系的基层地权交易如何进行。由此看出在传统

社会中的地权市场上,诚信或信用在交易中的重要作用,这种信用关系不是通过法律强制推行的,而是人们在长期合作中不断演化而成的。

此外,信用的建立也为金融地权市场的发展奠定了基础,如契约经过背书后可流通转让,像股票、债券一样的流通,都体现了地权市场上金融工具的发展。表现出以非正式制度为基础的交易中,信用关系的发展和创新。

四 案例分析:以刑科题本为中心

(一) 典:物权的暂时让渡,实现资金的暂时借贷

"典"反映了土地交易的灵活性,在原典主急需资金的情况下,可先将土地典出而获得资金,等资金周转过来后,可赎回;若仍需要资金,可继续再典。

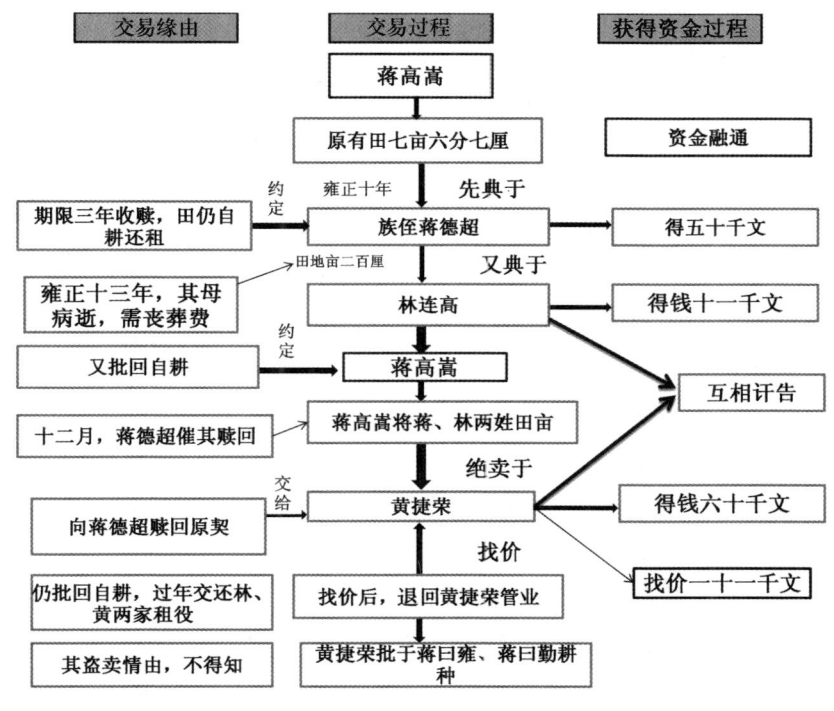

图 2-6 先典后卖案例

如广东茂名案例，田地可先典后卖，佃种纳租（《刑科题本》，NO.068）。

这是一则广东茂名县的地权交易案例。从该案例可看出：

1. 实现了固定资产向流动资产的转换。由于地权交易形式的多样化，作为固定资产的土地，通过交易可转换成现金等流动资产。

2. 在金融工具不发达的条件下，地契充当了部分交易中介的职能。

3. 交易大都是在约定俗成的乡规下进行的，人们认可并遵守这些规则。

4. 多样化的地权交易形式，一方面促进了土地资源流动，有利于资源配置，另一方面促进了资金的流动，解决了人们对资金的需求。

5. 在约定的交易规则下，存在盗卖现象，难免会产生纷争，当纷争发生时，政府会出面调解，但也是以保护乡规为前提的，进一步证明了近代乡村基层社会处于自发社会秩序状态。

具体看来，案例中土地典当后即可以再典再卖，也可以找价，通过多种形式土地交易而获得融通资金，反映了典这种交易方式的灵活性。案例中提到，田地经多次找价后，便成为绝卖，但有些急需用钱，绝卖后又要求找价，由于在交易过程中权责不明，遂起纷争。虽然此案例只代表某些地区的情况，却可以反映出当时地权交易形式的多样化及地权市场交易方式的灵活。

典后可绝卖，也可赎回，有些年限未满的典当田房，向典主说明即可转卖（山东商河县俗例，《刑科题本》，NO.096）；当卖的田地内种的谷麦听买主收割（湖北京山县乡例，《刑科题本》，NO.088）；佃耕典出田地不许典主自耕和转典（广东平州乡例，《刑科题本》，NO.079）。从该案例可看出，围绕"典"这一种交易形式，引申出多种交易形式，反映了土地市场的活跃及交易规则的灵活自由。

（二）当：相当于获得"小额贷款"

以信用为基础的交易形式在不同地区的表现各有不同，如在浙西地区还流行着一种抵田借款的形式，虽然在称呼上均称为"当田"

或"典田",实际与典当根本不同,田地典当是出典人(即债务人)得到承典人(即债权人)的银洋后,此地由承典人经营,从田地里得到可以变卖得钱的出产物,以代替贷款的利息,等到指定日期已到,出典人按原价赎回所典田地,这块地仍归出典人所有,即典出田地只是暂时让渡土地使用权,到期可原价赎回。抵田相当于取得"小额贷款",是以田地为抵押的借款,需按时偿还利息。由于农户的土地资本在全部农业资本中占最高比例,如卜凯在芜湖调查的102家农户中,土地资本占农业资本的84.5%,[1] H. D. Brown 所调查的四川成都平原50家农户及峨眉山25家农户,土地资本占农业成本总数的比例,前者为88%,后者为41.6%,[2] 可见土地资本所占比例高,农户以田产作为借款的抵押品是最妥当的。农户作为抵押的契约,有以一纸借票作抵的,有单独以卖绝契或卖活契作抵的,有以借票附以卖绝或卖活契作抵的,还有以典契、抵契等变体的活契作抵的,于是习俗上对抵田的制度,在称谓上常常典田、抵田混淆不清,但是实际还存在较大差别。

(三)找价:体现了从典到卖各种中间环节的契约关系,具有近似期权特点

1. 只准原业主找价一次

如湖北京山县的一则案例。黄述文将自己眉冲山的田一块,给张文盛祖人为业。乾隆五十八年,黄述文孙子因家道贫难,按京山地方俗例,凡出卖产业,许原业加找一次。但黄述文孙子将张家的耕牛牵回,张家给黄家找价钱陆千文,另立加补字据,其间,张家觉得补价太多,双方起争执(《刑科题本》,NO. 213)。

2. 可找价多次

如安徽怀宁县杨廷荣贱价绝卖土地后四次向买主找价。这则案件里提到监生祖父于雍正十二年间,买了杨廷荣的父亲田亩园地,契载

---

[1] [美]卜凯:《中国农场经济》,张履鸾译,商务印书馆1936年版。
[2] [美]布朗:《四川峨眉山25个田区调查》,《中国经济月刊》1928年第1卷第12期;[美]布朗:《四川成都平原50个山区之调查》,《中国经济月刊》1928年第2卷第1期。

杜绝的。自从买后，他屡次索找加价。乾隆三年，加添二十两银子。十八年冬，又加添二十两银子，都有纸笔叠据。十二月杨廷荣又来加找，还把监生家的墙挤坏，双方发生争执，酿人命（《刑科提本》，NO.160）。这则案例反映出虽然官府明令只许找价一次，可民间的交易中，找价可多次，此找价四次还要追加，可看出这一时期的乡规俗例没有受到政府法令的干扰，交易仍按当地习俗进行。

现代金融工具中，期权是在期货的基础上产生的一种衍生性金融工具，又称为选择权。是指在未来一定时期可以买卖的权利，是买方向卖方支付一定数量的金额（指权利金）后拥有的在未来一段时间内（指美式期权）或未来某一特定日期（指欧式期权）以事先规定好的价格（指履约价格）向卖方购买或出售一定数量的特定标的物的权利，但不负有必须买进或卖出的义务。虽然"找价"与期权有一定差别，但是作为选择权的这一特点，卖方可以行使找价的权利，也可以放弃这一权利的特点，与现代金融工具——期权有很多相似之处。

3. 不同地区的找价习俗

闽北找价习俗[①]：

> 瓯宁县禾供里立找贴人罗恭智，原于丙寅年将大新源田大苗田陆担，当得价银39两正，契再取赎，今因智无银使用，就托中劝谕到习主赵天辚，找得价银十两整，其价当日一并收足讫，并无短少分文，亦无货制准折债户之等情，所找所贴，无比情愿，自找之后，听凭买主永远管业，卖主向不得取赎，以及登门索找讨贴，任凭买主过割收产入户，卖主不得阻汪异说，今恐无凭，立此找价贴契为照。……
>
> 乾隆拾四年拾二月念八日
>
> 立讨找贴契人　罗恭智　押

---

① 杨国桢：《清代闽北土地文书选编》（一），《中国社会经济史研究》1982年第1期。

第二章 自发秩序的地权交易形式多样化与制度创新

劝谕凭中人	马赐林 押
见交价银人	付廷英 押
在见同谕人	章君直 押
依口代笔人	章光祯 押

徽州找价习俗：

歙县叶方翼，今因前乾隆六年将场字号田一亩，卖与许荫祠名下，得过价银十四两五钱，因契上批有五年取赎，今又加价银一两八钱整。其银系身收去。其田彐后永远不得回赎。今恐无凭，立此据存照。

乾隆十一年十二月 日立批据人月 叶方翼

　　　　　　　中人　　　叶自芳

　　　　　　　代笔　　　叶三蓝（2：23568.12/18）①

此两则案例表明，加找后的田地不得取赎，可见找价对于原业主来说是一种权利，相当于期权，可执行也可放弃，行使的后果是，经几次加找后，所有权将会发生转移，故找价虽然给原业主提供了追加资金的机会，同时原业主也须承担由于找价而不得不放弃所有权的这一风险，因而在是否找价问题上，原业主应慎重考虑，如果经济上实在困难，经找价后不得不转让所有权，也是原业主无奈之举，如果原业主经济实力稍强，一般放弃找价权利，可以在日后回赎田地，从而保留田地的所有权。

（四）押租：地主获得融资，并借此筛选佃户

各地的押租习俗不同，如有关押租的称谓不同。如湖北郧西出租山地收"上庄钱"，案例中这样记载：乾隆五十六年，姚秉虔要将买的山地给人佃种，熊起知道后来向其承佃，许出上庄钱一千文，约定

---

① 安徽博物馆编：《明清徽州社会经济资料丛编（第一辑）》，中国社会科学出版社1988年版。

初十日成交。到期时熊某没来，就将地给赵宇佃种，双方发生争执（《刑科题本》，NO.241）。该案例是押租制的普遍形式。有的地方称"佃礼钱"，如河南光州俗例①（《刑科题本》，NO.240），这里所说的"佃礼钱"，也是押租的一种形式。按照习俗，预交的押租，若地主解约须退还押租金。如奉天省保定所属各县之习惯，租地人向地主租地，订立租约，预付押租，何时租约解除，地主仍有返还押租之义务。从各案例可看出，地主收取押租金为了筛选佃户，不至于招贫佃而收不到租，特别对于肥沃的土地，地主更要通过押租的方式筛选佃户，由于地主多为不在地主，为节约搜寻成本和以防佃户欠租，故采用押租的方法，将贫佃排除在外。而押租还计利息，其他契约中很少有这种习惯。

（五）永佃制：获得永远耕作权，佃权可自由买卖流转，实现资金融通

1. 佃户种田，历来只换田主不换佃户就算世业一般

广西武宣县案例：

> 韦扶欢因佃种罗扶元粮田四升，但欠下租谷二百七十五斤，扶元来讨要多次，家中清苦，不曾清还。为还租钱，将扶元的田二坵，暂典与他人，得银四两，食用度日，不想被罗扶元知道，扶元便牵了牛，背着犁来犁田，双方起争执。（《刑科题本》，NO.246）

该例中，可看到佃种田地只要不欠租就可以永久租种，并且历来有只换田主不换佃户的习俗，这在某种程度上是对佃农耕作权的保

---

① 伙佃土地当衣物交付"佃礼钱"。喻谟的哥哥先借王四海钱十千七百文，言明二分行息，并没立约，也没中订。哥对喻谟说，他租种罗忠信的地，要佃礼钱五千文，因自己只有二千五百，叫王四海也出钱二千五百，搬到喻谟家里同住，伙种地亩，将来给他置办牛具，当因没钱，把衣服当钱二千五百，……后劝哥反悔，王不允，双方争执酿命案。（引自中国第一历史档案馆、中国社会科学院历史研究所合编《清代土地占有关系与佃农抗租斗争——乾隆刑科题本租佃关系史料之一》（上下）（中华书局1981年版）。NO.240）

第二章 自发秩序的地权交易形式多样化与制度创新

护。但是取得永佃权的佃户不得欠租，若欠租田主有权将永佃权收回。另外，获得耕作权的佃户可将田地的田面权暂时典于他人，获得临时资金，以解决生活困难，等资金充足后，再将田面赎回。

2. 将田面转顶并绝卖与他人永远佃种

江苏长洲县案例：

> 堂伯章敬山，把八亩五分的田面，得银八两，立契顶与小的耕种还租，几年后，又加绝了十两银子，契上已载明，给小的永远佃种，有正找文契可依。乾隆九年，敬山侄子章子华要将田赎回自己耕种，小的因是绝业，不肯放他回赎，后亲族出来劝说，小的只得让他赎了四亩田去，还有半亩田，历来是小的耕种，他再来争夺，双方发生争执。（《刑科题本》，NO. 253）

此案例谈及地权交易中的多种交易方式，有找价、永佃、田面权的转让等，转顶的田地可以找价，找价后双方约定为绝卖，由买者永远为业。可见取得田面权的佃户不一定拥有永佃权，若想拥有永佃权须再经过协商，一般需再加些银两即加绝方式，方能获得永佃权。

3. 买田收租纳粮者为粮业，出资买耕者为佃业

广东惠州府案例：

> 谢文运兄弟有祖遗佃业田一十九亩，系温习连与伊兄温锦文粮业。乾隆元年，文运兄弟将田顶与母舅陈逊平耕种，得顶手银五十二两，议以七年照价赎回。陈逊平因屡年欠收，积欠租谷八十石。乾隆八年，锦文令逊平将前给文运等顶手银两，抵欠租价，文运兄弟将田退还与伊耕种，不必再还逊平之银，另给粪脚银二十两。逊平转告文运兄弟，文运等以田系祖遗佃业，不愿退耕，随将原得顶手银五十二两交还逊平，赎回原田。温锦文不待逊平回复，即于弟温习连去田地插秧。（《刑科题本》，NO. 251）

此案例说明田底权与田面权的分离，获得田面权的佃户还可以将

101

田面顶与他人而获得银两。世代耕种的佃业可以永远租种,只要不欠租,田底业主就无权过问。

4. 佃权转卖由新佃向田主交租

福建永春州案例：

> 普涵墩的田,原是郑廷田主收租,原佃主是陈伯君,陈伯君将田转卖与陈保让耕种,得佃价银三十一两。乾隆十六年,郑锡们把自己的田,向郑廷对换这正租的田,又向原佃主买佃归一,议价三十两,原佃主写了卖契给郑锡们。他先交番银一元给原佃主作定,余价待原佃主向陈保让妻子黄氏赎明后全交。原佃主找陈保让妻取赎,其妻说契无载赎,不肯让其回赎,双方起争执。(《刑科题本》,NO. 261)

这则案例说明取得田面权的佃户可以将田转卖于他人,获得现金,还可将转卖的田地取赎。可见佃农一旦获得永佃权,就可以自由处置和买卖田面而不受原业主的干扰,也说明获得独立的产权是进行自由交易的前提条件,多样化的地权交易形式为土地流通提供了便利。

以上契约反映了地权交易方式的灵活多样,农户可通过自由交易获得田地的耕作权,还可通过土地交易获得资金融通,市场在资源配置中发挥重要作用。

近代产权形式的多样化带动了资源的合理流动和有效配置,农户获得独立的产权,为交易的实现提供了前提。交易工具和交易制度的创新,促进了土地金融市场的发展,同时也带动了整个乡村经济的发展。从各地不同的交易案例中,可以看出各种交易规则都是自发产生的乡规俗例,在市场中发挥重要作用,可见在近代地权市场,有效产权的保护和制度的确立,对经济发展产生重要作用,政府不应对市场进行过多干预。

近代地权交易形式的多样化和制度创新,主要表现在,一是地权交易形式趋于多样化,不再仅限于简单的买和卖,农户可根据自己的

第二章 自发秩序的地权交易形式多样化与制度创新

实际情况,通过典、押、当、活卖、找价等形式获得融通资金,既保证了土地所有权归属,又解决了一时的资金困难。二是交易制度的创新,如押租、永佃制等,虽不是新产生的交易制度,却在交易中不断得以创新,交易规则能够根据市场的需求不断得到调整,既满足了交易双方对资金和田地的需求,又实现了交易制度的创新。

交易形式的多样化和交易制度的创新,带动了整个乡村经济的发展,生产效率不断提高,地权市场的发展显示出草根经济的活力和创造力,可以说,近代中国能够养活世界近四分之一的人口,与小农经济的耕作方式、地权交易形式多样化所带动的乡村经济发展是分不开的。

第三章　近世地权市场主要交易制度的演化

近世地权市场上，地权交易制度的发展和变迁过程，很大程度上反映了整个地权市场的演变主线。这些交易制度主要有押租、永佃、田面权、亲邻先买权等，它们都是在地权市场上自发产生的非正式制度，其产生、发展及变迁过程能够折射出朴素的经济自由主义下整个交易市场的发展特征。这里将押租制、永佃制、田面权、亲邻先买权的演化过程，单独进行论述，强调其在地权市场中所发挥的作用及演进历程。

第一节　佃权由依附走向独立

追溯佃农从依附到获得独立佃权的过程，在中古时代，土地不允许自由买卖，佃农是地主的附属，没有自由权，随着人身依附关系的减弱，劳动能力的增强，隋唐时期，佃农可以相对独立地进行具体劳动和发展私人经济，但需要地主提供土地、耕牛等主要生产资料和大型农具，这时佃农对地主仍然存在劳动依附关系。宋代以后，个体小农独立生产能力逐渐增强，至明清趋于成熟。越来越多的佃农基本上或完全独立生产，可以从地主那里租佃土地，或以分成制与地主合伙生产，或以定额租制独立生产，有些佃农和自耕农一样，取得田面权后可以自由的安排生产而不受地主干扰，自己还能提供基本的劳动工具。佃权的物权化，即土地产权分解为相互独立的田底权、田面权，佃农在生产中的独立经营地位更加巩固。① 取得永佃权或田面权的佃农，拥有独立经营权、剩余索取权和控制权，可以较自由地安排生产而不再依附于地主，从这方面看，获得永佃权的佃农逐渐走向独立，成为独立经营的个体，这样在地权市场上才能够通过自由交易满足各自的需求，而不会受制于产权本身的束缚，不会因土地不是自己的而不敢或不愿意在土地上进行投资，使得生产效率低下。由于获得永佃权的佃户把土地看作自己的企业一样经营，愿意在土地上进行投资，比如修水渠或道路、施肥等，一方面佃农会加倍努力，因获得的劳动收入越多，交足契约规定的租额后，剩余的归自己的那部分就越多，另一方面，佃农还可以经营一些主业外的副业，从而获得额外的劳动收入，这些收入都不会受地主干预，佃农的生产积极性大幅提高。

第二节 近世地权市场的押租制

押租制是定额制流行以后出现的一种租佃制度。地主具有土地所有权，这是一种原始产权。押租制实际上是一种"筛选"，它使许多农民因付不出押金，而被摒除在押租佃户之外，而使另一些经济势力比较强的农民成为押租佃户。② 押租制最原始的形式是进庄礼，是新佃户第一次见到业主所呈的见面礼，与租佃交易没有直接关系。既是送礼，就没有退还之说，演变到后来，进庄礼便与租佃交易发生直接关系。押租制创行之初，最多是以常年一年租额为限。押租一方面给那些没有更多资金购买土地的佃农提供了机会，可通过押租方式获得佃种权，另一方面，相对来说，为佃农进入地权市场降低了门槛，佃农获得除购买、租佃土地以外耕种土地的新形式。

一 押租制多种表现形式

对于押租而言，最重要的是用货币去抵押土地的经营权，有信用

---

① 龙登高：《地权市场与资源配置》，福建人民出版社 2012 年版。
② 魏金玉：《清代押租制度新探》，《中国经济史研究》1993 年第 3 期。

保证金的作用。当地主要求退佃时，要把押金退还给佃农。押租制和永佃制的主要区别是，押租制只是以押金的形式为获得经营权提供保障，而永佃权是能够获得永远租佃的经营权，是一种独立的产权，可以随时转让、买卖。通常观点认为押租制是永佃制的最初形式，即使永佃制产生了，押租制还在实行。据国民政府统计局在所调查的23省359县中[①]，收押租的县数为169县个，可见押租制在民国时期仍流行。

刑科题本中关于押租制的案例较多，在乾隆刑科题本所统计的67件有关押租的案件中，押租的名称在各地不同，江苏、浙江称为"顶首银"，"顶钱存祠"，湖南、湖北分别称为"佃规钱"，"佃礼钱"，江西称"顶耕钱"等。押租有"碛地银"、礼金等不同的名称。光绪二十四年（1898）台湾"招扑耕约字"[②]契约云：

> 同立招扑耕约字人银主李三合记、佃人吴振坤等，缘合有起耕水田一所，址在……今因乏力耕作，有佃人坤自备牛工、种子、农具，托认耕人前来承扑，当日三面议定，佃人备出无利碛地银六十大元正，交合亲收足讫。明约今纳小租谷一百三十石正，分作早七晚三两季完纳清楚，务必在埕经风扇净，不得湿有抵塞，亦不得少欠升合；如有少欠者，就碛地银扣抵；纵有不足，就认耕人讨赔足数。该课租系业主自完，至于庄中科派诸费及风水不顺，照上下田邻比例。其田限扑三年，自戊戌年冬至起，至辛丑年冬至止。限满之日，务于十一月半前先送定银为凭，余俟冬至日两相交清。此系二比喜悦，口恐无凭，合立招扑耕约字二纸一样，各执一纸为照。
>
> 即日同认耕人交合亲收过约字内无利碛地银六十大元正足

[①] 郭汉鸣、洪瑞坚：《安徽省之土地分配与租佃制度》，中央政治学院地政学院研究报告之五，正中书局1937年版。

[②] 《台湾私法物权编》中册，"第二招扑耕约字"，第656页。1898年台湾已被日本占领，但民间契约仍使用光绪年号，未书明治三十一年，此后越来越多地使用日本天皇纪年。转引自龙登高《地权市场与资源配置》，福建人民出版社2012年版。

第三章 近世地权市场主要交易制度的演化

讫,再照。

批明:此田年扑小租谷一百三十石,内除早季应纳利息谷七十八石,余概归于业主收回,以为完纳课租及庄中科派甲数抽捐诸费,又照。

光绪戊戌年十一月

代笔人 李成昌

认耕人 林德梓

同立招扑耕约字人　　　银主 李三合记

　　　　　　　　　　　　佃人 吴振坤

从契约上可看出,押租是未来地租的风险保证金,"如有少欠,就碛地银扣抵"。这里的中人还有担保的职责,形成双重保险。

有些地方佃农收不起租,就以顶耕银抵欠租。

如江西玉山县案例:陈昆山因欠租被夺佃所交"顶耕钱"被扣抵欠租。

乾隆四十七年七月,陈昆山侄子陈德章,有田三亩三分,向来由陈昆山耕种还租。乾隆三十五年,侄子陈德章将田卖与陈九成的父亲陈有章,仍是陈昆山家佃种,当出顶耕银十千五百文。因彼此相好,没有立字。后来,历年拖欠租役是有的,乾隆四十五年,陈有章身故,他儿子陈九成要起田自种,原佃者陈昆山讨还顶耕钱文,陈九成说要抵算欠租,陈昆山只得把田还他。(《刑科题本》,NO.234)

有些地方的押租要求预交租,如湖北华容县租地以十年为期预交"佃规钱"(《刑科题本》,NO.232),浙江常山县江姓出租祀田要佃户先交"顶钱存祠",方许承佃(《刑科题本》,NO.230),有些地方出典的土地不退还佃户"顶首银"(《刑科题本》,NO.229):张潮阳有田四亩四分,是江潮宗用顶首银十六两二钱向张潮阳租种的,那田原值价银五十多两,由于急需用钱,想卖田,王陈昌有买,但只肯出

107

价银十九两四钱，只好典给王陈昌，说好日后找贴。日后，江潮宗来说，田被王陈昌收回自种，向张潮阳讨还项首银两，由于张潮阳没有银两，叫江潮宗去王陈昌找价还他，王陈昌说春后商量，后起争执。这则案例包含了多种地权交易方式，有押租、典、找价等，反映了当时地权市场的开放和交易工具的多样化。说明押租只是佃种某块土地的押金，如果退佃，应将押金退还给原佃户，已经成为约定俗成的乡例，有时在交易契约中没有写明，但只要退佃，就得还押租金。

二 押租金代表一部分地价

"押租"是基于降低交易成本和减少风险而出现的土地交易形式。佃农向土地所有者交纳一笔押金而获得土地耕作权，相当于租佃的保证金。押金由双方协商，并与未来地租相配合。押金越高，未来的地租越低；反之，如果押金少，则未来地租高。[①]

表3－1 刑科题本押租案件中土地面积押租金额与地租数量关系示例

年代	省县	土地面积	押租金额	地租数量	资料来源
雍正八年	湖南桂阳	3亩	12	3.3石	《形态》P370
雍正十年	广东潮阳	5亩	17	14.42石	刑档抄件
乾隆十一年	湖南桂阳	3亩	4.4	3.3石	《形态》P370
乾隆二十二年	广西信宜	3.2亩	2000文	5石	刑档抄件
乾隆二十四年	湖南安化	4.25石田	42	34.8石	《形态》P408
乾隆二十八年	浙江仙居	10亩	10千文	20石又/石？	《形态》P438
乾隆三十一年	广东归善	2石田	10两	19.5石	《形态》P433
乾隆三十六年	湖南邵阳	1.5亩	2.6两	平分	《形态》P443
乾隆四十年	湖南湘阴	2.6石田	6千文	24石	刑档抄件
乾隆四十四年	广东连平	2亩	5千文	4.8石	《形态》P473
乾隆五十年	广东东安	5亩	4千文	14箩	
嘉庆三年	四川郫县	38亩	60两+170千文	40石	刑档抄件
嘉庆五年	浙江永嘉	0.5亩	1600文	0.5石	刑档抄件
嘉庆七年	江西萍乡	46亩	88千文	47石	刑档抄件
嘉庆十一年	江西万载	4.8亩	4千文	12石	刑档抄件

资料来源：中国第一历史档案馆编著：《清代地租剥削形态》，中华书局1982年版。

[①] 龙登高：《地权市场与资源配置》，福建人民出版社2012年版。

典型押租制度的基本特征是以货币抵押佃权。佃户向地主交纳一笔货币现金,作为抵押金,以交换土地的耕作权。从上表看出,各地的每亩押租金各不相同。押金随租佃土地面积大小而增减,与每亩地租的轻重没多少关系。即押租金的高低与土地面积有关,土地面积越大,押金越高,反之,面积越小,押金越低,而与这块田地的地租没有多少关系。

随着永佃制的发展,押租的经济意义也发生改变,它可以代表一部分地价。如辽宁省韩安县如纳押租百元或百两可减相当租额(见下图3-1)。如实行永佃制的地主,业主可收取高额押租,与佃农交换土地的使用权。同时业主于经济困难时,欲变卖一部分产业,或在短时间内出卖田地,不易找到适当的买主,业主常增高押租,以减少租额为条件,向农民筹借,若以此所收取的押租,无异为地价的一

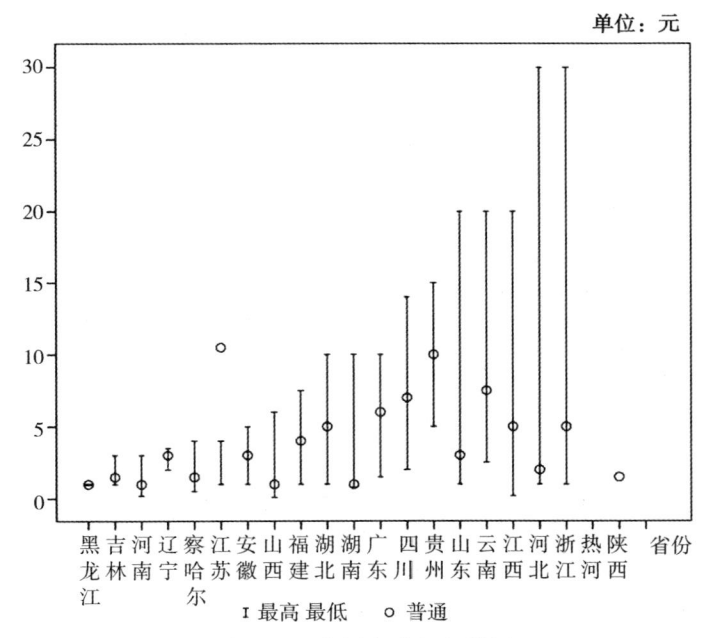

图3-1 全国各省押租数额

资料来源:郭汉鸣、洪瑞坚:《安徽省之土地分配与租佃制度》,中央政治学院地政学院研究报告之五,正中书局1937年版,转自《经济年鉴续编》第七章第15页。

部分。但民国时期战乱频发，时局动荡，同时地价惨跌，佃户缺乏资本和粮食继续进行耕作，纷纷向业主请求退还押租，同时地价惨跌后，佃户收回押租，也可以自置田地，变为活动资金，业主当然不愿退还，有些业主实在没钱退还佃户，主佃之间的纠纷层出不穷。图3-1中显示，浙江、河北等地的押租最高价与最低价间的差距较大，其次是江西、云南、山东等地；从普通价上看，贵州、四川、广东、湖北的押租价较高。

通过对比地政学院和国民政府主计处的数据资料，如上图3-2显示，从各每亩押租金额上看，按最高价、最低价、普通价分，最高价中浙江、江苏、河北、山东、辽宁的押租金额较高。普通价中，江苏、四川、贵州等地的押租金额较高。与清代的每亩押租额相比，民

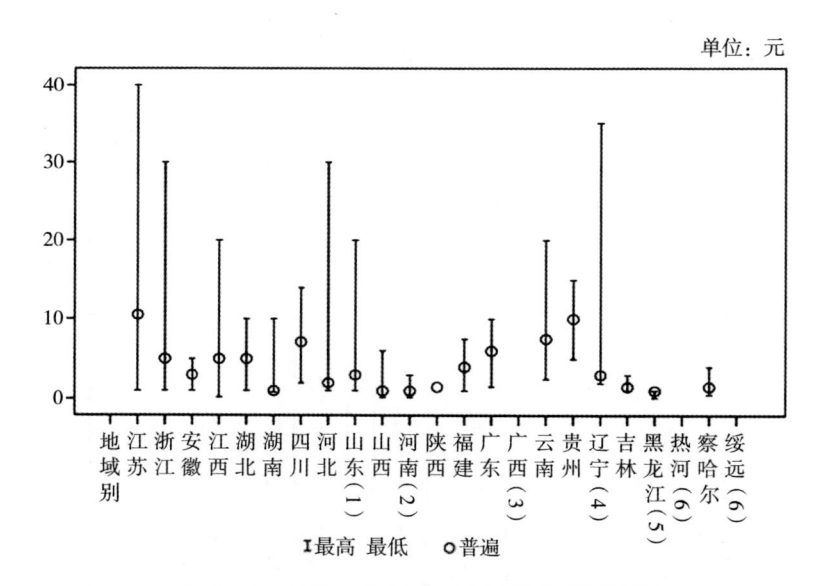

图3-2 民国十九年至二十年每亩押租数额

资料来源：根据国民政府主计处统计局编印《统计月报》第九号（1933年一二月合刊）第179页之材料编制。说明：（1）该省蓬莱县报告先纳租后种地。（2）该省临漳县则有押租价占租额20%。（3）该省仅有一县报告每亩押租价二十元。（4）该省韩安县如纳押租百元或百两可减相当租额。（5）马灵县地旷人稀尚无押租等农佃情形。（6）据收到该省各县报告无押租制度。（7）系取有押租县之互通押租数额作为代表。（8）系取有押租县之最高与最低数额作为代表。

第三章 近世地权市场主要交易制度的演化

国时期的押租价略高，主要是由于押租额已变成地价的一部分，这也是押租制发展变化的一大特点。

第三节 演化博弈视角下的永佃制变迁

永佃制是明清时期非正式制度中最具代表的一种惯例，是在民间产生的，是明清时期土地交易的一种非正式制度，在明后期和清前期迅速发展。至于永佃制的产生，学界至今未达成共识。较为统一的观点：永佃制是宋代以来形成的土地所有权和使用权相对分离的一种土地分配形式，分"田底"和"田面"两部分。"田底权"即地主的土地所有权，也叫"田根""田骨"。"田面权"就是佃农对土地的使用权，又叫"田皮权"。明清两代，特别是明中叶以后，地主经济进入高度繁荣，土地买卖引起地权的频繁转移，一般租佃制取得主导地位，定额地租普遍盛行和货币地租的出现，农业耕作技术和土地经济收益的提高，农作物商品化的发展，都是引人注目的现象。这些都为城居地主的发展和佃农经济独立性的提高，提供了历史的前提。从地主的土地所有权中分化出佃农对土地的永久使用权——永佃权，就是在这样的经济背景下产生的。[1]

赵冈归纳了永佃制最初的三种起源，即由押租制演变而成；由开荒及农田加工而获得；以及一上手就购买到的地权。[2] 押租制作为永佃制产生的一种方式，最初并没有永佃的性质，但随着习俗的演变，押金越来越高，佃户的佃权保障也越来越高，只要佃户不欠租就可以永远耕种下去。[3] 若某地区的押租契约关于"只要不欠租就可以永远

---

[1] 杨国桢：《明清土地契约文书研究》，人民出版社1988年版，第92页。

[2] 赵冈：《中国传统农村的地权分配》，联经出版事业股份有限公司2005年版。

[3] 如嘉靖、万历时期民间通用的日用万宝全书，往往收录地方流行的文契格式，以备百姓查考参照。"某里某人置有晚田若干，……今凭某人作保，引进某人，出赔价细丝银若干，当日交收足讫明白。自给历头之后，且佃人自用前去掌业，……如遇冬成，备办一色好谷，挑送本主仓使交纳。不致拖欠，不限年月佃种。不愿耕作，退还业主，接取前银，两相交付，不致留难……"这里所说的"赔价细丝银"就是一种预先支付的押租，是换取"不限年月佃种"该块土地的保证金、抵押金。

111

◈ 地权市场的制度演化（1650—1950） ◈

租种下去"的规定超过半数，那些没有规定此条约的契约就不断向这一规定偏移，直到达到进一步的均衡。永佃制作为普遍接受的惯例固定下来后，在每个地方的交易习俗并不相同，① 南北方存在很大差异。② 在乡村基层自治下，永佃制有了长足发展，一度成为土地市场交易中最主要的惯例之一。

一 永佃制的产生

演化博弈论经济学家扬（Yong）的观点：三个基本因素规定着演化博弈动态：（1）个人之间的"当地交往"（local interaction）；（2）各个博弈者对所感觉到的环境的"有限理性（bounded rationality）"式的反应；以及（3）博弈者在重复博弈的策略选择中的不可解释的"随机偏扰"（random perturbations），③ 这三个基本因素决定了不完全信息条件下动态博弈中的博弈者有限理性选择，从而决定了惯例的型构、驻存与变迁过程。

永佃制的特点符合以上所述的三个基本因素：（1）首先，永佃权交换是在当地人之间进行的；（2）交易双方即地主和佃农，都是"有限理性"的；（3）在地主和佃户的策略选择中，受不可解释的"随机偏扰"因素的影响。因而选择演化博弈论分析永佃制的演变过程具备一定的理论基础。交通博弈的案例对此有进一步的解释，在交通博弈中，一旦博弈双方选择了一种作为强或精练纳什均衡的演化稳定策略时，他们会在重复博弈中固守各自的策略选择，从而"锁入"一种习俗。如驾车博弈指出，一项交通规则的产生，并不是源于人为

---

① 莫宏伟：《近代中国农村的永佃权述析——以苏南为例》，《学术论坛》2005年第7期。
② 陈翰笙：《租佃制度》，载《中国经济年鉴》上，1935年，第80页。民国时期土地调查资料显示，河北、山东、河南、山西、陕西各省永佃制农户所占调查农户总数的比例最高不超5%，山东省最高仅为4.47%。而江苏、浙江、安徽占到30—40%左右，湖北占13.4%，广西占11.73%，其他南方省份所占比例较少（注：土地委员会：《全国土地调查报告纲要》，第45页，1937年）。
③ 韦森：《惯例的经济分析——演化博弈论制度分析的新进展》，天益网·天益思想库，2006年。

112

第三章　近世地权市场主要交易制度的演化

的规定，而是长期博弈后演变而来。一种惯例在每一个社会中总是被逐渐"协调"和"演化"出来，这种习俗一旦形成，便会有更多的人按此习俗行事。以交通习俗（惯例）原生机制为例，把弈局写成一个博弈模型。（见图3－3）

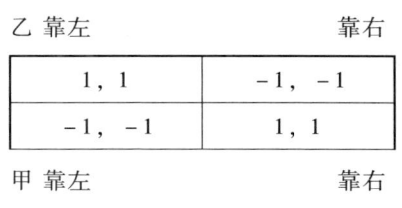

	乙 靠左	靠右
甲 靠左	1, 1	-1, -1
靠右	-1, -1	1, 1

图3－3　矩阵 驾车博弈

以上驾车弈局有三个均衡点，即（L，L），（R，R），以及两个博弈者均随机选择一个50%靠左或靠右驾车的概率。在一个社会还没有形成交通惯例之前（靠左还是靠右行驶），在这种博弈中，每一个博弈者没有其对手是选择靠左还是靠右驾车的信息。因此，在经典博弈中，这种驾车博弈是没有一定解的。即以上三个均衡点到底是（L，L）均衡选择，还是（R，R）或是二者相碰撞（L，R）或（R，L）不得而知。尽管假定双方都是理性的，也不能求出均衡解。然而，不管人们最初是如何协调这种驾车博弈中（L，L）或（R，R）的均衡，（L，L）或（R，R）在每一个社会中总是被逐渐"协调"和"演化"出来的，在协调和演化过程中，一种习俗一旦形成，便会有更多的人按这种习俗行事。习俗或惯例的演化博弈动态呈现出三种特征：

一是局部遵同效应（The local comformity effect），即一种习俗驻存越久就越"凸显"，也就会有越多的人遵从之，从而习俗变成了一种显俗，一种惯例。一种惯例为人们遵从的时间越长，遵从它的人就越多，从而这种惯例就越稳定，驻存时间越久，扬称之为"吸同状态（absorbing state）"。即，如果人们在其社会博弈中只有"充分不完备信息"，再假如人们对遵从这种惯例的"或然偏离"程度又相当低，绝大多数人在绝大多数时间里都会趋向于遵从同一惯例。这一状态被扬称之为"局部遵同效应"。

二是惯例的"整体多元化效应"（The global diversity effect），指即使两个社会或社群从同一个原始状态（习俗）进行演化，在未来足够长的时期内，很有可能二者会在不同的惯例中运作。称这一演化机制特征为"整体多元化效应"。即虽然同源于一个初始状态进行演化，但在不同的社群或地区所演生出不同的社会秩序和不同的存在形式。

三是"断续均衡效应"（the punctuate equilibrium effect）。意思是，一种惯例一旦形成，它就倾向于在一定时期驻存，从而这一社群或社会在其秩序安排上接近于一种均衡状态。然而，这种局部遵同的均衡常被一种外在的冲击力所打破，从而使这个社群或社会导向一种新的习俗与惯例的演生路径。[①]

永佃制的产生是土地所有者与租种者之间无限次博弈的结果。在明清时期，出卖土地对于人们来说，是一种辱没祖宗、"败家"的一种行为，宁愿将土地租佃给他人也不出卖土地[②]，另一方面，许多地主居住城市无暇顾及田地，常将土地转给佃户租种。交易双方在土地交易达成协议前要经过多次谈判，作为土地所有者一方，为了提高土地的利用效率，减少田地的管理成本，只要租种者愿意缴纳一定的押金，就愿意将土地永久租给农户承种；而作为租种者一方，只要所缴纳的押金数不高于租种土地所耗费的总成本，就愿意承租，双方达成协议，这就是永佃制产生的最初形式——押租制。押租最常见的形式是"进庄礼"。在押租期间，地主可以退佃，但要将押金退还给佃户，佃户也可以自由退佃，并向地主索回原缴之押金。随着转让佃权的实例越来越多，就形成了"乡例"。不同地区的押租制表现形式不同。与其他各省相比，福建是实行押租制最普遍的地区，乾隆朝刑科

[①] 韦森：《惯例的经济分析——演化博弈论制度分析的新进展》，天益网·天益思想库，2006年。

[②] 杨国桢：《明清土地契约文书研究》，人民出版社1988年版。

第三章 近世地权市场主要交易制度的演化

题本保存下来的有关押租材料显示,福建押租制的发展经历了三个阶段。① 其次是四川省,较为代表性的地区是永川押租制的发展。根据刘克祥的研究,19世纪末,重庆周围、嘉陵江流域、川西成都地区、川北西充以及川南地区,都普遍存在押租的习惯②。江西的押租制与其他地区略有不同。地主收取了押租钱后,往往不归还,并在契约上写上"永远耕作""绝退""不回赎"等字样。并且针对佃农的抗租和经常性欠租,地主开始积极采用新的制度即押租制。到康、乾时期,押租制已普遍盛行于江西各地③。此外,佃农还可通过定额租制而直接取得永佃权。同时也由自耕农通过出卖或转让土地所有权而产生永佃权。如清代广东梅县、潮安等地,"所谓永佃的田亩,都是以前农民(佃户)自有地,因为畏纳巨额的赋税,日久而向大户所纳的钱或谷,变成所谓田底田租,包税的大户子孙俨然以粮田底地主自居"④。总体来看,永佃制的产生主要表现在地权的分化,是指在原有的地主土地所有权中,不断分离出使用权——永佃权和分割出部分所有权——田面权,在租佃制度上形成永佃关系,在土地制度上形成"一田两主"的形态。自明中叶以后,永佃权和"一田两主"开始流行于东南地区,到了清代和民国时期,则已蔓延全国,在若干地区甚至成为主要的租佃制度和土地制度⑤。

不论以哪种形式出现的押租制,博弈双方经多次谈判后总能达成共识,在某一地区逐渐形成约定俗成的惯例,并长期驻存下来,形成"局部遵同"。

为更好的分析地主与佃农的谈判过程,试引用不完全信息下的海萨尼转换法,找出该博弈的贝叶斯均衡路径。假设土地市场中存在博弈双方即地主和佃农,地主具有完全信息,佃农具有不完全信息。地

---

① 嘉靖以前为押租制发生期;万历、天启年间为押租的第一个发展期;康熙、乾隆后,是押租的第二个发展期。
② 刘克祥:《近代四川的押租制与地租剥削》,《中国经济史研究》2005年第1期。
③ 施由民:《清代江西的土地租佃与买卖初探》,《农业考古》1994年第1期。
④ 《中国农村经济资料》续编,第17章第4节。
⑤ 杨国桢:《明清土地契约文书研究》,人民出版社1988年版,第91页。

主了解土地情况并知道佃农的成本函数。佃农不知道地主的成本函数，即不知道地主经营一块土地是高成本还是低成本的，也不知道如果进入土地市场，地主是默许，还是与之斗争。设地主有两种可能的成本函数，即高成本和低成本。如果把结果的不确定性作为自然（博弈方O）的随机选择引入博弈中，设R（R＞0）为最理想状态下的得益值。前一数字表示佃农得益，后一个数字表示地主得益，则博弈的扩展形式表示如下：

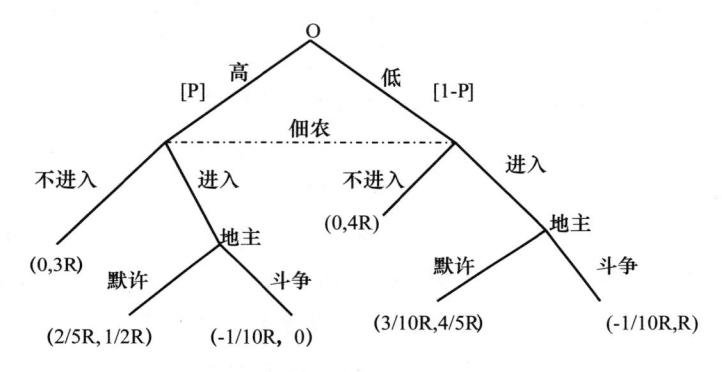

```
                        O
                 高 /       \ 低
                [P] /         \ [1-P]
                   /   佃农    \
          --------/-------------\--------
         不进入 / 进入    不进入 \ 进入
               /  地主    (0,4R) \  地主
        (0,3R) 默许 \ 斗争    默许 \ 斗争
         (2/5R,1/2R) (-1/10R,0) (3/10R,4/5R) (-1/10R,R)
```

图 3-4　不完全信息下的动态博弈

由于拥有完全信息的地主后选择，可分不同情况直接用逆推归纳法分析，即佃农进入后，地主选择打击还是默许。也就是先分析佃农进入后，地主打击还是默许的策略选择。

如果地主属于高成本（C_H）情况，若默许佃农进入，地主的得益为$\frac{2}{5}R$，若阻止得益为0，因此，地主的最佳选择是默许。

如果地主属于低成本（C_L）情况，若默许佃农进入，所得收益为$\frac{4}{5}R$，若阻止得益为R，因此，地主选择阻止是正确的。

再回到佃农第一阶段对于是否进入的选择。这时佃农清楚地主在两种不同成本情况下的上述选择，但不知道地主究竟是哪种成本（高成本还是低成本），只能根据地主两种成本的概率计算自己进入的期望得益。

第三章 近世地权市场主要交易制度的演化

第一阶段佃农选择进入的期望得益：[2/5RP +（-1/10R）（1-P）] = 1/2RP - 1/10R =（1/2P - 1/10）R，这时佃农不进入的得益是0，对于风险中性的佃农来说，当（1/2P - 1/10）R > 0 时，即 P > 1/5 时，应该进入，P < 1/5 时，不进入，P = 1/5 时，可进入和不进入都可以。

结合上述两阶段进行分析，在该博弈中，佃农在 P > 1/5 时进入，否则不进入，而地主在高成本（C_H）时选择默许，低成本（C_L）时选择打击，即阻止佃农进入，是该博弈的均衡结果。

以上分析可知佃农是否选择进入土地市场，取决于地主经营土地的高成本概率。事实是，如果地主自主承担管理田地，代价很高，且许多地主居住在城里，管理土地的成本高。因此不必考虑地主低成本时的策略选择。在高成本下，允许佃农进入是地主最佳的选择，对佃农来说，只要租种土地有利可图，他们就愿意租种，而在商品经济不发达的条件下，佃农通常除了租种土地，并无更多的职业可供选择。这时地主与佃农之间很容易达成协议，在无数次的谈判中，佃农渐渐获得永久租佃土地的永佃权，地主通过收取租物或租金的方式获得相应的收益。"一定情况下，佃农可自由地在其他佃户处买进或卖出租佃权"。根据村松祐次的研究，"地主—佃户关系是相当稳定的，常延续长达一代以上"[①]。随着交易量的增加，永佃制作为一种惯例逐渐固定下来；如高王凌所强调的："地主为了保证佃农减少投机，书面合约会增加"[②] 且"宽容拖欠是符合地主利益的"，永佃合约不断增加，特别是太平天国运动后，一方面劳动力明显不足，另一方面是大量抛荒耕地，佃农谈判的力量增加，这些因素都是永佃制作为一种惯例得以稳定的前提条件。

二 永佃制的发展——各地的不同表现形式

在现实中，人们被自己所处的地区、语言、文化和上千个其他种

---

① ［日］村松祐次、邢丙彦：《清末民初江南地主制度文书研究》，《史林》2005 年第 3 期。

② 高王凌：《租佃关系新论》，《中国经济史研究》2005 年第 3 期。

◈ 地权市场的制度演化（1650—1950）◈

可以影响他们相互见面的变量所分开。从演化博弈论角度来说，当一项惯例在某一地区驻存后，具有不同的表现形式，即惯例的整体多元化效应。①

假设每一个当事人仅仅同固定的一群邻居交往。设想每个当事人位于平面 Γ 的一个顶点上，顶点 i 与 j 是邻居，假定 Γ 没有孤立的顶点，即每个当事人都有邻居，过程的状态是一个向量 $x \in x_0^m$，使得对于每一个 i 而言，$x \in x_0^m$ 都是博弈方 i 的当前行动。每个个体 i 只与他的邻居相互作用。假设在状态 x 中 i 的一期得益是他与每个邻居进行博弈得益的加权和：

$$v_i(x) = \sum_{j \in N_i} w_{ij} u(x_i, x_j) \tag{1}$$

（1）式定义了每一期进行的一个 m 人博弈的得益函数。i 在给定时期内与邻居 j 进行了 w_{ij} 次博弈。状态 x 是空间博弈的一个纳什均衡。假设博弈方都是国家，每个国家都可以选择两个行动中的一个，上式可表示为，一个顶点代表每个国家，若两国相邻就用一条边线将两国连接起来。两国间的跨境交通的数量为每条边线加上权重。这样，如果一国选择靠左行驶的规则，则得益等于连接那些也使用相同规则的邻居的所有边线的总的权重。由于每个国家都有奇数个邻国，所以状态是这个空间博弈的一个纯纳什均衡，当且仅当每个国家都采纳它的大多数邻国所遵循的规则。则有 4 种不同的纯均衡模式，总共有 16 个纯均衡，同一种惯例在各地的表现形式不同，呈现为"整体多元化"。永佃制形成后，具有很强的地域性，北方实行永佃制的地区较少（仅见陕甘晋冀有数例）；南方地区较多。据 1936 年国民政府实业部和土地委员会调查，江苏、浙江、安徽永佃权土地所占比例最大，平均占佃入土地总数的 38%。② 苏南地区的永佃户占农户的比例达 90%，且发展迅速。③ 此外，永佃制发展的

---

① ［美］H. 培顿·扬：《个人策略与社会结构——制度的演化理论》，王勇译，格致出版社 2008 年版。
② 乌廷玉：《旧中国地主富农占有多少土地》，《史学集刊》1998 年第 1 期。
③ 王建革：《人口、生态与地租制度》，《中国农史》1998 年第 3 期。

前后时期差异大，有的地方在明代就有很大发展，广泛买卖田皮（永佃权），而有的地方到清才开始出现。从明到清，既是永佃制不断发展，又是永佃制不断产生的时期①，不同地区的永佃制发展特点各不同。

（一）从永佃制与田面权的关系上看

清代赣南的佃农缴纳了佃价之后，不仅有永远耕作的权利，同时还有转租和转卖土地使用权（田皮）的权利，尽管在契约上不会写可以转租、转卖的权利，然而实际却拥有这种权利。在清代的赣南，永佃权和田面权很难分得清。

江西的永佃权和田面权紧紧相连，"买田承种"和"一田二主"盛行。即"买田承种"即田皮的买卖频繁。地主或自耕农卖地后（田骨田皮并卖），卖主有优先承佃权。不管田骨还是田皮买卖中，"取赎"和"找价"的事件很多。②

福建等一些地区的永佃契约中往往会注明不能转租、转卖，而只有在关于田面权的契约中才会写上可转租、转卖等字样，永佃权和田面权很分明。

热河蒙地永佃制可分为两类，即内、外仓地（大牌地）永佃和普通蒙地（小牌地）永佃。前者类似于关内的旗地永佃，后者类似于台湾高山族村社地上的永佃。因佃农的永佃权是通过垦荒和价买取得的，蒙地的佃权价格大高于租权价格，蒙地实际逐渐被控制在佃权所有者（田面主）手里。在热河，地主取得田面后，不是以普通的租佃形式转租，而是以雇工或榜青的形式进行经营，不管是雇工还是榜青户，都不同田底主（蒙旗地主）发生任何联系，这是蒙地永佃制的特点。

（二）各地称谓不同

土地所有权在各地的称谓也不一样。在广东地区，土地所有权被称为"粮业"，佃权被称为"佃业"或"质业"。在福建地区，土地

---

① 李三谋：《民国前中期土地贸易之特征》，《中国农史》1998年第2期。
② 施由民：《清代江西的土地租佃与买卖初探》，《农业考古》1994年第1期。

所有权称为"田面""田骨"或"大苗",永久使用权被称为"田根""田皮"或"小苗"。其中,闽中地区一般称原田主的权益为"面田"或"大租",称租佃者的权益为"根田"或"小租",闽北等地则叫前者为"田骨"或"大苗",称后者为"田皮"或"小苗"等。[1] 在江西地区,土地所有权被称为"大租""大苗"或"田骨",佃农的永佃权被称为"小租""小苗"或"田皮";在浙江地区,佃权被称为"田脚""四脚小业"或"田皮"[2]。

(三) 各地永佃权的权限不同

卖田不卖佃。浙江临海地区乡例:田主卖田后,仍由原佃耕种,叫做"卖田不卖佃"。出处:《刑科题本》,乾隆二年五月二十六日,浙江巡抚嵇曾筠题。

只要不欠租,佃出土地不许田主自种。浙江永康俗例:田主买田为田骨,佃户出银佃种为田皮。如佃户并不欠租,不许田主自种。出处:《刑科题本》,乾隆二十三年二月二十一日,浙江巡抚熊学鹏题。

绝卖。广东归善:曾洪把粮田退与钟遒镛,后经找价,又将"质业"绝卖。出处:《刑科题本》,乾隆二十四年五月十五日,刑部尚书鄂弥达题。

出银获永耕权。福建永福:黄宗劝等出银顶佃,占有"田根",世代承耕。出处:《刑科题本》,乾隆十七年五月十九日,福建巡抚新柱题。

只换田主不换佃户。广西武宣:僮人种田,"历来只换田主,不换佃户,就算世业一般"。出处:《刑科题本》,乾隆四年四月二十一日,刑部尚书尹继善题。

找价加绝。江苏元和:乾隆二十二年,倪汉林出银二十二两,顶种褚苍培租田十亩五分。三十二年,又出银八两五钱向褚苍培加绝。出处:《刑科题本》,乾隆五十年三月八日,管刑部事务阿桂题。

永佃权顶约有实顶与活顶之分。安徽舒城县:永佃权人得以其佃

---

[1] 厦门大学历史研究所编:《福建经济发展简史》,厦门大学出版社1989年版,第136页。

[2] 谢肇华:《清代实物定额租制的特点及其影响》,《青海社会科学》1985年第3期。

权之全部或一部分自由顶拨、辗转让渡，无须得地主之同意。有实顶与活顶之分，实顶不能回赎，活顶则预定年限，限满之后，可照原价收回。出处：《民事习惯调查报告录》（下册）。

转耕不转佃。云南镇雄：童金原来顶耕五华书院租田，后转顶与刘思舜佃耕，仍照旧"归童金管业"。出处：《刑科题本》，乾隆三十六年二月九日，云南巡抚诺穆亲题。

可转佃。贵州大定：阿一山佃耕安德颙田亩，死后其妻将田带到新夫家继续佃种，后来转佃与曹文珍，得顶受佃钱五千文。出处：《刑科题本》，乾隆五十五年九月二日，贵州巡抚额勒春题。

绝卖亲族分钱。湖北随州俗例，绝户卖地要给族戚脱业遗念钱，"共追出钱拾千文，一并分给向姓族戚俱领"。出处：《清代土地占有关系与佃农抗租斗争》（下），乾隆三十九年正月二十六日。

可找价。安徽怀宁县乡例：杜卖加找一次。"江益珍因向伊索讨加添田价钱文，未经付清。"出处：《清代土地占有关系与佃农抗租斗争》（下），乾隆五十三年五月初二日，提督军务臣陈用敷题。

对于永佃制的变迁过程，在后面第五章进行论述。

第四节 田面权的变迁

一 田面权的发展

物权化的佃权或田面权，以往人们仅仅把它视为独立的使用权，彭慕兰指出它也是有保障的佃权（security tenant）。[1] 龙登高[2]则明确以资产性地权与经营性地权来分析一般情况下的田底权与田面权，但田面权也可成为资产性地权。陈秋坤则称为业主权和佃主权，取得田面权的佃户有时也被称为业主。[3]

---

[1] ［美］彭慕兰：《大分流：欧洲、中国及现代世界经济的发展》，史建云译，江苏人民出版社2008年版。则明确以资产性地权与经营性地权来分析一般情况下的田底权与田面权，但田面权也可成为资产性地权。

[2] 龙登高：《清代地权交易形成的多样化发展》，《清史研究》2008年第3期。

[3] 陈秋坤：《清代台湾地权分配与客家产权——以屏东平原为例（1700—1900）》，《历史人类学学刊》2004年第2期。

◈ 地权市场的制度演化（1650—1950） ◈

在自生自发的社会秩序下，田面权成为一种独立的所有权形式，可通过买卖、转佃、典押等多种形式实现流通，排他性地拥有产权，不受田底权所有者的干预。从大陆法系的角度，田面权不仅具有用益物权，同时还具有担保物权的功能，[①] 能够以之抵押、典当等，表现为一种物权。随着田面权和田底权的分割，更体现为对现期收益与未来地租收益的分割，如出卖田底时，附带少量地租，田底价值必小，这便意味着原业主希望未来有更多之收益，故放弃部分当下收益。[②] 有关田面权的交易十分复杂。从交易契约中，可看到各地不同的田面权交易形式，以乾隆时期福建的卖赔田契约为例："今因缺少银两使用，无从所办，情愿托中即将赔田前去出卖……凭中引到龙源坊林天瀚边进前承买为止。当日同中三面言议定时位土风所卖契价银七两一钱五分正…… 其田即便退与买主前去登田管业耕作……"[③] 这里所说的赔田出卖，指的是田面权的让渡。当原业主将土地卖出时，需退还原佃户的顶耕银。如江西瑞金县乡例，刘某将田骨田皮一并契卖退还原佃顶耕银两（《刑科题本》，NO.268），有的地方买回田面权，仍由原佃户佃种，如福建崇安县翁相光向佃户周上遇卖回田皮仍由周佃种（《刑科题本》，NO.283）。有的地方由于原佃户当初佃种土地时，交纳了粪土佃银，但佃户因欠租，原业主想收回自种，因交纳了粪土佃银不能退佃，原业主出银给原佃户令其退佃，如福建平和县黄溪因出有"粪土佃银"，故业卖租不卖佃（《刑科题本》，NO.288）。可见佃农交了粪土佃银，佃种权即田面权就得到保护。

龙登高总结了田面权的主要内涵：第一，获得所有权之外的土地物权。第二，自由支配和管理土地，包括对土地的投资，同时自担风险。第三，相应获取和支配投资、管理与劳动的收益，也包括风险收

[①] 对他人之物在一定范围内的使用、收益的权利，即用益物权；为担保债权的实现而在债务人或第三人的财产上设定的物权，即担保物权。

[②] 丁骞：《民国时期中国地权分配的研究》，硕士学位论文，清华大学，2008年。

[③] 转引自樊树志《明清租佃契约关系的发展——关于土地所有权分割的思考》，《复旦学报》1983年第1期。

益。第四，收益的跨时间调剂，包括未来收益的交易与贴现，并能够在交易中将投资的未来回报变现。[①]

从田面田价格上看，与田底价相比，田面田价格最初作为独立的产权在市场上的价格较低，随着交易量的增加，田面权的作用比田底权的作用要高，其价格也渐渐高于田底田价。从各年份的平均地价上看，清代1701—1861年间，田皮价格只在1814—1817年高出田底两倍，其他年份均比田底价低，直至太平天国运动时即1851—1861年间，田面价才略高于田底价（见下表3-2），这与通常所说的"永佃权在太平天国后较快发展"的观点相一致，正是永佃权的进一步发展，才使得田底权与田面权渐渐分离，由于田面权对佃农来说更为灵活，可转租、典卖等，随着需求增加，田面价格上涨较快，已远远超过底价格，有的地区多出几倍。以平湖为例，田面价最高价和中等价较田底价高，从最低价看，田面价格较低（表3-3）。以江苏启东为例，佃户有面权，一般是向业户价买而来，每亩自30元起至80元

表3-2　　　　　　　　清代田骨与田皮价格

年代	田骨价（两）	田皮价（两）
1707	6.50	2.91
1727—1752	7.62	7.38
1782—1800	10.79	8.49
1802—1807	11.48	9.71
1814—1817	18.01	37.04
1821—1850	17.75	14.27
1851—1861	9.29	10.89

资料来源：章有义：《明清徽州土地关系研究》，中国社会科学出版社1984年版，第104页，转引自赵冈《永佃制研究》，中国农业出版社2005年版。

---

① 龙登高：《地权市场与资源配置》，福建人民出版社2012年版。

表 3-3　　　　调查平湖农业时调查总表第二号表（1929）

调查农业总表第二号			平湖县大熟各重要农产物			
农产物			水稻	蚕豆	小麦	桑树
种植于何种地，水旱山沙或其他			水地荡地	水地荡地	水地荡地	水地
估计全县或乡村共若干亩			全县 324 858 亩	13 105 亩	24 501 亩	1365 亩
每亩价值若干	田底	最高	60 元	60 元	60 元	60 元
		中等	0 元	40 元	40 元	40 元
		最底	30 元	20 元	20 元	30 元
	田面	最高	100 元.	100 元	100 元	65 元
		中等	60 元	60 元	60 元	45 元
		最低	15 元	15 元	15 元	15 元

资料来源：《浙江平湖农业经济状况》，立法院统计处《统计月报》1929 年第 3 期。

不等（见下表 3-4），俗称"顶首"，实即田面之价，从田面权价格上看，民国时期的田面权仍然流行，田面价格普遍较高。据章有义对屯溪档案的调查，田皮的价格一路上升，只有名义上的所有权而没有使用权的田地，变得越来越不值钱，也说明地主没有主导力，渐渐被边缘化。[1]

表 3-4　启东各区近 3 年（民国二十四年至二十七年）平均每亩地价比较表

（单位：元）

区别	地权别	旱地			水地		
		上	中	下	上	中	下
第一区	田底权	10	8	5	—	—	—
	田面权	60	48	30	—	—	—
	合计	70	56	35	—	—	—
第二区	田底权	10	8	6	7	6	5
	田面权	85	70	44	40	25	20
	合计	95	78	50	47	31	25

---

[1] 赵冈：《中国传统农村的地权分配》，联经出版事业股份有限公司 2005 年版。

续表

区别	地权别	旱地 上	旱地 中	旱地 下	水地 上	水地 中	水地 下
第三区	田底权	8.5	7.5	6	—	—	—
第三区	田面权	65	50	37	—	—	—
第三区	合计	73.5	57.5	43	—	—	—
第四区	田底权	8.5	7.5	6	—	—	—
第四区	田面权	75	50	30	—	—	—
第四区	合计	83.5	57.5	36	—	—	—
第五区	田底权	10	8	5	—	—	—
第五区	田面权	85	60	40	—	—	—
第五区	合计	95	68	45	—	—	—

资料来源：岫青：《启东农村经济与租佃制度》，《江苏农行月刊》1936 年第 3 卷第 6 期。

二 从田面价格上看田面权的变迁

田底田与田面田价格在民国时期有较大幅度的变化，有些地区的田面田价格较高，在自生自发的地权市场，地主与佃农都意识到田面权的重要性，田面田可以带来直接收益，田底田只是一种产权形式而已，许多地主纷纷卖出田底而买入田面，在市场机制的作用下，田面田价格开始上升，表明土地的耕作权在以土地收益为基本生活来源的社会中起重要作用。随着政府对基层管理的加强，特别二五减租后，田租轻了，而田面价却上升更快了。这种价格变动并不是市场选择的结果，而是政府加强管理的结果，从这一方面来看，减租后，佃农的负担加重了，政府对基层的管理没有取得预期效果；另一方面，田面田的价格变化一定程度上加剧了田面权的演化。特别土地改革后，田面权已逐渐消失。

二五减租与乡村地价。从土地委员会的调查资料上看，民国时期的地价涨落并无规律，若以 1930 年的地价为基数，1930 年的地价最高，较1912年，高出三分之一以上，1931年以后地价又有所跌落①（见下图3-5）。田面价格和田底价格涨落有别，以浙江平湖为例，据立法院统计处的调查资料显示，对于田底价格的变化，1926年田底每石额租至70—80元，最低在40元以上，中等者在50以上至60元。

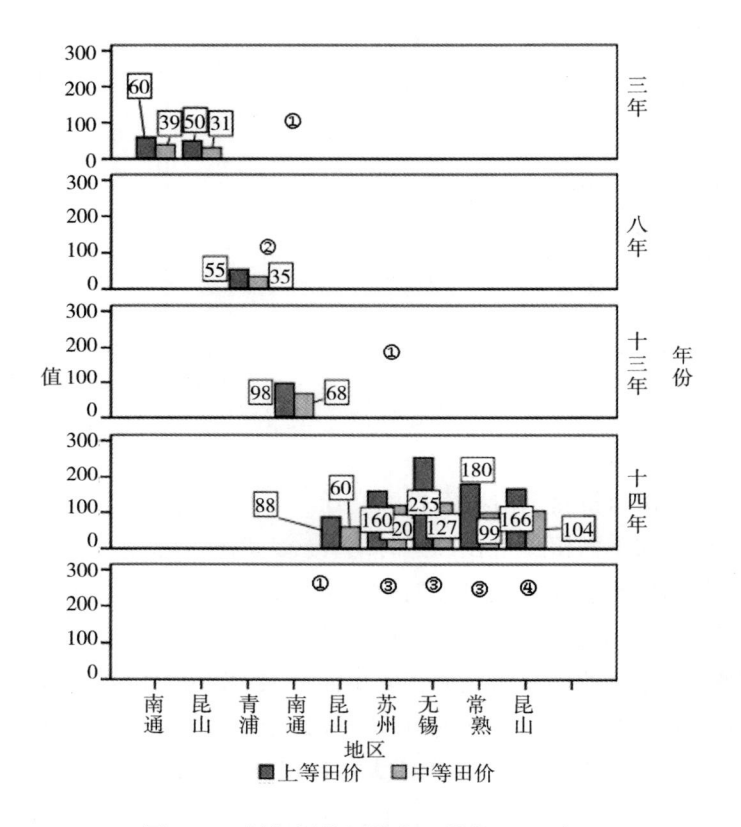

图3-5 民初江苏田价表（单位：元/亩）

资料来源：①冯和法：《中国农村经济资料》，第85页。②何梦雷、刘承章：《青浦县土地局实习总报告》，第57810页。③何梦雷：《苏州无锡常熟三县佃租制度调查》，第32984页。④昆山上等田价为166元，中等田价为104元为估算价。

---

① 全国土地委员会编：《全国土地调查报告纲要》，1937年。

第三章　近世地权市场主要交易制度的演化

自1928年田价骤落，最高不过60元，最低在30元上下，田价下跌主要受收租减折的影响。对于田面价格，[①] 呈现不断上升趋势，以浙江省平湖为例，1924—1925年间，东乡、东南乡的田面价为最高，每亩高者80—90元，低者40—50元，至1929年，价格最高者每亩超百元，低者亦在60元以上。至近城各乡及北乡、南乡一带，田面价值均为中等，每亩高者60—70元，低者30—40元，只有西乡因连年灾歉，其田面价值仍如五六十年前[②]。以嘉兴玉溪镇和渠东乡为例，基地地价一向很高，1927年以前，每亩均在100元以上，1936年时，降至30元；而田面价格正相反，1927年前仅值3元至5元，二五减租后，每亩田面增至10元左右。

以上从分析可看出，不同地区的田底田面价格差别较大，政府加强管理对田地价格影响大，如嘉兴地区，二五减租前，田底价格高而田面价格低，二五减租后，恰恰相反，田面价格逐步上升。二五减租本是"减轻佃农田租百分之二十五"，结果田租轻了，田面价格上涨了，政府加强管理没有达到预期效果，原本保护佃农的政策，反而使佃农负担加重。

抗战后，田面田价格变动较大。抗战前，田底的价格普遍高于田面价，地主和城市工商业以卖田底收租来提高利润，互相竞卖，这种形势一直持续到1937年抗战爆发。以平湖县胜利乡第十三村为例，1931年以前，田底价格高于田面价格的2/3，当时田租额每亩为六斗到一石米。到1947年，田面价格高于田底价格三倍至五倍，1948年的田底田面价格与1947年的情况相当，当时田底租额每亩一斗至二斗，但田赋由佃户缴纳。[③]

依照江苏新农乡的调查，农户所有佃入田中，大部分有田面权，如张家村农民有"田面权"田占佃入田的98.7%，关于田面与田底价格的涨落，过去田底价格一向高于田面价格，抗战胜利后，田底价格突然高涨至九石，以后因受解放战争胜利与老区土地改革影响，乃

[①] 一向以亩为单位，与田底买卖时以额租每石为单位不同。
[②] 《浙江平湖农业经济状况》，转载立法院统计处《统计月报》1929年第3期。
[③] 华东军政委员会土地改革委员会编：《浙江省农村调查》，1952年，第222页。

逐渐下降，淮海战役后，更自四石下降至一石。在新中国成立前夕，因受时局影响，田面价格反而高于田底价格（见表3-5）①。

表3-5　　　　　　　　田面价格与田底价格涨落统计

时间	田底每亩价格	田面每亩价格
抗战前	8—9 石	2—4 石
抗战期间	7—8 石	2—4 石
抗战胜利后	9—4 石	2—4 石
新中国成立前	4—3—2—1 石	3—5 石

资料来源：华东军政委员会土地改革委员会编：《江苏农村调查》，1952年。

土地改革前，田面权价格也较田底价高。据浙江农村调查数据表明②，以余姚县南留乡为例，租佃形式还是以预租、议租、小租为主，佃户在种田前一年预交地租；议租，双方商议，早晚稻两季分缴（早六晚四）。租种这种田的佃户有永佃权，业主有田底权，双方可自由交易，互不干涉，常因在买卖间将田亩面积作大，形成空头租或小租，佃户除缴大业主的大租外，还缴小业主（有田面权）的小租，一般小租每亩八十到一百斤稻，1948年，一般大租赋只有八十斤，小租却要一百斤。可见田面权的租额比田底权高，地主多出卖田底购入田面。

随着政府对基层管理的加强，永佃制、田面权、田底权在各阶层间的比重也发生很大变化。以浙江平湖为例，各阶层中，佃中农以下的农户所占田面田较多，中农、佃农的田底田较多，佃富农的清业田比重高（见下图3-6）。绍兴鉴湖乡四个村，佃农和贫农的田面田比重高，富农的田底田比重较高（见下图3.7）。从新中国成立前几年的情况来说，浙江等地的田面的卖价比田底要高，如绍兴一带田面价格一般都超过田底价格的40%，衢州金华一带的田面价格则超出田

---

① 华东军政委员会土地改革委员会编：《江苏农村调查》，1952年，第214—215页。
② 华东军政委员会土地改革委员会编：《浙江省农村调查》，1952年。

底一倍左右，嘉兴、平湖一带差别更大，田面的价格超过田底的三倍到五倍。田底、田面价格的变化反映了土地市场的变化，对于地主来说，随着政局变化，地主购买田底收租的越来越少，导致田底价格大落，加上各种负担日益加重，收田底租的利益减少。

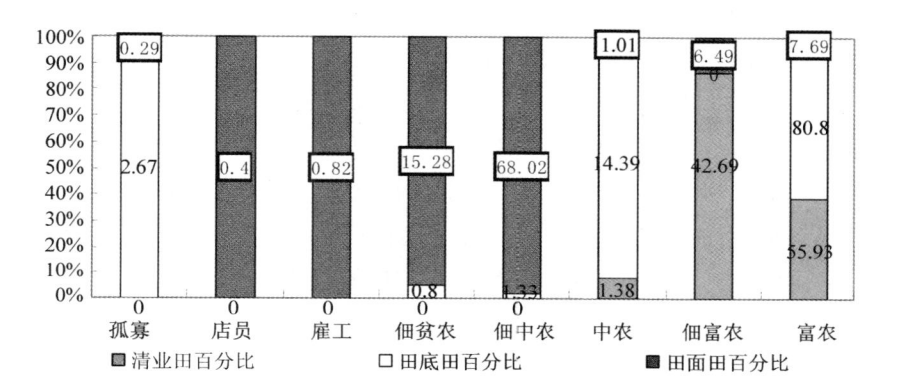

图 3-6　平湖胜利乡第十三村各阶层清业田、田底田、田面田比重

资料来源：华东军政委员会土地改革委员会编：《浙江农村调查》，1952 年。

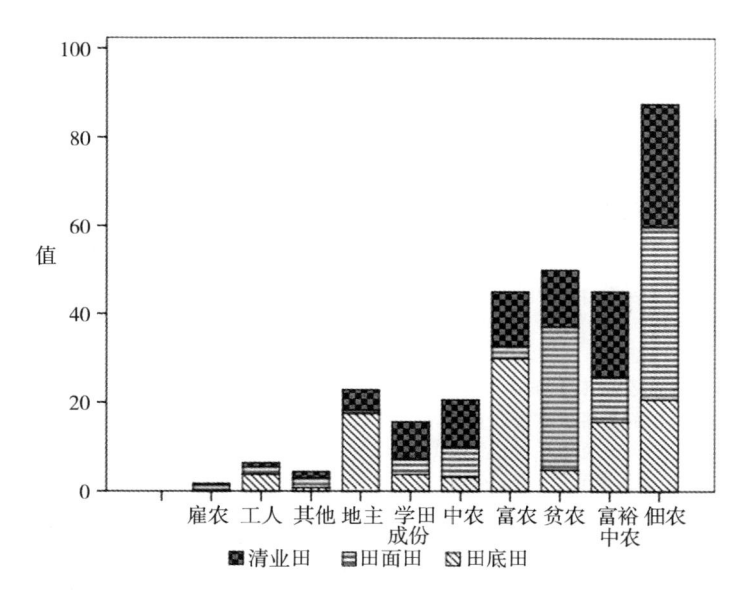

图 3-7　绍兴鉴湖乡四个村各阶层清业田、田面田、田底田比较表

资料来源：华东军政委员会土地改革委员会编《浙江农村调查》，1952 年。

◈◈ 地权市场的制度演化（1650—1950） ◈◈

　　土地改革实行重新分配土地的政策，涉及租田尤其是田面权的调查。① 当时的调查显示，农民大部分都有田面权，如在1950年9月苏南区党支部委在《对土地改革政策的意见（初稿）》中，"有田面权之农民，就没有什么土地可分配，但这一地区贫农是要求拿出来分的，因为中农以上的农民，拥有较多的田面权的土地"②。这种分配方式改变了原来的产权形式，有些农户只拥有田面权，经过重新分配后，原来的转租、转卖关系已不复存在。原来相当灵活的地权流转机制发生了转变。③ 以前的一田两主的租佃关系也随之改变，经过1950—1952年分配土地以后，苏南的田底业主消失了，租佃制度包括一田两主也随之消亡。土地改革后的土地市场买卖和租佃、雇佣、借贷等关系都发生了变化，土地交易制度和规则也随之改变。

　　土地改革后政府对田面权的处理。田面权在地权市场上曾发挥着重要作用，特别对保障佃农的权利，实现土地自由灵活分配方面的作用。1950年《中华人民共和国土地改革法》第十二条规定："原耕农民租入土地之有田面权者，应给原耕者保留相当于当地田面权价格之土地。"④《华东土地改革实施办法的规定》指出："在原耕的基础上分配土地时，原耕农民租入土地之有田面权者，其田面权价格，一般依抗战前的价格计算。但个别应视当地情况规定之。"⑤ 可见土地改革时均承认田面权的存在，但是有些转租土地的佃农，土地改革时也被划为地主。随着土地改革对土地的重新划分，田面权也失去存在意义，作为民间自生自发的惯例，田面权在地权市场上曾发挥重要作用，特别在田面价格曾一度攀升，更表明土地的耕作权在地权市场上

---

　　① 1950年6月28日颁布的《中华人民共和国土地改革法》第十二条规定："原耕农民租入土地之有田面权者，在变动时，应给原耕者保留相当于当地田面权价格之土地。"《土地改革手册》，新华书店华东总分店1950年版，第12页。

　　② 《对土地改革政策的意见（初稿）》，1950年9月，江苏省档案馆档案：3006－永远－27。

　　③ 张一平：《苏南"土改"中一田两主地权结构的变动》，《中国农史》2011年第3期。

　　④ 新华书店山东总店编辑部：《土地改革手册》，新华书店华东总分店1950年版，第12页。

　　⑤ 《华东土地改革实施办法的规定》，1950－aa－26，江苏省档案馆档案：3006－长－22。

的重要作用。当这种权利得到充分保障并作为独立的产权存在时，其效用也得到有效发挥。民国时期政府虽加强"管理"，效果并不明显，田面权在民国时期还有一定发展，只是后来随着政府管理的逐步加强，土地被重新分配后，原有的土地租佃关系被打破，田面权才渐渐失去存在意义。随着田底、田面价格的涨落，永佃权作为非正式制度受到冲击，一田两主的租佃制度受到影响，有些地方的田底业主在土地改革后消失。

第五节　亲邻先买权的演变

在朴素的经济自由主义下，亲邻先买权的产生和发展有其存在的合理性。一方面，土地买卖中实施亲邻先买权，可以保证土地在地理位置上的完整性；另一方面，地理上的完整性有利于规模经济的发挥，如相邻的田地主人可以共修水渠，共用一口水井，共同种植农作物，共同管理和劳作，这些都有利于规模经济的发挥；第三，从血缘和亲情关系上看，亲邻先买更容易被接受，在以血缘和地邻为纽带的自生自发基层社会里，亲邻关系比其他人际关系更重要，更值得维护及和睦共处。第四，若把田地看作是自己的企业来经营和管理[①]，各自所分的田地就相当于各自所持的股份，拥有亲邻先买权的人就相当于获得股票优先权，可享受优先购买的权利及其他优先权利，如优先表决权等，即亲邻先买权也可以说是优先认股的权利。

通过分析市场的变化可看出以此为背景的交易规则的改变，作为朴素的经济自由主义制度下的地权交易形式，亲邻先买权得以流行，并作为乡规固定下来，有其存在的合理性。

一　亲邻先买权的起源

追溯亲邻先买权的发展过程，最早在北魏时就见其雏形，最初以国家正式制度的形式存在，至唐代时，便有了对亲邻先买权制度的明

[①] 龙登高、彭波：《近世佃农的经营性质与收益比较》，《经济研究》2010年第1期。

确规定，这项制度一直沿用，到后周时期，经皇帝批准，具有了法律效力，宋代继承了唐五代以来的规定，并在此基础上进一步完善，北宋还规定了问四邻的顺序。明清时期，这项制度没有成为法律、法规等正式制度，只以民间习俗的形式流传，但却更加普遍。

在传统社会中，亲邻先买权的出现，可以说是一种必然现象。在以血缘和地缘为基础的乡村格局中，伦理关系、宗族关系和家庭关系是人际交往的支柱。既然亲邻先买权是约定俗成的非正式制度，说明它是在当时所有制度中最容易被接受并被广泛认可的土地交易方式。特别是在信息不发达的乡村基层，家族观念和宗族观念是首要考虑的问题，人们在出卖田地时，必然先考虑亲邻、地邻、族人等。民间流传的"远亲不如近邻"也说明，邻居、地邻在人们日常交往中的重要性。

二 亲邻先买权的社会价值

亲邻先买权是指卖主在房地出卖时，必须先问自己的亲属和四邻，亲邻享有优先购买的权利，如亲邻不买，方可与第三人交易，如未问及亲邻就擅自与他人订立买卖契约，亲邻可主张其优先购买权使所立契约无效。[①] 明清时期，亲邻先买权以民间习俗的形式存在，没有被法律制度所规定，但在民间的流行却更加普遍，各地都能找出亲邻先买权的案例。据傅衣凌的调查，福建永安县黄历村所存明嘉靖三十一年（1552）至清同治四年（1865）的十六件地契中，除一件是同县外，同宗占十三件，姻亲二件[②]。对于亲邻先买权对经济发展的作用，一些学者认为，亲邻先买权可以降低交易成本。[③] 另一些学者认为，亲邻先买权实际上限制了土地的转让对象。在家长制限制了财产占有权和处分权的同时，亲邻先买权通过对财产转让权的限定，保

---

① 罗海山：《传统中国的契约：法律与社会——以土地买卖、典当契约为对象的考察》，博士学位论文，吉林大学，2005年。
② 傅衣凌：《傅衣凌治史五十年文编》，厦门大学出版社1989年版。
③ 秦勇：《古代不动产亲邻先买权的经济分析》，《甘肃农业》2005年第2期。

第三章　近世地权市场主要交易制度的演化

障了国家利益。① 不论怎样的论述，都进一步说明，亲邻先买权是当时约定俗成的乡约，是得到普遍认可和遵同的，在土地交易中发挥主要作用。

亲邻先买权作为一种民间习俗在土地交易中流行，并作为一种俗例得到普遍认可。一方面是由于在地理位置上，亲邻间的土地往往是挨着的或是一个整体，如果土地被外乡人购买或租佃就打破了其整体性，通常他们共同投资于这块土地；另一方面从投资—收益角度看，亲邻间的土地往往是共同投资的，如共同修一道水渠，共同挖一口水井等，如有一方想出卖土地，当然得先让亲邻优先选择，这样即合情又合理。在以非正式制度为主导的土地市场交易中，亲邻先买权成为约定俗成的乡规。在《民事习惯调查报告录》中，有许多习惯法都规定了亲邻先买权。

从产权角度上看，亲邻先买权在地权交易中发挥重要作用。从交易契约案例来看，土地多为家族共同所有，亲邻享有优先购买的权利。

如《休宁县卖山契》中"其山未卖之先，与家、外人即无交易。如有家、外人占拦，并系出产之当，不涉买人之事。所是山地日后自伯成永远管业，经理入户，本家并不词〔异〕说。所有尚（上）手文契，失落不全，日后赍出，不在〔再〕行用……"《徽州》，② 第302页）

另一例。"十一都吴价同侄嘉祥、纯一三大房禾土立，共承祖标分得山二号，坐落……其山与汪相共，本家合得六分之五，自情愿将前项八至山骨并松林、竹等木，尽行立契出卖与同都汪琳名下为业，三面议定……所有来脚〔契〕又与别产相连，不及缴付，日后要用，索出参照无词。今恐无凭，立此文契为用。"（《徽州》，第352页）

此契约里，十分明确地规定家人与亲邻对此卖山没有干涉的情况

---

① 何国蕊等：《国家儒家伦理思想对财产权利制度的影响分析》，《上海经济研究》2008年第5期。
② 安徽省博物馆编：《明清徽州社会经济资料丛编（第一辑）》，中国社会科学出版社1988年版。

下，山地才得以出卖。有些契约里明确写明当违背亲邻先买权时，如何处罚。如《休宁县谢寿卖山赤契》中写到："成交之后各不许悔，如先悔者甘罚契内价一［半］与不悔人用，仍依此文为始……"（《徽州》，第358页）《歙县王蛟卖山赤契》中写到："自定之后各不许悔，如违甘罚契价一半公用，仍依此契为准。今恐无凭，立此为照。"（《徽州》，第372页）

如《卢良禄卖山契》中写到："如有先悔者甘罚契外银三钱与不悔人用。"（《徽州》，第374）从这些契约可看出，在土地交易中，一方面会先尽亲邻，另一方面他们也担心违约，几乎每一张契约都注明了对违约的惩处。而惩罚的方式各有不同，可以交银钱，也可以交物，还可以充公。通过分析此类契约可看出，虽然亲邻先买权是一种非正式制度，但在人们心目中已经作为一种互相认可的制度形式，而且明确规定了违约处罚方式，某种意义上说，亲邻先买权有一定的执行力。亲邻或乡邻在文契上签字画押，就表示他们确认契约的效力，若双方日后发生纠葛，有出面作证的义务，可见亲邻先买权一定程度上有利于减免纠纷，因而难以废除。但这种优先权并不是没有变化，不知道从何时起，只要卖主向亲邻每人发一点钱，就可以赎回这种法律权力。出钱人也发生着变化，虽然在土地交易中，卖主是土地买卖事件的主角，这种钱本来应当由他拿出。但是又不知在何时起逐渐变为由买主提供。根据《刑科题本》记载，这类案例共有22件，其中买主出钱的有16件，卖主出钱的有6件。朴素的经济自由主义秩序下的亲邻先买权处在不断变迁过程中，从所收集的有关亲邻先买权契约中，按优先购买的先后顺序，分为：（1）以亲族为第一序位优先权人；（2）以典主为第一序位优先权人；（3）以地邻为第一序位优先权人；（4）租佃者为第一序位优先权人[①]（见附录A）。优先顺序反映了购买田地的先后权利，只有当两位不同顺序优先人购买同一块土地时，才会有谁先谁后之分，以及序位优先权人的不同，总之，亲

[①] 中国历史第一档案馆编：《清代土地占有关系与佃农抗租斗争》，中华书局1988年版。

第三章 近世地权市场主要交易制度的演化

邻、地邻、典主、租佃者都享有优先购买权。

对于亲邻先买权的社会价值，不同学者的观点不同，如周远廉、谢肇华的观点，认为先尽亲房，本家、族人的"乡规"表面上看似乎有利于卖者及卖者家族，但实际上这种"乡规"严重损害了卖者的利益，"对族内贫穷之人也没有任何好处（他们根本拿不出钱来买地），只不过为族中富豪贱买田产提供了方便而已"[①]。但这只是从交易双方的利益上来进行分析，对于当时的社会发展状况，一方面，亲邻先买权限制了土地在更大范围的流动，另一方面，在当时信息不发达的社会条件下，亲邻先买权也发挥了节约交易成本的作用。在买卖契约中，对亲邻先买权常予以保护，如卖主及其亲房以及族人在田地正价外，向买主索要的银钱即画字银。说明亲邻先买权并未如前面所说，只为富豪贱买田产提供便利，有些地方还流行着卖主的同胞兄弟也要领取画字银钱，甚至亲房弟侄也可领取画字钱，在一些地方已经成为"乡规""俗例"。如湖南省武陵县的"俗例"是"凡是卖产，亲房弟侄都有画押的钱文"。《刑科题本》中这样描述，"乾隆四十年三月初五，邱成贵将田四斗八升，卖与邱承荣，亲房弟侄大都领了画押钱，只有侄子邱胜陇外出，没有画押。二十五日，邱胜陇回来，向邱承荣索讨画押钱，并出言辱骂，动手殴打，被邱承荣之子邱胜藩反击而死，法司判处邱胜藩死刑。"[②] 有些地区，索要画字银的人员范围更加广泛，连业主本支户族之人都可讨取。如绥宁俗例"凡是卖产，业主本支户族都给画字银两"。有些州县还有"脱业遗念钱"的俗例。许多州县，买主除了交清田地正价，付出画字银，还得拿一笔给这份田地的上首业主。如湖北襄阳、江陵及湖南安化县等地有这种俗例，并将这钱称为"脱业钱"[③]。

---

① 周远廉、谢肇华：《清代租佃制研究》，辽宁人民出版社1986年版，第35—37、40页。
② 《刑科题本》，乾隆四十年十二月十七日，舒赫德题。
③ 中国第一历史档案馆：《清代地租剥削形态（下）——乾隆刑科题本租佃关系史料之二》，中华书局1981年版，NO.106、NO.130。《乾隆刑科题本租佃关系史料之二》，NO.106、NO.130。

三　亲邻先买权的经济价值

朴素的经济自由主义秩序下的地权市场，按约定俗成的惯例即亲邻先买权进行，一方面节约了交易成本，另一方有利于规模经济的发挥。交易成本的原始概念经科斯提出后，有学者将之作了更精致的类型化，把交易成本分为"搜寻与资讯成本""议价与决策成本""管制与执行成本"。张五常将交易费用更进一步地定义为"一人世界不可能有的费用"，是"制度费用"①。在非正式制度即亲邻先买权条件下的地权交易，在考虑各项成本时，都是以当时的社会政治经济环境为基准的。亲邻先买权规定了亲邻有优先购买权，一定程度上就减少了信息成本、谈判成本、决策成本以及执行和控制成本。使在狭小的村级市场上，交易得以进行，可以说这种制度是一种便宜的制度、具有使时空得以缩小的政策和技术优势，能起到降低交易费用的作用。这种经济价值的体现反映在契约中，主要表现为：

（一）卖给亲邻的田地，赎回时可节约成本

亲邻购买的土地可以随时赎回，从这方面看，赎回者可节约寻找购买人成本即搜寻成本，若土地被外乡或他人购买，想找到买者赎回，将会花费很多功夫和时间，且赎回也有难度。而卖给亲邻的田地，赎回却相对容易地多。陕西咸宁县乡例：卖地先尽原业主及本房宗人，乾隆二十七年四月二十二日据张国振供：

> 小的同胞兄弟三人，大哥张国佑，贰哥张国佐，同家过日。今年八月里，小的家用银壹百两，买了李必忠家的玖亩陆分捌厘稻地，随粮伍斗壹合零肆分贰厘，旱地随粮壹升叁合零，银地两清，中约为据。这地本是小的本户张文鲁的父亲张稍卖与李必忠家的。他亲房张仲建，因小的家买回地来，向小的说，他是张文鲁亲房，见卖得赎，他要赎这地亩。小的说：你既要赎地，只要给我们壹百两银子，把地赎回去就是了……忽有张仲雄说，地内尚有遗粮壹升捌合，从前李家

---

① 向松祚：《张五常经济学》，朝华出版社2005年版。

第三章　近世地权市场主要交易制度的演化

没有过割清楚。后张仲雄要丈量地亩，小的因地是隔手买的，粮是照原契过的，原阻挡不容过割，彼此角口……随酿人命。(《刑科题本》下，P449)

（二）卖给亲房的房屋可转卖，赎回

这反映了亲邻先买权在土地交易中的约束力开始松动，在转卖的过程中，土地价格也会发生变化，也可给卖者带来更多的经济收益。如江西新城县俗例：出卖房屋先尽亲房，这样描述：

乾隆三十九年正月初十，堂侄饶映把父遗房屋三间，卖与饶纯一管业，并未通知小的亲房。小的因乡间俗例，出卖房屋，先尽亲房，后再卖与外房。小的曾向饶纯一说及，要补回赎回，饶纯一不依，小的次子遇到饶玉川，说起卖屋的事，两下争执。(《刑科题本》下，P506)

（三）随着市场的发展，亲邻先买权进一步松动，土地转卖同样可带来经济收益

如湖南新宁县何廷秀卖田未按乡规先尽原业主致酿人命。乾隆二十七闰五月初五日，《刑科题本》（下）P450

乾隆贰拾陆年拾月贰拾玖日，据民周绍美称：义有园土壹块，与何士文园土连界，何士文越界侵占，蚁弟周学于往阻，致被何士武重伤致死。因小的有一块园土，于雍正年间，卖与何廷秀家，乾隆二十四年，廷秀将这园土转卖，不照依乡规先尽原业主承卖，他不来通知，私地卖与周绍美为业。小的大哥去问，他们不理，再去时，想让他们退回，随发生口角。(《刑科题本》下，P451)

河南登封县陈刘氏卖地先尽宗本族后卖他姓乃酿人命。

"雍正十三年十二月十二月间，陈雅婶母刘氏，因贫困难度，托先在官产行经纪陈兆凝作中卖地。曾尽陈姓本家，并尽陈雅，俱言无

137

地权市场的制度演化（1650—1950）

银置买。兆凝随向王仁证明价值，于十二月二十四日，写立文约。二十六日，王仁先交地价银一两二钱六分，并钱九百文，约定二十九日丈地交割，至期，刘氏同先在官夫弟陈兆昌，并陈兆凝，赴地于王仁公同丈量……"陈雅与王仁发生争执，酿成人命。据王仁供词：雍正十三年十二月十二日，遇着经纪人陈兆凝，说他族间嫂子刘氏有几亩地，叫小的仆价置买，小的应允了，二十四日，讲明三两三钱银子一亩，约有七八亩地，随时写了文书，尽过本族都说不要，二十六日，先交了一两二钱六分银子，九百钱，刘氏收了，说明二十九日丈明了，全交地价。在量地的过程中，陈雅跑来骂，便发生争执。①

以上案例可看出，亲邻先买权在土地交易中经济价值凸显，一方面可以节约搜寻成本，另一方面也可转卖，这时交易仍以亲邻先买为主，但随着市场的发展，交易的日益频繁，亲邻先买权也开始松动，人们常违背乡规俗例，把土地卖于他姓，以得更高的价格，从《刑科题本》的案例中，已经看出亲邻先买权演化的端倪，只是这种演化还在缓慢进行中，亲邻还会以拥有优先购买权为由，控告把田地卖与外姓的族人，但是当这种趋势大规模存在时，亲邻先买权便渐渐失去其存在的根基和意义。

四 亲邻先买权存在的合理性

由于在地理位置上，亲邻间的土地往往是挨着的，或是一个整体，如果土地被外乡人购买或租佃就打破了其整体性，而且亲邻间的土地往往是共同投资的，相互间的配合和合作有利于规模经济的发挥。赵晓力认为，"亲邻先买权"以赋予某个亲邻以先买权的办法，巧妙地把土地保持在家族或村庄内部。② 先买权的存在可以有效地防

---

① 中国社会科学院历史研究所、中国第一历史档案馆合编：《清代土地占有关系与佃农抗租斗争》，中华书局1988年版，第305页。
② 赵晓力：《中国近代农村土地交易中的契约、习惯与国家法》，《北大法律评论》1998年第2期。

第三章 近世地权市场主要交易制度的演化

止土地细零化的趋势。① 家族宗族以"公产"形式和"亲邻优先购买"的乡规,保持整体上的经济力量。②

亲邻先买权可减少因产权关联而带来的冲突,由于相互间的田地都是挨着的,往往共同投资于水利设施,共修道路等,如果将土地转卖于他人,会因共同的产权分割不清而发生纠纷,而若田地由亲邻购买,则能够照顾到土地的完整性,也减少了因宗族关联而发生的冲突,亲邻先买权保证了亲邻间共享资源的便利,也有利于整体经济效益的发挥。

亲邻先买权所拥有的优先权利,可以和现代企业公司治理结构中的优先股进行类似对比,虽然两者存在很大差异,若用现代股东大会的治理机构中股票优先权,与亲邻先买权作对比,能更形象地理解亲邻先买权。

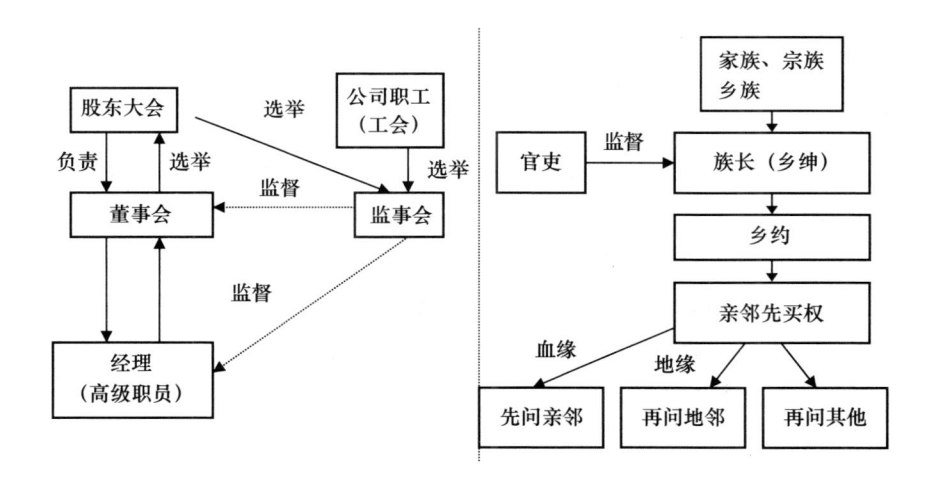

图 3-8 亲邻先买权与现代股票优先权的近似比较

通常优先股股东与普通股股东相比,有许多优先权利,如可以先于普通股获得股息,股息固定,不影响公司的利润分配。主要表现为

---

① [美] 黄宗智:《华北小农经济与社会变迁》,中华书局1985年版,第270页。
② 张研:《18世纪前后清代农家生活消费的研究》,《古今农业》2005年第4期。

地权市场的制度演化（1650—1950）

三种权利，一是在公司分配盈利时，分配在先；二是公司解散时，分配剩余财产时，优先股在普通股之前分配，只是不享有公司的经营参与权。三是有限表决权，优先股股东的表决权限在财务管理中有严格限制，在一般股东大会中无表决权，只有在讨论与优先股股东有关的事才有表决权。

亲邻在购买土地时拥有优先购买的权利，虽不同于优先股股东，但权利却是相当的，如果亲邻不同意，土地就不能转让和买卖。若不先让亲族优先，亲族可出而告争。清代乾隆朝刑科题本记载了不少因亲邻先买不成酿成的命案。如乾隆二十四年十一月，直隶双刘店村刘小偏将家中十九亩地，卖给村人刘崇文。先前尽过族中人，当时姜子宽年出做工，没在家，所以没尽他，等子宽做工结束回家后，至刘崇文门吵闹，发生争执，酿成命案[①]。可见亲邻先买权先尽亲邻是当地惯例，卖地必须先问亲邻。

河南河北的调查资料：

1. 河南中牟县"田地出卖，须尽四邻先买。若四邻不愿承买，始听卖主自便"[②]。

2. 问："如果一个人未征求宗族意见而出售土地，此项买卖会被宣布无效么？"

答："是的。……如果一个村民不首先征求同族意见便把土地卖给族外之人，同族人有权阻止。这种风俗出自人性，后来成为族权的一部分。虽然对官府来说，不管将土地卖给谁，只要填写官契（交纳契税），买卖便算合法，但同族先买权一直被延续下来。"[③]

---

① 中国第一历史档案馆、中国社会科学院历史研究所编：《刑科题本》，中华书局1988年版，第441页。

② 前南京国民政府司法行政部编：《民事习惯调查报告录》（上册），中国政法大学出版社1998年版，第129页。

③ [美]杜赞奇：《文化、权力与国家——1900—1942年的华北农村》，江苏人民出版社1996年版，第88页，转引自赵晓力《中国近代农村土地交易中的契约、习惯与国家法》，《北大法律评论》1998年第2辑。

五 亲邻先买权的变迁

亲邻先买权在地权交易中曾发挥重要作用，在朴素的经济自由主义的基层社会中成为主要的交易规则，但作为一项非正式制度，其稳定性较差，特别在受到外力冲击时，更显得无力，使其处在不断演化过程中。首先亲邻先买权受到来自政策的冲击。如雍正三年，河南巡抚田文镜，在禁止土地优先购买权方面作了如下规定："禁先尽业主。田园房产，为小民性命之依，苟非万不得已，岂肯轻弃。既有急需，应听其觅主典卖，以济燃眉。乃豫省有说业主邻亲之说，他姓概不敢买，任其乘机肯勒，以致穷民不得不减价相就。嗣后不论何人许买，有出价者即系售主。如业之邻亲告争，按律治罪。"① 这样从法律上对亲邻先买权加以禁止，使其受到严重冲击。其次，对于农户来说，亲邻先买权限制了其获得更高收益的机会，当遇到外村人愿意出高价购买自己的田地时，由于亲邻先买权的存在，而不得不卖给亲邻，这样从经济收益上看，是一种损失。随着土地买卖的频繁，人们逐渐打破土地亲邻先买权对买卖的限制，纷纷提出废除土地优先购买权的要求。②

至于亲邻先买权是否衰落，学术界尚未有定论，如江太新所述，只是文契内的略写，并不一定表明亲邻先买权的衰落。③ 而有些学者认为亲邻先买权在经历了一个自生自发的发展阶段后，进入20世纪，有些地方的亲邻先买权呈衰落之势，这种衰落还在某种程度上预示了严重乡村危机的到来。④ 江苏无锡调查资料中记载，所谓田尽田邻，屋尽屋邻，1927年以前，田地买卖颇盛，现今则甚为寥寥。⑤

本卷强调的是，亲邻先买权在产生之初有其存在的合理性，在明

---

① 田文镜：《抚豫宣化录》卷4，中州古籍出版社1995年版，第51—52页。
② 李文治：《论清代前期的土地占有关系》，《历史研究》1963年第5期。
③ 江太新：《论福建押租制的发生和发展》，《中国经济史研究》1989年第1期。
④ 赵晓力：《中国近代农村土地交易中的契约、习惯与国家法》，《北大法律评论》1998年第2期。
⑤ 顾倬：《江苏无锡农村经济调查第一集（第四区）》，江苏省农民银行总行1931年版。

地权市场的制度演化（1650—1950）

清时期的地权市场上曾充当过重要角色，反映了血缘和亲情关系在土地交易中的作用。从亲邻先买权的演变过程看，随着交易量的扩大，交易已不再局限于狭小的市场范围内，开始从人格化交易向非人格交易转变，当自生自发的社会秩序受到冲击时，亲邻先买权在地权交易中也渐渐失去原有的约束力，只是在某些地区还依然保留着这种交易习俗的残余。回顾亲邻先买权演化的整个过程，其在地权交易中的影响力逐渐减弱。随着交易量的增加，交易范围的扩大，土地交易逐渐打破地域的限制，不再仅限于亲邻和地邻之间，加上宗族势力的削弱，多样化地权交易工具的出现等，都会对亲邻先买权产生冲击和替代。有些地方还出现了滥用亲邻先买权的现象，雍正八年，国家针对民间滥用优先购买权拆散已成交土地的习惯，补充了一条新例加以禁止。规定土地"即以绝卖"；仍"执产动原先尽亲邻之说，借端掯勒希图短价者，俱照不应重律治罪"[1]。从法律角度看，随着社会结构变迁，在不动产交易中已无须"先问亲邻"，但是从物权法的角度看，相邻权益的实现仍是不动产交易中的重要价值追求之一。[2] 可见民间的乡规俗例即使在形式上已不复存在，但对人们日常生活的影响却是深远的。

---

[1] 《光绪会典事例》卷七五五，第3页。
[2] 柴荣：《中国古代"先问亲邻"制度考》，《法学研究》2007年第4期。

第四章　自发秩序的土地交易市场

近世地权市场的多样化，交易制度的创新，都是在朴素的经济自由主义的基层乡村产生和发展起来的。自生自发的社会秩序是地权交易形式多样化产生的社会环境，在这一条件下，地权市场才得以较快发展。这里所论述的自生自发秩序，是在即时环境里人们遵循某些规则而形成的整体性秩序。对于个人而言，人们的行为在这种秩序下具有相似性。朴素经济自由主义乡村治理结构，可以说是一种宗族自治的治理结构，宗族、乡绅在村级事务中发挥重要作用，政府对基层社会的管理较少。在这一背景下的地权交易市场，生产要素可以自由流动，资源得以有效配置。

自生自发的社会秩序是这一时期土地交易所处的社会背景。

第一节　自发秩序的基层社会

一　自发的社会秩序理论渊源

从大卫·休谟提出自由经济的思想，到1776年亚当·斯密（Adam Smith）《国富论》发表，古典经济自由主义得以确立，特别是斯密提出"看不见的手"强调市场在经济发展中的重要作用，市场能更好引导生产、交换和分配，能充分发挥自由竞争的作用，标志着古典自由主义的诞生。此后，李嘉图的自由贸易理论，巴师夏[①]的"经济和谐论"，都主张建立自然、和谐的社会秩序。约翰·穆勒的《政

[①] 巴师夏，是19世纪30—40年代法国经济自由主义的代表，代表作《经济和谐论》。

治经济学原理》进一步论述了经济自由主义的思想。剑桥学派的代表马歇尔是古典自由主义的最后一位经济学家,也是集大成者。他结合供求关系和边际效用理论发展了均衡价格理论,认为自由放任的经济是无害的。自他之后,自由主义的研究重点由剑桥大学转到了芝加哥大学,古典自由主义被新自由主义所代替,其中最具代表的是芝加哥学派,而其中哈耶克是新自由主义学派的主要代表。他主张建立自生自发的社会秩序,认为人们的经验、习惯、规则、制度,甚至多种因素构成的社会秩序是自生自发的,过度的社会控制,将使文明的发展失去活力[①]。本卷在论述清代基层治理结构时,把清代的基层地权市场看作近似自生自发社会秩序的地权市场,哈耶克关于自生自发制度的论述,可用来描述清代基层地权市场的社会秩序,虽然两者不能完全相提并论,却有很多相似之处。清代土地市场交易并不是西方经济学里所说的完全竞争市场,在皇权管制的体制下,我们可以把清代基层治理看作相对自由的市场,这一市场不是没有政府管辖,而是政府管辖还触及不到的地方,同时也可以看到在许多刑事案件的记载中,对于因土地交易发生的冲突,也是通过官府处理的。在清代,政府作为职能部门依然存在,之所以称村级土地市场是在自生自发秩序下进行的,是因为在乡绅自治的社会里,族长、乡绅等充当管理公共事务和维持公共秩序的组织者和领导者,土地交易规则也都是自发产生的。

二 乡绅、宗族与基层社会秩序

乡绅、宗族在维持基层社会的稳定与发展中起主导作用。在自生自发秩序的乡村社会,乡绅、宗族是基层社会的实际控制者。[②] 一方面,乡绅阶层是国家政府扶植的对象,其自治性以及宗法精神的同构性和一致性使得乡村治理不得不依赖宗族制度;另一方面,宗族本身

[①] [英]费里德利希·冯·哈耶克:《自由秩序原理》(上、下),邓正来译,生活·读书·新知三联书店1997年版。
[②] 宁波:《清代社会结构变迁的历史特点之一——乡绅势力对基层社会控制的加强》,《牡丹江师范学院学报》2002年第6期。

是具有"自治性"的群体。宗族对于村落建设,调解宗族间的冲突,组织社区活动,协调各宗族间的关系等都起关键作用。宗族的自我管理能力很强,不但能维持好基层社会的秩序,还推动了乡村基层建设和经济发展。在这种条件下,对于政府来说,在不用专门派官员的情况下就能实现基层自治,节约了财政开支。对宗族来说,在没有政府公共管理的条件下,可以自由地处理族内事务,有利于实现个人利益与公共利益趋于一致。此外,官僚机构常因人手不够,而很少干涉宗族事务,使得宗族组织成为一种有效的社会基层控制工具。在自生自发的乡村社会秩序,宗族在司法和社区公共事务方面的一些权利,有的是政府主动给予的,有的是经过申请取得的。不论哪种方式取得的权利,都说明了这一时期的基层乡村实现了通常所说的近代意义上的"自治"。

三 官方对宗族自治的态度

如前所述,本卷所指的自生自发的乡村秩序,并不是指无政府状态的乡村秩序,而是政府权力还没有触及的基层乡村所具备的自治形态。这一秩序下的地权市场发展较快,人们按约定俗成的惯例进行交易,土地可以实现自由流转,很少受到人为干预,而官府对这一治理结构的态度通常是扶植。特别在顺治到雍正时期(1644—1735)扶植是清初统治者的基本态度。[①]

自生自发秩序的基层社会,政府支持宗族自治,即不干预地方事务,也不设立专门的行政机构。主要管理者是宗族和乡绅,他们在管理乡村内部事务、维护公共利益等方面发挥主导作用。从这方面说,自生自发秩序的乡村社会实际是处在一个国家、乡绅、村庄的三角结构形式下。

[①] 姚雨芗原著,胡仰山增辑:《大清律例会通新纂》卷24,《刑律·贼盗下》,第2298—2299页;《钦定大清会典事例》卷813,《刑部·刑律·斗殴》,第15298—15310。

四 政府管理较小的基层乡村秩序

在中国传统社会里，存在着国家、士绅和村庄的三角结构形式[①]。中国人最崇拜的是家族主义。回顾自由地权交易的起源，可追溯到西汉时期。早于亚当·斯密约两千年，司马迁就提出国家治理与社会、与民之间的关系[②]。在基层治理的地权市场上，实际存在着作为最高统治阶层的政府、作为乡族团体的士绅、族长，作为村庄里普通的民众之间相互影响、相互制约的三角结构。在这样的治理结构下，人们能按照自生自发的交易习俗进行交易。因而三角结构形式的基层社会相对稳定，特别是乡村基层领袖如乡绅、族长等，在国家与乡村间起着中间人的作用，也即杜赞奇所说的"经纪人"的作用。[③] 概括来说，宗族组织是乡村自治的基础，士绅是乡村自治的纽带。这就使得看似复杂的治理关系，变得单一化，相对于严格的法律条文，人们更愿意按约定俗成的乡规俗例进行交易，这种俗例是经过无数次的交易谈判后产生的，并得到普遍认可的非正式制度。从效率上来说，相对于官府的办事效率和上行下达的固定化模式，以乡规俗例为准则的交易，更具有灵活性，更节约时间和交易成本。

分析自生自发的社会秩序，并不是指政府放任不管，而是其职权范围还没有触及基层乡村，处在一种自生自发的秩序下。国家、乡绅、村庄这样的三角结构，使得乡村的基层治理更加稳定，特别是在自生自发的地权交易市场上，人们按约定俗成的乡规俗例进行交易。不仅资源得到有效配置，还促进了农业的发展。对于交易中的制度，并不需强制制订和执行，人们会在交易中自主选择最有效的交易规则，正是在这种秩序下，交易规则本身也在不断发生着演化，地权市场也实现了有效的制度创新。国家、乡绅、村庄三角结构下的乡村基

[①] 于建嵘：《乡村自治：皇权、族权和绅权的联结——清末乡村社会政治特征的诠释》，《探索与争鸣》2003年第3期。
[②] 龙登高、彭波：《近世佃农的经营性质与收益比较》，《经济研究》2010年第1期。
[③] [美]杜赞奇：《文化、权力与国家——1900—1942年的华北农村》，江苏人民出版社1996年版。

层社会的基层治理更加稳定，只是这种自生自发的秩序是最容易被打破的，只要三角结构中的一方发生变化，这种秩序就会随之改变。

第二节 基层治理结构的地权市场

在近世地权交易制度的发生和演变过程中，清代的土地交易市场最为活跃。在这种相对自由的经济体制下，民间的交易形式才得以实施，地权交易才呈现出多样化的发展趋势。经君健总结了清政府采取宽松治民政策的原因。一是为了巩固国家政权的需要。二是为了削弱汉族缙绅地主的势力。三是从经济上看，为了提高整个农业生产力发展的要求。正是在这样的背景下，清政府对基层社会的管制相对宽松，也为民间"乡规""俗例"的产生、发展，并得到人们的普遍接受，从而成为约定俗成的惯例提供了前提。[1] 地权交易市场的完善发展，带动了新交易规则和惯例的出现。在这种秩序下，土地契约发挥着交易中介的作用。契约的不断流转，使各种生产要素在自由流动中，实现了有效的自由组合与多样化安排。资本从各社会阶层流向土地，土地通过不断流转配置到具有生产效益的劳动能手中，使得有限的资源得到合理利用。[2] 这也是为什么在土地没有大的变化，人口不断增长的情况下，农业生产率仍然有所提高的原因。据统计，乾隆六年（1741）人口数约为1.4亿。乾隆三十六年（1771）上升至2.1亿。道光元年（1821）上升至3.6亿，咸丰元年为4.3亿。耕地面积清初顺治十八年（1661）为5.75亿亩，嘉庆十七年（1812）为7.89亿亩[3]。农业GDP，1650年为610百万两银，1770年为1409百万两银，1820年为2109百万两银。[4] 可看出人口增长较快，耕地面积变

---

[1] 经君健：《清代民田主佃关系政策的历史地位——清代民田主佃关系政策的探讨之三》，《中国经济史研究》1988年第2期。
[2] 龙登高：《地权交易与生产要素组合：1650—1950》，《经济研究》2009年第2期。
[3] 许涤新、吴承明：《中国资本主义发展史》第一卷《中国资本主义萌芽》，人民出版社2003年版。这里注清代耕地面积统计有误差，统计普遍偏低。
[4] 刘逖：《前近代中国总量经济研究（1600—1840）——兼论安格斯·麦迪森对明清GDP的估算》，上海人民出版社2010年版。

化不大的情况下，农业经济不断增长。① 这与个体小农独立经营的高效率是分不开的。

本卷所论述的主线是地权市场的演化，即从自发的地权市场，到政府对基层地权市场管理逐步加强的演化，这一过程是在潜移默化中进行的。

一　朴素的经济自由主义秩序的地权市场要素

朴素经济自由主义地权市场的要素，可简单归纳为交易主体，交易客体，交易方式和工具，交易规则，中间人等。

交易主体。指地权市场上交易双方，主要是地主和农户，农户一般包括自耕农、佃农、雇农等。

交易客体。指交易对象即土地。在自生自发的乡村基层社会，土地是人们生活最重要的财富来源，也是赖以生存的保障。

交易方式和工具。指各式各样的契约，契约本身没有价值，主要作为交易手段，某种程度上可以视为金融工具，类似票据的某些职能，如可转让、承兑、清偿、贴现等。其本身虽没有价值，却是财富的象征，也是一种产权的证明，在交易中有保值增值的作用。契约一旦签订，以契约为中介的交易双方就建立了合同关系，随着交易量的增加，交易双方之间的关系也变得越来越复杂化，如典出的土地，可以赎回，可以转典等，活卖的土地可以找价，也可以绝卖。一人既可能是买主，也可能是典主，也可能是田面权主，而且其身份也随着交易的变化不断发生变化，契约的合约关系构成了地权交易双方最主要的利益关系。

交易规则。自生自发秩序的交易规则主要指乡规俗例。各地方的习俗不同，具体的交易规则也不相同，但总体来看，亲邻先买权、永佃制、押租制等交易制度，找价、活卖、典、抵、押等交易方式，在地权交易市场中起主导作用。

中间人。指交易时的见证人，在契约签订中起见证人的作用，中

---

① 在不考虑技术进步对农业影响的前提下。

人收取一定的中人费。随着地权市场的发展,中人的职责也处在不断变化中,起初只是在契约签订时到场作为见证人,没有其他责任,后来渐渐发展成担保人,成为与交易双方有连带责任的中间人。

二 朴素经济自由主义地权市场的完备程度

分析地权市场的演化过程,需要澄清以下几个问题,即自生自发秩序的基层土地交易,是否存在完全竞争市场,全国的统一市场是否形成,市场在多大程度上发挥作用。只有在市场形成的条件下,才能从市场角度或经济学角度对地权的演化过程进行经济分析。若是完全竞争市场,在自生自发的基层市场价格就会发挥主导作用,若全国统一市场形成,商品就能较自由地流动。以下分别对这两个问题进行论述。

(一) 全国统一市场的形成

鸦片战争前,是否形成全国市场这一问题,中外学者争论了近半个世纪,至今未达成共识。李伯重认为,在1500—1840年这段时间里,中国全国市场的形成是一个客观存在。贸易政治环境的改善,交通运输的发展,地区专业化与劳动分工的发展,商人集团与商人资本的成长,以及农业商业化与工业化的发展为全国市场的形成奠定基础,在一个全国市场中,各地的商品、劳动、资金及信息都能在全国范围内大规模地自由流动,标志着全国统一市场已经形成。[1] 龙登高论述了全国统一市场的形成与经济发展的关系,统一市场的形成带动了经济的发展,开放状态的制度竞争有利于创新以及对于地权市场的创新。[2] 冯小红也认为明中叶以来,全国统一的民族市场已经形成。既然全国统一市场已经形成,自生自发的基层乡村社会就具备市场的一般特征,从经济学角度对其进行分析,更有利于理解基层地权市场的特征。[3] 在自生自发的地权市场,人们按"乡规""俗例"进行交易。这些非正式的交易规则对地权市场产生重要影响,作为乡规俗例的押租制、

---

[1] 李伯重:《中国全国市场的形成,1500—1840》,《清华大学学报》1999年第4期。
[2] 龙登高:《地权市场与资源配置》,福建人民出版社2012年版。
[3] 冯小红:《中国小农经济的评判尺度——评黄宗智的"过密化"理论》,《中国农史》2004年第2期。

永佃权、田面权、亲邻先买权等也是在这样的背景下发展和演变的。

土地市场的形成主要具备三个条件：一是土地私有制的确立。二是土地具有以货币表示的价格，需要货币商品经济一定程度的发展。三是土地交易要有一定的规模，稀疏地出现的土地买卖还不能形成土地市场。[①] 明中叶到清前期，是土地市场进一步发展的阶段。全国统一市场的形成使各种生产要素得以自由流动，对于地权市场来说，价格在交易中的作用日益明显。市场的发展和完备对交易规则产生影响，以亲邻先买权为例，在市场不断扩大的过程中，作为乡规俗例的亲邻先买权受到市场的冲击，起初在信息不完备的条件下，交易多在亲邻和地邻间进行，随着交易量的增加，特别是市场的发展，信息流动越来越频繁，交易已不再仅限于小范围的亲邻和地邻之间，亲邻先买权的乡规被逐渐打破，交易也从人格化向非人格化转变，亲邻先买权处在不断变迁中。而对于其他交易形式押租制、永佃权、田面权等，比亲邻先买权起到更好配置资源的作用，在市场发挥主要作用的条件下，各种交易习俗本身也在经历着优胜劣汰而不断得到优化。

（二）是否完全竞争市场

判断自生自发秩序的基层地权市场是否是完全竞争市场，要看这一市场是否（1）有大量的买者和卖者；（2）市场上每一个厂商提供的商品都是完全同质的；（3）所有的资源具有完全流动性；（4）信息是完全的。显然，基层地权市场不具备以上所有特征，但地权交易却相对自由开放，应看作是个开放市场，因任何市场都不可达到完全竞争，[②] 基层地权市场可以称作类似竞争市场。在基层市场中，交易者本身即处在错综复杂的人际关系之中。血缘和家族关系起主导作用，人格化交易得以存在主要是由于存在一种互惠关系，而这种互惠关系在陌生人中很难维持，但血缘、地缘关系往往无法选择和逃避。[③] 而这种关系并非一成不变，随着交易量的增加，市场的扩大，交易范

---

① 方行：《清代租佃制度述略》，《中国经济史研究》2006 年第 6 期。
② 上述条件在实际中根本无法实现，自生自发秩序下的基层市场已接近于自由竞争市场。
③ 费孝通：《江村经济》，江苏人民出版社 1986 年版，第 71—77 页。

围开始发生变化,渐渐脱离家族关系的束缚,当市场发挥主导作用时,基层地权市场也发展变迁。地权交易也开始从人格化交易向非人格化交易转变。①

既然自生自发秩序的地权市场具备市场的功能,同时又不是完全市场,乡规俗例仍在起作用,在这一背景下的地权市场变迁,可以运用市场理论对其加以分析和理解。

第三节 个人利益与公共利益的关系

一 所有权界定明晰

自生自发秩序的地权交易是建立在产权明晰的基础上的,按照科斯的观点,产权一旦界定,拥有产权的一方就可以将此权利出售换取货币。借助埃奇沃斯图形表现方式可以更好地解释这种情形②。考察一个消费外部性的例子,这里用于分析佃农的选择。这个例子是两个佃户租种两块相邻的田地,A 是制造污水的一方,B 是被污染方,他们的偏好由"货币"和"排污量"来定义。两个人都将货币看作是正常商品(而不是厌恶品),但是 A 要排污水,B 喜欢清洁。假设每个决策者的初始禀赋为 100 元,B 拥有清洁空气不受污染的权利。于是分析的出发点是图中的 W 点,此处排污量为零,每人拥有 100 元。与通常情况一样,两个人的偏好次序由无差异曲线表示。这些曲线相切的点的轨迹,也就是契约曲线 EF,表明排污量与货币的所有帕累托最有效组合。如下图 4 - 1 所示,不排污者会愿意为了货币出售一部分他对清洁空气的产权,通过这种方式可增加其满足程度(相对于点 W,穿过该点的线段代表 A 和 B 的无差异曲线)。就这种形式而言,最终的交换均衡是,两个佃农会落在 E 和 F 之间的合约曲线上的某点处。如果一个拍卖者出某个价,并问

---

① 赵晓力:《中国近代农村土地交易中的契约,习惯与国家法》《北大法律评论》1998 年第 1 期。
② 这里参照 Varian 有关吸烟与不吸烟的例子。参见范里安《范里安微观经济学:现代观点》,格致出版社 2012 年版。

◆❖◆ 地权市场的制度演化（1650—1950） ◆❖◆

每个人按现在的价位买进或卖出多少，制度会移动到另一个均衡点。即当拍卖者最终找到一组价格使得供给等于需求，交易便成为可能——即点 G。贯穿点 W 和 G 的价格线就是交易产生以实现帕累托有效消费水平的一组均衡价格。

如果排污者 A 拥有制造污染的产权，并可以污染 A 和 D 的量，外部性的情形就不一样了。如果 A 和 B 每个人拥有初始货币禀赋 100 元，于是图中 W′点代表交易前 A 和 B 各自拥有的"商品"。由假设 W′处的结构并非是帕累托最优，因而会有相互交易的愿望。在这种情形中，排污者为了货币会愿意出售一部分制造污染的权利。不排污者可能事实上会向排污者"贿赂"以减少污染的排放量。每一方均会通过从 W′点移动到 E′和 F′之间的契约曲线上的某点来提高福利水平。如果进行拍卖并产生一个"竞争性"解，均衡将位于 G′点。一般地，如果存在一个排污交易市场，竞争性均衡将是帕累托有效的。①

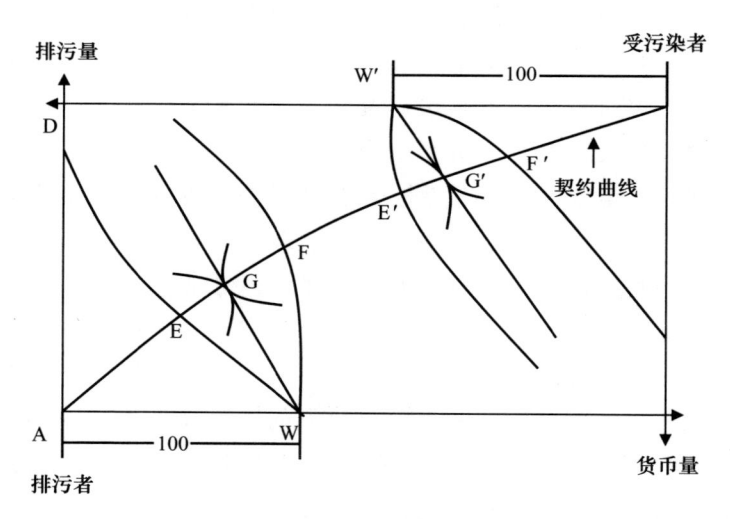

图 4-1 排污者与受污染者以货币交易排污量

---

① [美] 肯尼斯·约瑟夫·阿罗：《社会选择与个人价值》（第二版），丁建峰译，上海人民出版社 2010 年版。

第四章 自发秩序的土地交易市场

从上图可看出,只要外部性的物品有良好界定的产权(比如排污者有这个权利,或者受污者有这个权利),人们可对他们的初始禀赋进行交易,直至帕累托有效的配置。然而如果产权没有得到很好的界定,问题就会产生:"如果 A 认为他有权排污,而 B 认为他有权得到清洁的环境,不该受污染。这时困难就会出现。"在自生自发的社会秩序下,由于产权的明晰,交易才能顺利进行,人们通过约定俗成的惯例明晰权责,如典卖的土地注明可回赎,可找价,卖主便拥有赎回、找价的权利,获得永佃权的佃户,可自由安排生产,地主无权过问等,双方权责都界定地很明确,从而保证了交易的有序进行。政府加强管理却打乱了这种秩序,使原本明晰的产权变得模糊。政府往往采用整齐划一的强制政策,不顾市场对资源配置的有效作用,忽视产权的界定,产权界定不明就容易导致"磨洋工""搭便车"等,使生产效率低下,农民也失去生产积极性,而以约定俗成的惯例所进行交易,可实现交易多样化和制度创新,其关键在于产权的明晰,盲目干预或强制实行某些制度,结果却常常事与愿违。自生自发秩序下,对于产权的界定,在各地习惯中均有记载,如安徽省惯例:

安徽桐城县习惯:用水权

农民最重水利,某田登用某处之水,均于买卖契约及其他书据内详细记载,其用水之范围一依旧例。往往有流水经过之处,虽其两岸土地所有人,亦不能于原有水道之外,多开沟渠,亦限制所有权之一特例也。(《民事习惯》,P388)

水利设施也是村中公共设施的一部分,一般都会规定用水范围,也就是界产明确的产权,即便是水道流经之地,两岸土地所有人也不得多开沟渠,方便自己,而影响其他人的用水权,可见自生自发秩序下,在产权界定明晰的前提下,个人利益与公共利益通过磨合可以趋于一致。

安徽怀宁、芜湖习惯:湖厂之水田与水底其权利各自独立

查怀宁、芜湖两县境内湖地,当不泛涨之际,有水面权者乃能于

153

一定范围内网取鱼鲜，水退后，其水之柴场、草场、港潦、沟地则归有水底权者分界管有。仅有水面权者不能行使水底之权利，仅有水底权者不能行使水面之权利，此疆彼界划然各别。（《民事习惯》，P390）

这一例中，对两县共有的湖地，各自权利的划分已相当明确，还区分了水面权与水底权，拥有水面权的所有者不得行使水底权的权利，拥有水底权的所有者不得行使水面权的权利，双方权责界定明晰，双方的交易才能顺利进行。

二　个人利益与公共利益经磨合趋于一致

从社会福利角度看，不同的个人偏好是否能形成社会偏好秩序，即在社会决策中，个人利益与社会公共利益是否能达成一致，经济学家阿罗的不可能定理指出依靠简单多数的投票原则，要在各种个人偏好中选择出一个共同一致的顺序是不可能的。按照这一定理，公共秩序与个人秩序达成一致是有困难的。在自生自发的基层乡村，人们在追求个人利益最大化时，也促进了公共利益的实现。在自然秩序的乡村基层社会，在特定的环境下，人们按照个人偏好进行选择时，实现了部分公共利益。

分析自发的基层社会结构，特别是在宗族自治结构下，公共事务一般由村里的族长、乡绅来处理。由于人们按照约定俗成的乡规俗例进行交易。在满足个人利益的同时，也使得公共利益得以实现，比如宗族中的族长管理内部事务、调解纠纷、维修公共设施等。族规家法对族内成员有较强的约束力，人们在追求个人利益时，会兼顾到公共利益的实现，会考虑整个家族或宗族的利益得失。宗族在处理内部事务时，也往往以公共利益为主，如为村庄兴修水利，铺设道路，维护村里的公共财产等，从这一角度看，公共利益与个人利益通过不断磨合达成一致。但是这种状态是暂时的，是在特定社会环境下的利益共享。自发产生的民间组织在维护基层社会公共秩序方面发挥重要作用，"官民相得"形成社会秩序。国家依托乡村内在的民间权威，通过培植代理人方式，实现简约化治理，构成民间组织与政府之间相得

第四章　自发秩序的土地交易市场

益彰的复杂关系。[①] 明清时期，维护某一特定地域或组织人群权益的民间规约已发展到鼎盛时期，在"遵国法"前提下，各类民间规约、乡规俗例与国家法律一道，相互渗透配合，共同维护明清时期的社会秩序[②]，成为国家法不可或缺的补充和自然延伸，表明个人利益与公共利益经磨合逐步趋于一致。

如河南省《民事习惯》：低田无上埂

> 潢川［光］、固始等县多山，尤多水田，高洼自不一致，向来埂界之分甚严。其田若居高田之下，则低田无埂，其埂为高田所有。若二田并无高低，则埂为共有，两面不准损伤其埂，湾地亦然。（《民事习惯》，P223）

这样规定对共有的田埂起到了保护，在个人追求自身利益时，也兼顾到了公共利益的维护。

相邻土地之间均留有通道，习惯中一般都规定不准强占，如被强占的通道，都可以找回，即人们较注重公共利益的维护，因通道是每人必经之道，若种上粮物，必然会影响到其他人经过，即公共利益会受到影响，习惯法中在保护个人利益的同时，也保障了公共利益的实现。如河南一例。

河南平度县《民事习惯》：隔道找地

> 土地相邻之间，其中必有通行之道，狡黠者往往刨道耕种，挤入邻地。例如，东邻积渐刨道，道遂日偏于西，久之，原道没而邻地日缩，故西邻欲找回原地，必须调取双方文契，丈明阔步，方可隔道以索地，所以相传有"隔道找地"之说。
> 按：清厘地界，非丈量不足以明原数。若仅以形式上认定此疆彼界，则道可积久日移，而弱者恒被豪强之侵蚀不少，故地亩文约上之

[①] 龙登高等：《传统民间组织治理结构与法人产权制度——基于清代公共建设与管理的研究》，《经济研究》2018年第10期。
[②] 卞利：《论时清时期的民间规约与社会秩序》，《史学集刊》2019年第1期。

阔步须载分明,并丈量四至时,邀请地邻作证,洵不可缺。(《民事习惯》,P231)

通行的道路也是公共交通的重要部分,如果原路被水冲坏,可在旁边另开道路,所开之路会影响到地主的田地,但地主不得阻止,这也是自发秩序维护公共利益的实例,如下例:

山西方山县《民事习惯》:水推古路往后挨。

凡通行道路,无论官路、公路或古路,倘靠近河畔,被水冲坏,以致不能行走时,应由近河未冲之地旁另开路绕行,地主不得阻止。(《民事习惯》,P259)

第四节 自发秩序的地权分配状况

在自发秩序即朴素经济自由主义秩序下,土地交易按约成俗成的乡规进行。从地权分配状况看,近世地权分配并没有变得更加集中,反而相对分散,有学者担心,自由的交易会引起地权市场的混乱。从地权的分配状况上看,地权市场并没有出现混乱局面,民国时期由于军阀割据而造成的地权市场混乱,是强权政治的表现,这种极端形式的干预,是在特定时期的军阀集权所造成的,并不是自生自发秩序本身使然,而这种混乱局面打断了地权市场的演进过程。

一 自发秩序的地权分配状况

有关地权分配状况,顾炎武、陶煦对苏州地权分配的记载里提到。"吴中之民有田者什一,为人佃作者什九"(《日知录·苏松二府田赋之重》),赵冈通过对河北省获鹿县数据分析,计算了康熙四十五年至乾隆三十六年的吉尼系数,河北省获鹿县的吉尼系数,康熙四十五年为0.566,康熙五十年(1711)为0.610,乾隆二十六年(1761)为0.660,并总结到,从康熙四十五年(1706)至乾隆二十一年(1761),吉尼系数在不断上升;乾隆二十一年以后,吉尼系数连续下降，完成了一个周期。① 丁骞重新计算了民国时期各省的地权分配状况，算得1932年各省的吉尼系数略高于赵冈测算的数据（如下表4-1）。从吉尼系数和有关地权分配的文献里，地权分配状况没有太大变化，即政府管理加强对地权分配没有太大影响；从分地区看，北方地权较为平均，南方地权较集中；从租佃率与地权分配状况看，如果考虑到永佃权、田面权和族田，则南方的租佃率没有那么高；总体来看，地权分配在民国时期没有变得更加集中，在某些地区反而分散，以下从租佃率角度对民国时期的地权分配状况进行分析。

表4-1　　　　　　　　1932年17省地权分配基尼系数

省份	丁骞估计	赵冈估计	省份	丁骞估计	赵冈估计
江苏省	0.531	0.348	浙江省	0.545	0.298
安徽省	0.542	0.366	广东省	0.553	0.352
湖北省	0.527	0.234	广西省	0.696	0.492
湖南省	0.521	0.284	云南省	0.602	0.422
山东省	0.505	0.292	甘肃	0.526	0.374
山西省	0.515	0.350	青海	0.676	0.546
河南省	0.540	0.354	察哈尔	0.593	0.454
河北省	0.520	0.330	绥远	0.497	0.306
陕西省	0.560	0.410			

资料来源："丁骞估计"栏依据《内政年鉴》，第D420至D425页计算。"赵冈估计"栏引自赵冈《中国传统农村的地权分配》，新星出版社2006年版，第68—69页。转引自丁骞《民国时期中国地权分配的研究》（硕士学位论文，清华大学，2008年）。

二　租佃率与地权分配

（一）有关租佃率的不同观点

传统观点认为，占人口总数10%左右的地主富农拥有70%—80%的土地，而占人口总数70%—80%的劳动人民只占有土地总数

---

① 赵冈：《中国传统社会地权分配的周期波动》，《中国经济史研究》2003年第3期。

的20%—30%。① 地权过分集中于地主手中。1930年代，陈翰笙②等中国马克思主义学者，用阶级分析的方法对中国农村的局部地区做了相关调查，结论是，中国农村最主要的问题是土地分配不均，解决这一问题的方案是重新分配土地和财产。土地分配不均是穷人期望改变现状和进行革命的社会经济因素。但不少海外学者的研究成果与近期国内学者的新成果对此都提出了异议。卜凯认为，中国农村是一个以小自耕农为主的社会，土地分配并没有特别不均。③ 马若孟指出华北农村的地权不平均，但它没有变得更不平均。④ 伊懋可（Mark Elvin）的理论表明，平分土地没有意义，因为土地已经稀少，并且越来越难以支撑日益增长的农村人口。⑤ 方行、章有义等学者的观点：清代、民国的地权分配并没有走向集中，相反趋于分散。方行指出在土地自由买卖的条件下，土地兼并是不可避免的，但兼并的势头越来越弱。⑥ 章有义指出地主富农占地不过50%左右。⑦ 郭德宏指出地主、富农占总户数的10%左右，占有的土地大致在50%到52%间，旧中国土地占有状况是呈一个分散的态势，

---

① 《关于土地改革问题的报告》中的论述，转引自郭德宏《旧中国土地占有状况及发展趋势》，《中国社会科学》1989年第4期。其中，所谓"劳动人民"，其概念含混不清，地主、富农亦大部分都参与劳动。

② 中国社会科学院科研局组织编写：《陈翰笙集》，中国社会科学出版社2002年版。注：河北定县，经调查的14617农家之中，有70%的农家占有耕地不到全数的30%，其余不到3%的农家，占有耕地几当全数1/5（第37页）。在保定60%以上的地主，人口占村民2.36%，虽然自家管理产业，但从不耕种。耕地分配之十分不均。在平湖，中小地主占有耕地40.52%，大地主占有39.56%。无锡的地主，仅有5%是自己经营田产，他们在农村户口中只占6%以下，却占耕地47%，其余69%的人家，都是贫农和雇农，他们占有的田地，仅为14.2%。杭州西边的临安土地分配，也很不平均。临安有无锡富庶，贫农占全人口48%，所有耕地仅占13%。（第39页）

③ [美]卜凯：《中国农家经济》，商务印书馆1937年版。

④ [美]马若孟：《中国农民经济——河北和山东的农业发展：1890—1949》，江苏人民出版社1999年版，第255页。这一观点曾遭到黄宗智等学者的反对。

⑤ [英]伊懋可：《中国历史的范型》，斯坦福大学出版社1973年版。

⑥ 方行：《略论中国地主制经济》，《中国史研究》1998年第3期。

⑦ 章氏具体估计方法如下。根据1932年国民政府内政部和1934年国民政府土地委员会的土地面积分组调查数据，首先将半自耕农农均分为自耕农和佃农，计算佃农和自耕农的比例。然后假设地主富农自营的土地占20%，并且假设佃农和自耕农的经营面积相同，从而可以计算出自耕农占有土地的比例，进而地主富农占地的比例。详见章有义《本世纪二三十年代我国地权分配的再估计》，《中国社会经济史研究》1988年第2期。

即中农、贫农所占土地有小幅的增加。①

通过收集土地调查统计资料,对民国时期的土地分配进一步验证。并运用全国及各省租佃率指标、农户的地权占有形态以及南北方各地的租佃率差异等数据,强调租佃率对土地分配的影响。

(二) 全国及各地的租佃率

利用租佃率以及农佃分布的材料来分析这一时期的地权分配状况。如近人说法"租佃之多寡,更足表示地权分配均否之程度②",租佃率越高,地权分配越不平衡。首先分析的是1934年15省租佃率水平(见图4-2)。河北、山东、河南等华北地区以及陕西与江苏、浙江、安徽、江西在租佃率上有显著差异,这也间接地反映了地权分配在大区域上的不同。图4-2显示出,15省总计有近70%的土地是自耕的,租佃的土地仅占30%,再加上地主自耕的土地(估计不超过5%③),总计不超过35%,富农的土地假令为地主的三分之一,这已经是较高的值。地主富农加总,所占土地不超过总土地的50%,这个数据与《关于土地改革问题的报告》有很大差距。

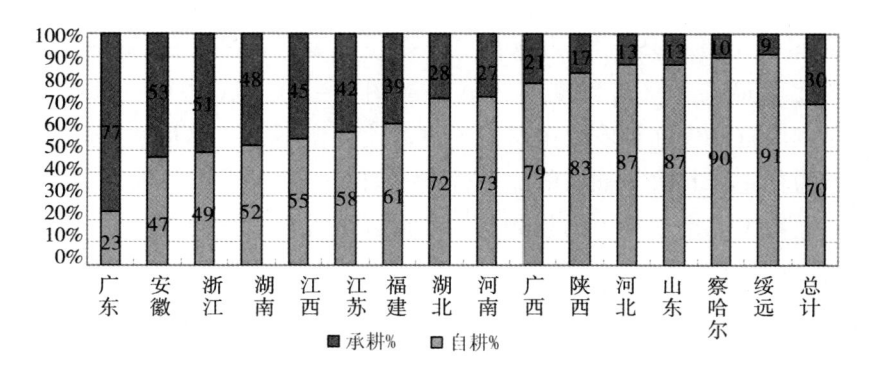

图4-2 1934年15省自耕及租佃面积之比较

资料来源:土地委员会编《全国土地调查报告纲要》,第36页。对原文数字做了四舍五入的处理。

---

① 郭德宏根据近代的多项估计以及土改期间的调查资料,参见《旧中国土地占有状况及发展趋势》,《探寻历史真相:郭德宏史论集》,中共党史出版社2010年版。
② 土地委员会编:《全国土地调查报告纲要》,第33页。
③ Esherick, Joseph, "Number Games: A Note on Land Distribution in Prerevolutionary China", *Modern China*, Vol. 7 (Oct., 1981), p. 401.

159

图4-2可看出，1934年自耕率较高的省份分别是绥远（91%）、察哈尔（90%）、河北（87%）和山东（87%），地区间的自耕率差异较大，广东地区的自耕率最低，只有23%。南方几省中，广西的自耕率较高，为79%[①]。总体来看，南方[②]租佃率为44.9%，北方租佃率为14.9%，北方的租佃率较低，土地分配更趋于均衡。

关于租佃率指标，主要从两方面分析，一是从农户数量上看，即各农户数占总农户数的比重，另一是从土地数量上看，即各农户所据有土地面积的比重。关于农户数量的数据，有不同来源的文献可参考，一是来自国民政府主计处统计局的数据，另一是土地委员会的统计数据，在此，将这两方面的数据加以对照，对比各农佃的分布情况。

（三）农佃分布与地权分配

农佃分布的材料，有立法院的材料可用。此表覆盖区域更广，其数据来源可能不及土地委员会的数据可靠，但也反映了可观的自耕农的比例，同时也侧面说明了土地改革问题报告的不准确之处。从全国自耕农所占比重的加权平均数看，1912年为49%，1930年为45%，1934年为46%，1937年为46%，从数量上看，自耕农在各农户形态中的比重最高。从跨年度的数据看（图4-6），从1912—1937年，各年度中自耕农在总农户中所占比重数值变化不大，都是处在最高值且较为稳定。其次是佃农的比重较高。因此，从各形态的农户数量上看，土地没有出现集中的趋势。从各地区来看，北方的自耕农所占比重明显高于南方。1912年自耕农比重最高的省份为山东、河北、青海、山西；1937年为山东、河北、宁夏、山西。自耕农比重高的省份都集中在北方（图4-3—图4-5），且山东和河北地区的自耕农比重较高，从各年份的数据看均居前四位之列。

[①] 1935年9月，广西省政府颁布《广西省村（街）公耕章程》。公耕章程规定，每村每年应利用空闲土地，征用劳力，由村甲长督率从事公耕。这也是这一时期广西自耕率较高的一个原因。引自吴越、王彩松《二十世纪三十年代广西乡村实况考察》，《山东省农业管理干部学院学报》2008年第2期。

[②] 在此以长江为界，将图中所列23省分为南方和北方，江苏省虽横跨长江南北，也将其划归南方。

◆◆ 第四章 自发秩序的土地交易市场 ◆◆

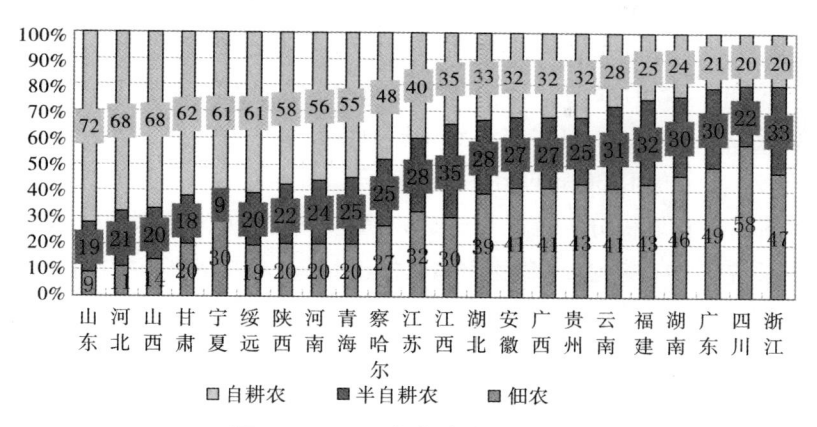

图 4-3　1934 年各省农佃之分布

资料来源：国民政府主计处统计局主编《中国租佃制度之统计分析》，第 8 页。

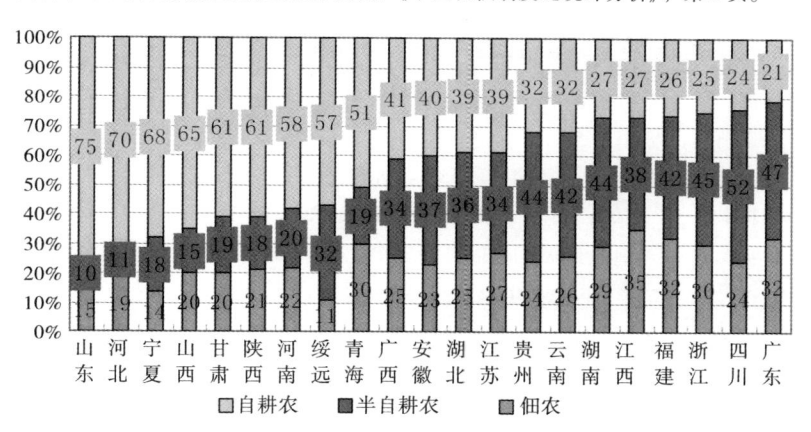

图 4-4　1937 年各省农佃之分布

资料来源：国民政府主计处统计局主编《中国租佃制度之统计分析》，第 7 页。

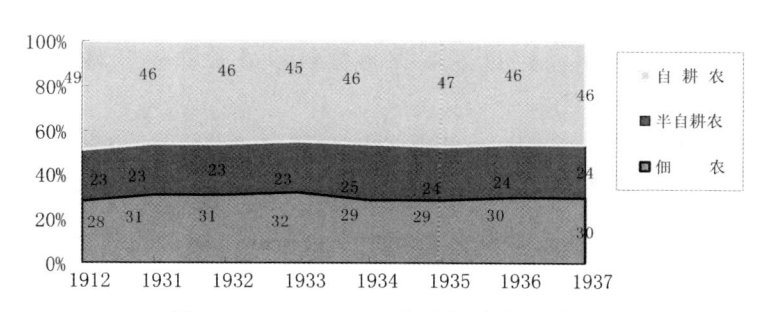

图 4-5　1912—1937 年全国农佃之分布

资料来源：国民政府主计处统计局主编《中国租佃制度之统计分析》，1942 年，第 28 页。

◈◈ 地权市场的制度演化（1650—1950） ◈◈

此外，土地委员会有更详细的农佃分布表（见图4-6）。综合图4-3至图4-5的数据，23省平均以及15省平均数据所反映的农佃之分布，几乎一致。自耕农占到了所有农户的一半，所以农佃分布的材料也基本能够和30%的租佃率相符合。如果把图4-3至图4-6所展示的信息和地权分配情况结合起来考虑，也是基本相符的。全国平均50%左右的自耕农，以及30%的租佃率，意味着地主占有土地不超过35%。

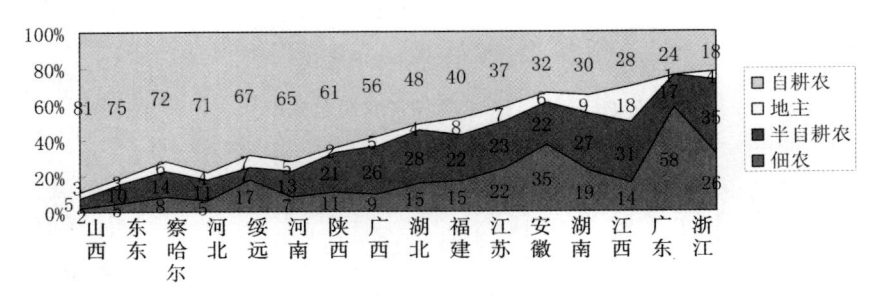

图4-6 1934年15省各地权形态户户数百分率

资料来源：土地委员会编《全国土地调查报告纲要》，第34页。

注：本图将十类地权形态户进行了归总，即将地主兼自耕、地主兼自耕兼佃农、地主兼佃农归为"地主"类，将佃农兼雇农归为"佃农"类，由于雇农、其他类所占比重非常小，也将其归入"佃农"类，其余两类即自耕农、自耕农兼佃农（半自耕农）类未变。①

各类地权形态中（图4-6），自耕农所占比重较高，这与上图4-4至图4-5的数据相吻合。其中，北方的自耕农所占比重较高，平均为70.2%，南方自耕农所占比重平均为34.8%。其次是半自耕农比重，再次是佃农比重。表明北方自耕农比重高，地权分配较平衡。

从地区分布看，自耕农最多的省份主要集中在河北、山东、河南、山西、陕西、青海等地，对比1934年国民政府主计处与土地委员会的统计报告，所反映的自耕农、半自耕农、佃农的变化总趋势是

---

① 十类地权形态户为：地主、地主兼自耕、地主兼自耕兼佃农、地主及佃农、自耕农、自耕农兼佃农、佃农、佃农兼雇农、雇农、其他类。

相一致的，但具体到每一地区的数据略有不同，国民政府所统计各省的自耕农比例普遍较高（见图 4-3 和图 4-4）。1930 年，除热河外，山东和河北的自耕农数所占比重较高，分别为 72% 和 66%，这与马若孟所统计的 20 世纪 30 年代河北、山东两地的自耕农比重相比，[①]相差不大。马若孟通过对山东、河北（如束鹿县等）一些县土地分配状况的调查，认为地权分配变得更为平均。并将 1880 年同一地区的土地分配状况与 1930 做了比较，1930 年的土地分配状况更为平均，大土地所有者的消失和无地农户的微小变化使大批农户进入中间范畴。[②] 黄宗智在对河北沙井村的调查中也提到，"进入民国时期，沙井村是一个主要以自耕农和长期佃农为主的村庄"[③]。这与前面所论述的情况相一致。

（四）有关租佃率的具体案例

1. 陕西

陕西地处我国东南湿润地区到西北干旱地区的过渡带。[④] 根据民国三十年调查数据显示，陕西省 1912—1937 年各农户地权形态中，自耕农所占比例较高，且二十五年内没有大变化（见图 4-7）。而珀金斯的研究认为，在西北的陕西省，环绕西安城的比较富裕的平原只有很少的租佃，但是在北部的多山地区，某些地方却有出租土地占有很大比例的情形。[⑤]

从总趋势看，陕西自耕农比例不断上升，到 1937 年时，自耕农比例达 61%。特别是临潼、兴平两地（见下图 4-8），临潼地区的自耕农比例竟达到 97%。通过数据分析，地权分配不平均的现象在

[①] 20 世纪 30 年代，河北的自耕农比重为 71.35%，山东为 71.73%。[美] 马若孟：《中国农民经济》，第 338 页。

[②] [美] 马若孟：《中国农民经济》，江苏人民出版社 2013 年版，第 257 页。

[③] [美] 黄宗智：《华北小农经济与社会变迁》，中华书局 2000 年版，第 275 页。

[④] 陕西可分为陕北、关中、汉中三区，各区之气候、地势、土壤不同。由于受交通及经费之影响，熊伯蘅、万建中在陕西农业经济调查研究中，调查组未能前往陕南、陕北二区，故选择关中地区临潼、兴平二县作为调查重点。

[⑤] [美] 珀金斯：《中国农业的发展（1368—1968）》，宋海文等译，上海译文出版社 1984 年版，第 123 页。

◈◈ 地权市场的制度演化（1650—1950） ◈◈

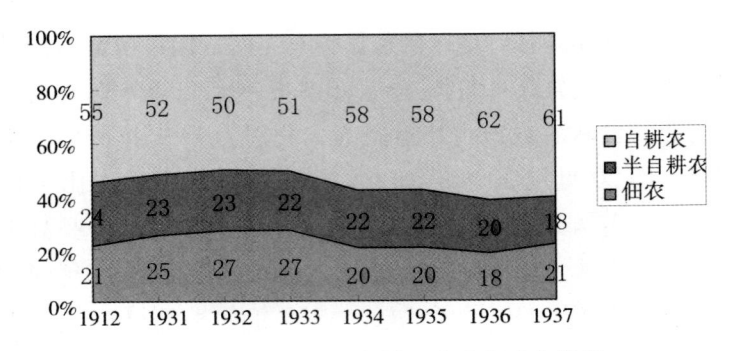

图 4-7 1912—1937 年陕西省农佃分布状况

资料来源：国民政府主计处统计局编《中国租佃之统计分析》，正中书局 1942 年版。

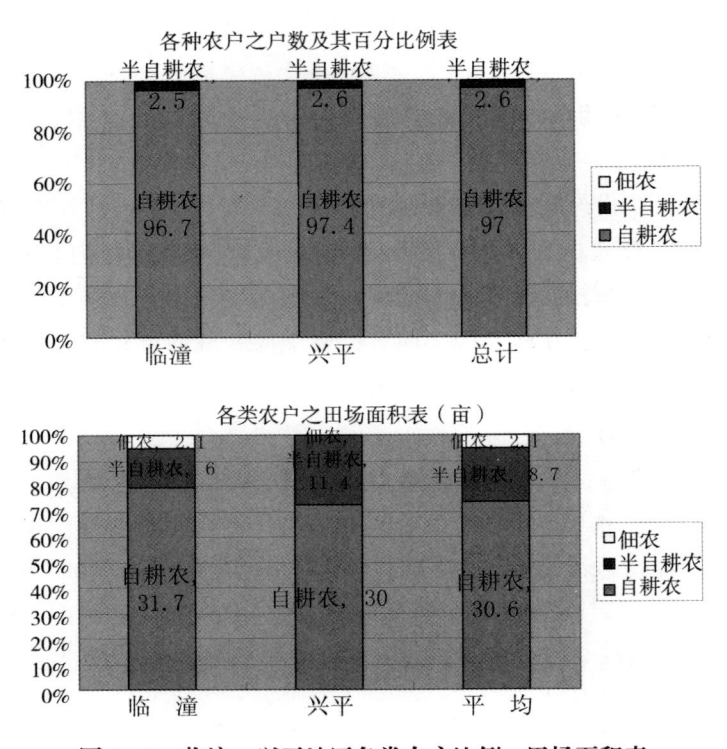

图 4-8 临潼、兴平地区各类农户比例、田场面积表

资料来源：熊伯蘅、万建中《陕西农业经济调查研究》，《农业经济丛刊》，1944 年 5 月。

关中地区尚不严重，调查之 236 户农家中，土地完全租自他人之纯粹

164

佃农只有1家，占全体农家的0.4%，一部分土地租自他人的半自耕农只有6家，占全体农家的2.6%，其余97%都是自耕农。从各农户所占有的田场面积上看，自耕农所占面积较大，平均为30.6亩，其次是半自耕农，平均为8.7亩。以上数据说明，在关中地区，土地分配没有过分集中，反而较为分散。

2. 豫鄂皖赣四省

通过对比1912年和1931年豫鄂皖赣四省的数据（图4-9，图4-10），四省各类农户中，各农户数所占比重变化不大。其中，河南的自耕农比例高，江西省的佃农比例高。从各农户的平均耕地面积上看，半自耕农所占有的耕地面积较多，河南为24.9市亩，湖北13.3市亩，安徽23.3市亩，江西11.6市亩。佃农比例还呈上升趋势，1933年比1912年的佃农增加了不少，豫省平均增加了6%，皖省平均增加了2%，赣省平均增加了5%，但从各省的农户占有比例情况看，自耕农、半自耕农和佃农的比重在十年间并未发生大的变化。

按照统计资料的调查分析，豫省黄河两岸，自耕农最多，佃农甚少，主要原因是由于土质瘦瘠，产量不丰，从民情上看，农民富有保守性，虽贫寒之家，也不愿变卖地产。皖省的佃农情况也最复杂，皖省因受太平天国影响，及本地人民喜出外经商之故，客籍佃农，极占优势。从图4-11可看出，就全省南北中来看，皖省14县中，自耕农所有土地以皖北为最多，皖中、皖南顺次骤减。皖北三县中，自耕农所有土地最多的是凤台县，所占比重为88.7%，皖中七县中，自耕农所有土地最多的是舒城县，比重为78.1%，皖南四县中，自耕农所有土地最多的是铜陵县，比重为26.7%。鄂省与赣省的情况大致相同，地主在这一地区的支配势力明显，受外部环境影响少。[①] 自耕农比重在不同的地区表现不同，总体来看，豫鄂皖赣四省的自耕农比例较高，土地分配较为均衡。从所调查的四省4处6818户农家清

---

① 中国农民银行委托金陵大学农学院农业经济系调查编纂：《豫鄂皖赣四省之租佃制度》，金陵大学农业经济系1936年印行。

◈◈ 地权市场的制度演化（1650—1950） ◈◈

查结果看（图4-10），农家作物面积，以自耕农为最小，佃农次之，半自耕农最大。盖半自耕农家庭人口较多，佃农租额较重，故二者之耕种面积，不得不较自耕农为大也。①

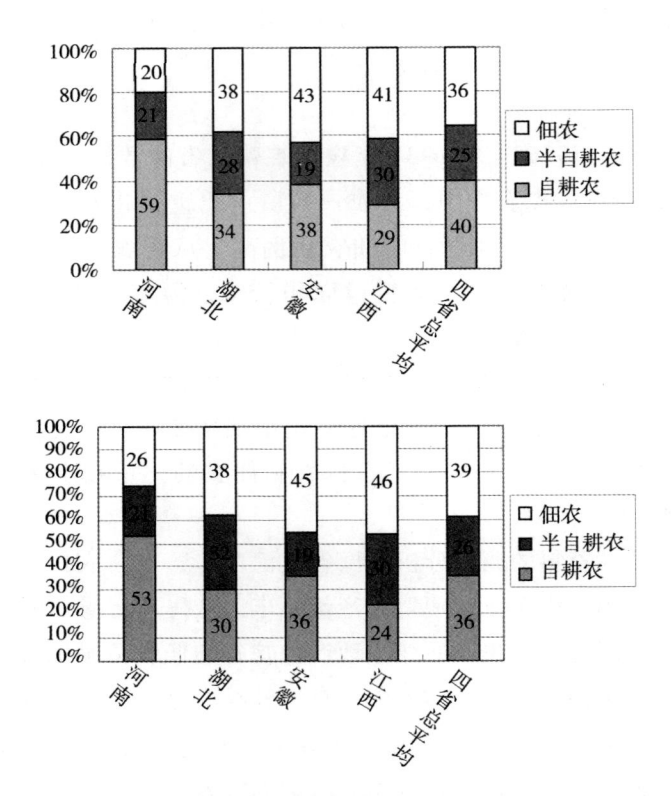

图4-9 1912年和1933年豫鄂皖赣四省农户百分比

附注：豫省为56县之平均数，鄂省为22县之平均数，皖省为25县之平均数，赣省为24县之平均数。

资料来源：中国农民银行委托金陵大学农学院农业经济系调查编纂《豫鄂皖赣四省之租佃制度》，金陵大学农业经济系1936年印行。

---

① 中国农民银行委托金陵大学农学院农业经济系调查编纂：《豫鄂皖赣四省之租佃制度》，金陵大学农业经济系1936年印行。

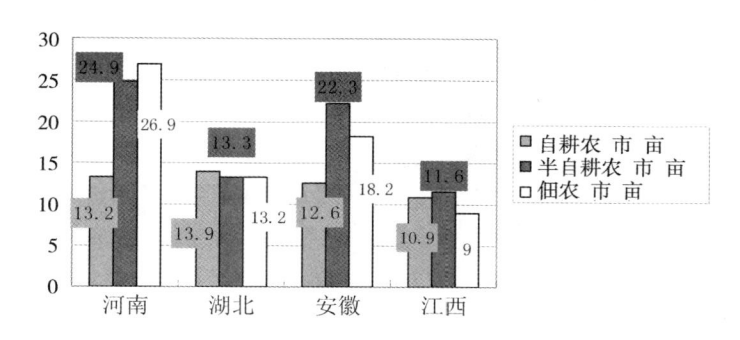

图 4-10 豫鄂皖赣四省各农户平均耕地面积

资料来源：同图 4-9。

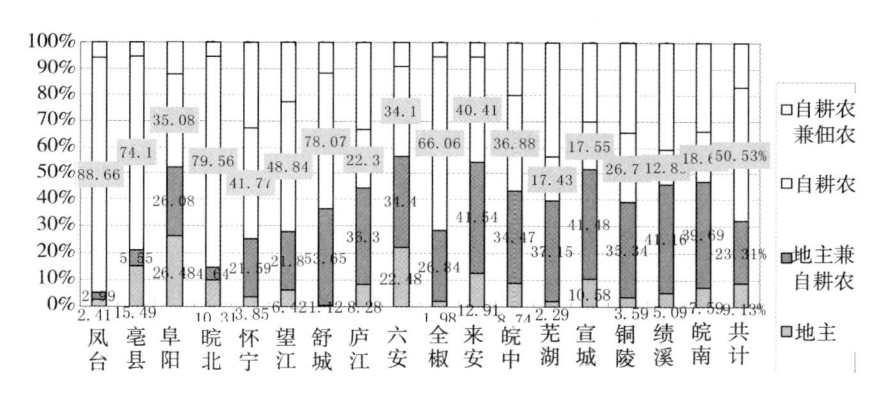

图 4-11 安徽 14 县农村各类土地所有者所有土地面积比较表（面积百分比）

资料来源：郭汉鸣、洪瑞坚《安徽省之土地分配与租佃制度》，《中央政治学校地政学院研究报告之五》，正中书局 1937 年 1 月初版。

3. 华东①土地改革时期的数据

土地改革前华东军政委员会土地改革委员会整理有关华东总体的材料，土地改革时的材料比较准确（如下图 4-13）。从图中可以看到，该统计表涉及人口 65339663 人，约占当时全国人口数的 1/6 强，

---

① 华东六省是指江苏、浙江、山东、安徽、福建和江西。

◈◈ 地权市场的制度演化（1650—1950） ◈◈

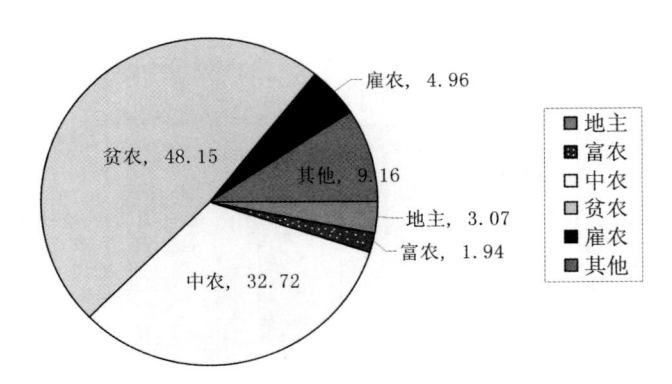

图 4-12　土地改革前华东农村各阶级（层）占总户数百分比

注：图 4.12 中，其他类中包括半地主式富农，占 0.32%，工商业者，占 0.38%，手工业工人，占 0.44%，其他阶层，占 5.56%，小土地出租者，占 2.37%。图 4.13 中，其他类中包括：半地主式富农，占 1.37%，工商业者，占 0.31%，手工业工人，占 0.03%，其他阶层，占 1.25%，小土地出租者，占 2.56%。

资料来源：华东军政委员会土地改革委员会《华东区土地改革成果统计》，未出版，1952 年，转引自方行、经君健、魏金玉主编《中国经济通史》（清代经济卷），经济日报出版社，第 1549 页。

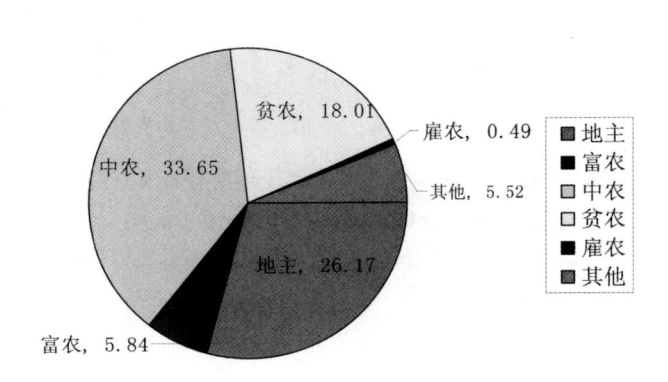

图 4-13　土地改革前华东农村各阶级（层）土地占有情况统计

资料来源：同图 4-12。

这则材料具有很强的说服力。可以看到在华东这个通常认为租佃率很高的地区，占总户数 5.33%、总人口数 7.16% 的地主、富农阶层占有总耕地面积的33.38%，这表明，土地并未出现集中趋势。

乌廷玉对土地改革时期土地分配情况进行了研究，指出从各省土地改革档案及农村调查资料来看，占人口6%至10%的地主、富农，据有全国28%到50%的耕地，并没有像土地改革前后的学者所认为的那样，地主和富农占有全国60%到80%的耕地。

在四川、西康、云南、贵州4省532县13477乡中，"占农户7—8%的地主、富农，据有50%以上的耕地。而占4省农户总数77%的中农、贫农和雇农，有40%多一点的耕地"，在中南6省97县100个典型乡里，"有41乡属土地高度集中区，44乡属于一般土地集中区，15乡属于土地占有分散区，这是中南6省土改委员会的抽样调查结果"。华东苏南、浙、皖、闽235县市郊区中，"占农户总数5%的地主、富农，据有33%的耕地，占94%的中农、贫农和雇农，有66%的耕地"。土地改革调查显示，在辽、吉、黑，东3省3县及2区及6村里，"地主富农占农户总数的11%强，占有67%的耕地。中农、贫雇农占农户总数的88%，占32%的耕地"。陕、甘、宁、新地区，"地主富农占农户总数的7%，占有35%的耕地。中农、贫雇农占农户总数的94%，占64%的耕地"。河北、山东、绥远3省2000多乡里，"地主富农占农户总数的6%，占有27%的耕地。中农、贫雇农占农户总数的88%，占71%的耕地"。将全国的土地分配进行总体分析，得出的结论是"占全国农户6—10%之地主富农，据有28—50%的耕地。占农户90—94%的中农、贫农、雇农，占有50—72%的土地"。从全局看，地主富农并没有占有全国60%到80%的耕地。[①]

土地改革后，华东地区雇农、贫农、中农、富农、半地主式富农、地主等阶层每人平均占有的土地分别为2.04亩、2.39亩、3.00亩、3.82亩、3.15亩、2.12亩。华东农村各农户比重中，贫农和中农比重较大，分别为49.09%和37.46%。地主所占比重为2.78%，

---

① 乌廷玉：《旧中国地主富农占有多少土地》，《史学集刊》1998年第1期。

与1934年全国各农户所占比重的数据相比，有所下降。[①]

（五）对南方租佃率的进一步说明

分析全国及部分省市的租佃率，可清晰地看到土地分配没有出现过分集中的趋势。跨时期及跨地区的数据表明，南方的租佃率普遍高于北方，这主要是受以下几方面因素的影响，为了更好地解释这一问题，将广东、福建，江南地区，湖南、四川等地的土地分配状况做进一步说明。

1. 广东、福建的族田

广东、福建两地的土地租佃率较高，这主要是由于族田在调查中所占比重较高。福建的族田比重较高。从福建历年农佃分布情况可看出（图4-14），自耕农有逐年增加的趋势，而佃农却逐年减少。这主要是由于佃农的生活有所改善，有资金自购田地耕种，无须佃租他人，使自耕农数目增加；二是佃农租种他人土地，收益甚微，故多弃而不佃，因此土地无人承种，土地所有者只好收回自种，也是自耕农增加的一个原因。[②]

根据张研的研究，广东、福建全省的族田数量非常大。广东西江诸省族田所占总耕地面积的百分比最高，平均达到38.67%。福建的闽西闽北八个地区公族田平均占耕地面积的54.74%，经济相对落后的闽东闽南六个地区族田平均占耕地面积的22.08%，发展的规模也惊人。[③] 除了"广东人民率多聚族而居，每族皆建宗祠，随祠置有祭田"，福建"十户有八户有祭田，每一家最疏轮值者，摊年计谷变有五百斤"[④]。等记载外，陈翰笙等的调查证明，广东某县的族田占总耕地的百分比平均已达到50%。福建各地土地改革时没收征用的封建土地中，族田、公田所占比重平均达50%。因此，广东、福建地区的租佃率高，主要是由于族田、公田所占比重大。过去研究多将族

[①] 莫宏伟、张成洁：《新区农村的土地改革》，江苏大学出版社2009年版，第312页。
[②] 赵承信：《广东新会慈溪土地分配调查》，学士学位论文，燕京大学社会学系，1931年。
[③] 张研：《关于清代族田分布的初步考察》，《中国经济史研究》1991年第1期。
[④] 胡朴安：《中华全国风俗志》卷5，河北人民出版社1986年版。

田直接并入地主所占田地中,从而地权分配显得十分集中。族田在统计时应看作是公共田产,如果不考虑族田比重,这一地区的租佃率显然没有那么高,[①] 族田在一定程度上减缓了地权分配不均衡度。

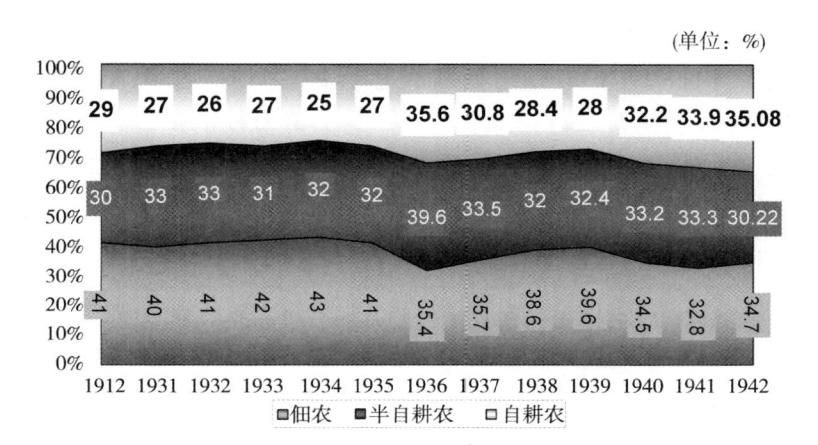

(单位:%)

年份	佃农	半自耕农	自耕农
1912	29	30	41
1931	27	33	40
1932	26	33	41
1933	27	31	42
1934	25	32	43
1935	27	32	41
1936	35.6	39.6	35.4
1937	30.8	33.5	35.7
1938	28.4	32	38.6
1939	28	32.4	39.6
1940	32.2	33.2	34.5
1941	33.9	33.3	32.8
1942	35.08	30.22	34.7

图 4-14　福建 1912—1942 年历年农佃分布比较

资料来源:郑林宽、黄春蔚《福建省租佃制度之统计分析》,《农业经济研究丛书》第 4 号,福建省农业改进处调查室 1946 年 6 月。

2. 江南等地的田面权

随着江南地区永佃制的发展和"一田两主"的出现,土地所有权有"田底权"和"田面权"之分,且在不同的地区有不同的称谓。方行的研究指出"永佃权最重要的发展,是土地经营权以田面权形式进入市场,真正成为可以自由买卖的商品"[②]。江南地区佃农获得田面权后,对土地拥有部分产权,"其田面为恒产所在"[③],佃农耕种具有田面权的土地,没有夺佃的后顾之忧,也愿意在土地上进行投资,这时的佃农不再是纯粹意义上的佃农,而是已经具备

---

① 详细请参阅丁骞《民国时期中国地权分配的研究》,硕士学位论文,清华大学,2008 年 5 月。
② 方行:《清代租佃制度述略》,《中国经济史研究》2006 年第 4 期。
③ 陶煦:《租核》,参见赵靖、易梦虹《中国近代经济思想资料选辑》上册,中华书局 1980 年版。

◈◈ 地权市场的制度演化（1650—1950） ◈◈

自耕农性质的耕种者了。

根据1936年浙江省平湖县调查资料分析，最保守的估计是平湖县使用土地面积的64.23%是租入的。① 平湖县隶属嘉兴，地处浙江省东北边沿，东、北与松江交界。在此地区，田地有完全所有权、田底权、田面权三种，完全所有权面积，占总亩数20.92%，田底权面积占27.92%，田面权面积占51.29%，以田面权面积为最多，所以平湖大多数为永佃农。② 关于田面权的论述，龙登高明确以资产性地权与经营性地权来分析一般情况下的田底权与田面权。③ 彭慕兰指出田面权是产权形式的一种，对佃农来说是一种有保障的产权。④

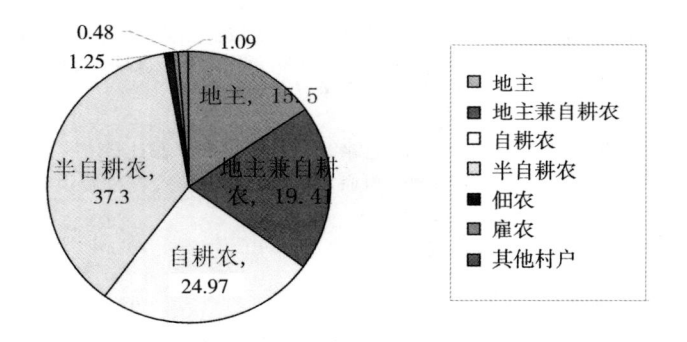

图4-15 1936年浙江嘉兴县各村户所有土地面积百分比

资料来源：冯紫岗《嘉兴县农村调查》，国立浙江大学、嘉兴县政府，1936年。

平湖、嘉兴地区的数据显示，平湖地区的永佃制较为盛行。永佃

---

① 此处不能给出确切数字，是因为此调查资料中，只给出了各阶层使用土地面积，但并未给出租入面积及各阶层拥有的土地面积。保守估计方法如下：将永佃户、佃户、永佃户及佃户使用土地面积比例之和作为估计值。
② 段萌寿：《平湖农村经济之研究》，编入萧铮主编：《民国二十年代中国大陆土地问题资料》，第45辑，第22719、22720页。
③ 龙登高：《清代地权交易形式的多样化发展》，《清史研究》2008年第3期。
④ ［美］彭慕兰：《大分流：欧洲、中国及现代世界经济的发展》，史建云译，江苏人民出版社2008年版。

农所占比重较高，其次是永佃兼佃农。而嘉兴地区农户形态中占主导地位的是半自耕农（图4-15），其次才是自耕农，雇农和佃农几乎没有土地所有权，因此，从这两地所反映出的浙江地区的土地分配状况极为不均。

此外，萧山与杭县、绍兴毗邻，境内地势平坦，平原约占四分之三。① 据萧山12村调查，自有土地共337.1亩，租入土地3179亩②，虽然没有租出土地面积，据估计占比不大，所以租地占耕地达90.4%。327户中有佃农270户，佃农比例达到73.4%。③ 与平湖、嘉兴两地的情况相一致，土地分配不均。但若考虑佃农取得田面权这一因素，江南地区的租佃率也没有统计数据所显示的那样高。

3. 湖南、四川等地的永佃权

永佃是中国封建社会后期的一种租佃形式。它盛行于明中叶之后，延续于清代、民国时期。永佃权的发展同样影响到土地的分配，在永佃权盛行的湖南、四川等地，租佃率相对较高。如下图4-16所调查的四川田区中，1912年，占总数51%的是佃农，30%是自耕农，其余19%属于半自有半租入。与此相比，1937年的数据显示这一农佃分布状况变化不大，湖南地区的农佃分布数据也表明，佃农在总农户中的比重较大。对于押租、永佃制盛行的四川、湖南地区，佃农人数及耕地面积约占各该总数二分之一，佃农对农业生产的影响大。④ 湖南、四川等地是永佃制较为普及的地方。⑤ 同样地，若将永佃权考虑进来，佃农取得永佃权，实际上已拥有支配土地的权利，获得永远耕作权和自由退佃权，如果把这部分佃农计入自耕农，则租佃率也没

---

① 萧振亚：《萧山县租佃制度》，台北成文出版社有限公司1977年版，第30398页。
② 萧振亚：《萧山县租佃制度》，台北成文出版社有限公司1977年版，第30416页。
③ 萧振亚：《萧山县租佃制度》，台北成文出版社有限公司1977年版，第30405、30406页。
④ 应廉耕：《四川省租佃制度》，《中国农民银行四川农村经济调查委员会调查报告第7号》，1941年版。
⑤ 珀金斯（Dwight H. Perkins）的研究认为，"在湖南和四川，租佃百分比最高的主要是具有良好通道便于将货物运往长江商业化地区，但是在这两个省份的某些不接近长江的地方（例如湖南的西部和四川的西北部），也都有很多的租佃。"[美] 珀金斯：《中国农业的发展（1368—1968）》，上海译文出版社1984年版。

◈ 地权市场的制度演化（1650—1950） ◈

有统计数据所显示的那么高。

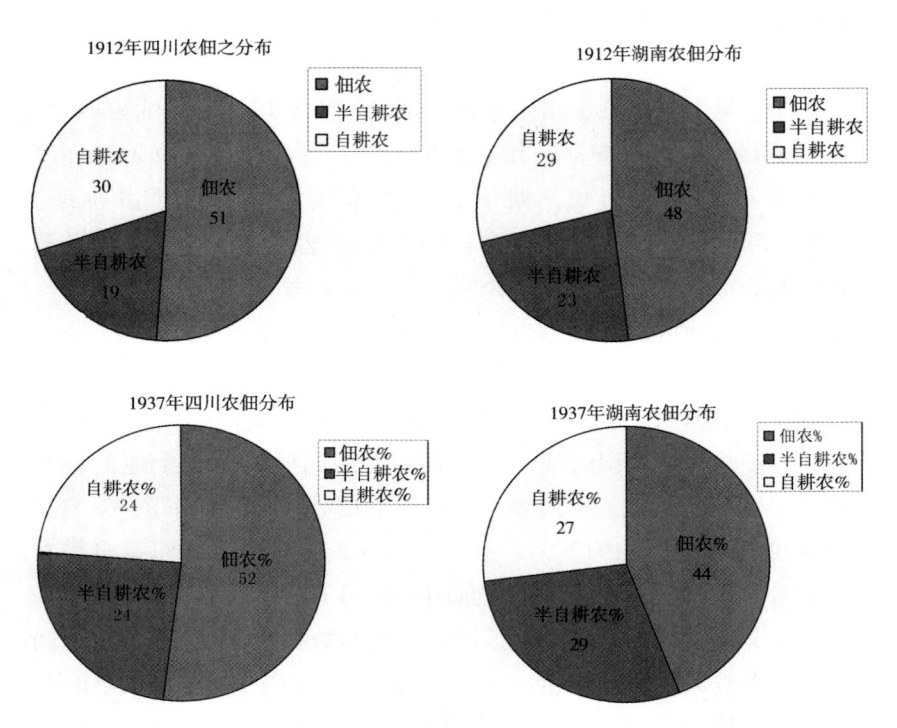

1912年四川农佃之分布
- 佃农 51
- 半自耕农 19
- 自耕农 30

1912年湖南农佃分布
- 佃农 48
- 半自耕农 23
- 自耕农 29

1937年四川农佃分布
- 佃农% 52
- 半自耕农% 24
- 自耕农% 24

1937年湖南农佃分布
- 佃农% 44
- 半自耕农% 29
- 自耕农% 27

图 4-16　1912 年，1937 年四川、湖南各农户所占百分比

资料来源：四川成都平原 50 个田家之调查。参见：李文海、夏明方等《民国时期社会调查丛编（二编）·乡村经济卷》（上、中、下），福建教育出版社 2009 年版。

通过对比租佃率以及自耕农在总农户中的比重，土地分配并没有出现所谓的"高度集中"，反而相对均衡。不论从宏观角度还是微观分析均可以验证，地主富农并没有占有 70% 至 80% 的土地，1930 年代全国总的承租率只有 30% 左右。从租佃率看，南方租佃率普遍高于北方，这也主要是受到土地交易和流转形式以及族田、公田数量在土地分配中的比重等因素影响。从跨时期的纵向比较来看，民国初期到 1937 年间，自耕农在总农户中的比重一直维持较高的水平，几乎没有变化。华东土地改革时期的数据显示，土地改革期间，贫农和中

174

农在农户中的比重最高,两者总计占81%左右,从土地数量上看,贫农和中农所占比重也较高,达51.7%。表明土地分配并未出现集中趋势。①

综上所述,民国时期的地权分配并没有过度集中的趋势。全国来看,南方土地集中而北方较为分散,主要是由于南方地区主要受永佃权、一田两主以及族田分布的影响,由于获得永佃制的佃农拥有土地的经营权,有自耕农的性质,可以划归为自耕农,而族田是公共田产,由族内人共同占有,获得田面权的佃农也可以看作为自耕农,由此来看,南方租佃率并没有统计数字那么高。也说明在乡村基层,政府管理加强没有影响到地权分配状况,与清代的地权分配情况相仿。

(六) 土地集中的负反馈机制

而土地集中的现象与趋势被夸大,还有一个重要原因在于忽视了负反馈机制在地权分配中的作用,负反馈机制是指表面上看,土地流动和交易使得土地越来越集中到富裕人家,实际在这个过程中,又存在一系列对冲机制将该趋势予以抵消,这就是负反馈机制。如诸子均分制、多样化的地权交易形式、个体农户的独立经营、法人产权、双层地权、皇权对土地集中的限制、战乱等因素,都是土地集中的负反馈机制,削减了土地集中的趋势。②

第一,诸子均分制。这一点大部分人已达成共识。比如,一位农民辛辛苦苦耕作,累积了100亩土地,两个儿子每个人分50亩,到四个孙子再分时,就成了人均25亩,土地占有程度又分散化了。通常情况下,土地越多,生育后代越多;土地越少,孩子相对也少,因为没有足够的土地维持人口再生产。这就导致大户人家在分家析产时,土地占有趋于分散。在欧洲部分地区和日本不是诸子均分制,而

---

① 租佃制并不是阻碍经济发展的因素。越是租佃制普及的地方,经济发展水平越高,如江南诸省。租佃制的发达一方面会导致地权分配的差异,造成土地分配不均;另一方面它又是经济交易的一种形式,能促进土地流转及经济发展。

② 龙登高、何国卿:《土改前夕地权分配的检验与解释》,《东南学术》2018年第4期。

◈ 地权市场的制度演化（1650—1950）◈

是长子继承制，所以呈现出另一种历史演进的状态。但很多人将这种差异视为文化所决定，然而，不是西欧更具有民主平等的思想吗？平等的思想文化才应该均分呀；而相反，常说中国文化集权专制，那才应该长子继承。归根结底，产权与经营模式，① 才是继承制差异的根源，也是继承制产生和长期延续的根源。

第二，多样化的地权交易形式，包括回赎机制，有效抵消了土地集中的趋势。如果只存在土地买卖这种单一的产权交割形式，容易导致土地集中。但如果地权交易形式多样化，农民可选择租佃、典当、抵押等形式，特别是典、活卖的回赎条款，力求避免土地产权的最终转让。② 交易形式越多样化，越有可能降低系统性风险，这是基本的逻辑，尽管常被遗忘。

第三，个体农户独立经营具有生命力和竞争力。大户拥有较多的土地后，如果自己雇工经营，是竞争不过个体农户小土地经营的，在当时技术条件下规模化的雇工经营反而没有效益。③ 所以拥有更多的土地后，还是要租佃出去，通过押租、永佃、田面权等形式将使用权、占有权等土地权利释放出去，从而使土地权利占有不均得到缓和。

第四，法人产权、双层地权也成为土地集中的负反馈机制。田面权使中下层农民也能够拥有土地占有权，从而降低土地占有的基尼系数。④ 族田、寺庙田、学田、各种会田、社田等法人产权土地，在一定程度上降低了私人土地占有的不平均，如广东、福建的公田比重可达 30% 左右，如此一来，私人土地占有的不平等极限（即使全部为最富有阶层所占有）也不会超过 70%。

第五，皇帝与朝廷的限制，对可能引发土地兼并的官僚强权进行明确约束，如官僚在任内辖地不得购买土地房产等规定，这是委托人

---

① 与中国个体农户经营与土地私人产权相映成趣，西欧庄园农牧型经营模式具有很强的整体性，不可分割性；其法人产权特性亦具有不可切分性。
② 龙登高、林展、彭波：《典与清代地权交易体系》，《中国社会科学》2013 年第 5 期。
③ 龙登高、彭波：《近世佃经营的性质与收益比较》，《经济研究》2010 年第 1 期。
④ 详见前引丁骞等的计算与论述。

（皇帝）对代理人（官僚）针对激励不相容所做出的约束性制度安排。这种被约束的强权，在近代军阀割据之下，有可能走出"笼子"；因而在近代，武力、暴力、强权侵扰地权市场，局部地区土地兼并可能有所强化。

第六，天灾人祸，尤其是战乱。战争期间，因为人们控制当前与未来收益的预期较低，会选择不持有土地。如抗战时一些地区土地分散，[①] 江南地区田底价格下降等，也是导致土地分散的一个因素。

第五节　地权交易多样化与代际传承——以清代家族地契代际传承为例

清代地权交易市场的活跃，与所处的乡村政治、经济环境密不可分。关于清代基层乡村治理结构的研究。有大量文献进行了论述，较具代表性的观点，可概括为以下几点。一是绅权与皇权的关系问题。如费孝通、吴晗通过分析皇权与绅权的关系来探讨绅权的社会特质。[②] 瞿同祖指出，士绅与地方政府共同管理当地事务的地方精英。[③] 黄宗智从基层民众的角度和立场重审国家与社会的关系，其代表作《华北的小农经济与社会变迁》中，强调国家、士绅和村庄三方面的三角结构。二是"乡村自治"问题。如马克斯·韦伯在《儒教与道教》中专门论述了"乡村自治"问题，指出"村落式的居民点在中国的基础是对安全的需要"，"在乡村内部，有一个同乡村（政权）对峙的盘石般团结的地方乡绅阶层的委员会"[④]。中国乡村是一种"非官方的自治"。张仲礼指出乡间绅士常常自行其是，官府只能默认或勉强

[①] 隋福民、韩锋：《20世纪30—40年代保定11个村地权分配的再探讨》，《中国经济史研究》2014年第3期。
[②] 费孝通、吴晗：《皇权与绅权》，天津人民出版社1988年版。
[③] 瞿同祖：《清代地方政府》，范忠信、晏锋译，何鹏校，法律出版社2003年版。
[④] ［德］马克斯·韦伯：《儒教与道教》，王容芬译，商务印书馆1995年版，第147、149页。

容忍。①

关于清代家族地契的相关研究，只见于零星的文献中，如舒仁德论述了石台县档案馆收藏的系列地契，记载了同一地点的田地山场在二百年间的买卖情况。②倪静雯以山东省广饶杜氏家族地契、分家书和继单为例，分析了清末农村家族财产代际传递问题。③本章主要从地权交易形式多样化角度，以家族代际传承为视角，分析地权交易所带来的家庭财富变化，从物价、消费水平角度，分析地权交易在家族财富积累中的作用，家族地权交易对地权分配、代际传承的影响等。

一 近代乡村以家族为视角的地权交易

（一）近代地权市场的交易特点

清代乡村地权市场的交易形式，方行先生曾概括为三个层次，第一层次是借贷性的土地产权交易，由于农村金融业稀缺，若借贷无门，只能通过押、当、典、抵等形式，获得资金融通，以济一时缓急。这一层次反映的是不发生地权转移的交易过程。非财产性和财产性土地经营权交易是地权交易的第二个层次，如佃权的流转，田底权与田面权的分离，都使农村的地权交易市场不断扩大，反映了部分产权即土地经营权的交易过程。绝卖、活卖土地所有权是土地产权交易的第三个层次，反映的是整体产权，即土地所有权的交易过程。④龙登高从产权角度进一步对地权交易形式进行阐述。指出土地的权利可分为三个系列，一是所有权、占有权与使用权，二是自物权、他物权与用益物权，三是各种交易手段。并通过分析当期收益与未来收益的关系论述了典、押租和佃之间的关联，理顺了清代地权交易的整体体

---

① 张仲礼：《中国绅士——关于其在19世纪中国社会中作用的研究》，李荣昌译，上海社会科学院出版社1991年版。

② 舒仁德：《记一套清雍正至中华民国年间的系列地契》，《文物鉴定与鉴赏》2016年第10期。

③ 倪静雯：《清末山东农村家族财产代际传递研究——以广饶杜氏家族地契、分家书和继单为例》，《中国农史》2013年第6期。

④ 方行：《清代前期的土地产权交易》，《中国经济史研究》2009年第2期。

系及其对清代经济的影响。①

以上概述为整个近代乡村地权体系的特点，以家庭为单位的地权交易，除具备地权交易体系的一般特点外，还具备土地交易所反映的财富传承和以家庭为单位的土地交易特点。以家庭或以家族为单位的地权交易形式，通过对家族原始地契的考察，分析某个家族的兴衰与财富变迁过程，以及当时的社会经济环境状况对人们生活的影响。

(二) 分家析产

若以家庭为单位分析地权交易，民间自发形成的乡规俗例在土地交易中发挥重要作用。其中，分家析产是不得不说的乡规俗例。费孝通曾对"分家析产"进行深入研究，认为分家析产是家产代际传递最重要的步骤之一。费孝通描述到："财产传递过程中的一重要步骤发生在结婚的时候，男女双方的父母都要以聘礼和嫁妆的名义供给新婚夫妇一套属于个人的礼物，作为家庭财产的核心"，分家析产后，小家在经济上的独立性是有一定限度的。此外，分家析产有利于分散财富风险。马若孟在研究华北农民家庭时，也指出"如果一家农户积累了很多土地不分家，不仅要上交很多赋税，更要紧的是当一个家庭积累了更多财富时，会招来盗贼的抢劫"②，实际分家析产也是规避风险、分散财富风险的一种方式。

分家析产是中国家庭再生产和家庭分化的重要动力，也是社会分层和流动的重要原因。如费孝通所论述："中国的家结构原则上呈一贯、单系的差序格局"③，当大的家庭无法维持时就会分家析产，形成数个家庭。在传统中国乡村社会，土地交易在家族之间的流转，也是遵循习惯法和乡规俗例，分家析产后，只要财产界定明确，交易就得以顺利进行。

---

① 龙登高、林展、彭波等：《典与清代地权交易体系》，《中国社会科学》2013 年第 5 期。
② [美] 马若孟：《中国农民经济：河北和山东的农业发展：1890—1949 年》，江苏人民出版社 1999 年版，第 127 页。
③ 费孝通：《乡村中国》，人民出版社 2008 年版，第 48 页。

分家析产是乡村的习俗，作为被普遍认可的习惯法，不论是习惯法还是正式法律，都对分家析产做了规定。《大清律例》中"别籍异财"和"卑幼私擅用财"两条沿用明律的规定，卑幼私擅用财的处罚标准从明代的"二十贯"提升到"十两"，此外在"别籍异财"条下有一条例："祖父母、父母在者，子孙不许分财异居。其父母许令分析者，听。"在"卑幼私擅用财"下有遗产均分和户绝财产处理的条例①。在习惯法和法律并存的乡村社会，随着分家析产这一习惯法的流行，财富在家庭之间流动，农户成为拥有财产的独立个体，更利于土地的流转和交易。

以家族为单位的地权交易，可以从两个方面深入分析。一是清代家庭的生活水平，乡村居民的生活收入来源，以家庭为单位的财富流动，相互之间的收入差距并不大。乡规俗例在家族内部的土地交易中，同样发挥重要作用。家族之间的土地交易，还有诸子均分制，由于权责明晰，地权交易不会造成太多纠纷，乡村社会相对稳定，在没有金融工具的前提下，农户通过土地交易获得资金融通，缓解燃眉之急。在土地交易的过程中，实现了家庭财富转移和代际财富传承。二是根据当时清代的物价水平，可以判断一个家庭生存所需的费用，什么情况下需要卖地，卖地后何时找价；典和抵出去的土地，在资金充裕时何时赎回，均影响家族财富的流动和积累。

二 地权交易与代际传承

（一）按乡规俗例进行的土地交易

按照乡规俗例进行的土地交易，在各地的原始地契中都有记载，以家族为单位的研究文献却相对较少，只是零散地记载在各种文献中。这里主要选取浙东和安徽的家庭地契为例，分析以家族为单位的地契交易情况。通过对家族地契交易情况的分析，结合农户的消费水平和生活水平状况，进一步分析以土地交易为背景的家族财富传承和

---

① 翟家骏：《身份与财产：比较法视野下的分家析产习惯》，《清华法治论衡》第24辑，清华大学出版社2017年版，第124—140页。

变迁过程。

1. 清代慈溪县叶氏家族地契

清慈溪县二十七都五图，现慈溪掌起镇、范市镇交界处。在慈城镇北面四十五里处。五图包括：掌起桥陈、邱家、下叶、厉家、大浦沿、地下周、朱京、直家、叶家目等九个小地名。目前共收集了47份契约，其中第一部分为叶氏家族公约、分书、遗嘱等8份。第二部分为叶氏家族的土地、房屋买卖契约37份（属于民国时期的2份）。叶家家产采取"诸子均分"的方式，五子均分家产。

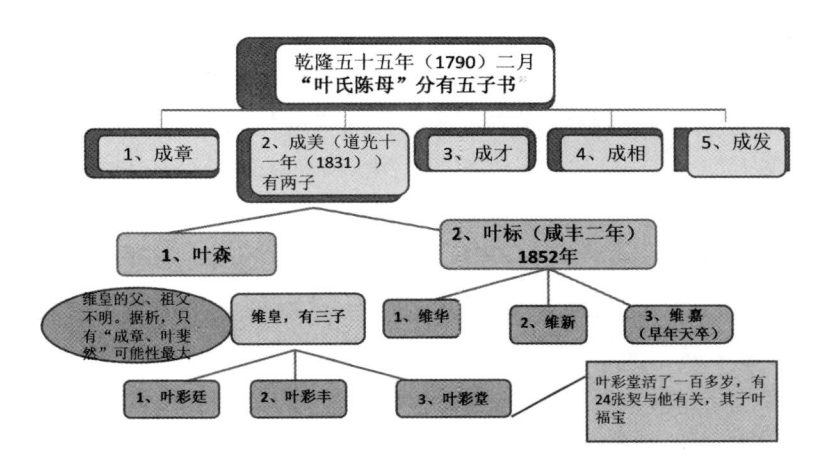

图4-17 叶氏家族人员关系表

2. 叶氏家族地契交易情况

整体来看，叶氏家族地契的特点主要为：一是从叶氏家族地契交易情况看，交易多数是在家族内部进行的，少数是族外人与叶家的交易。家族内部的交易合约内容翔实，按照严格的交易规则进行交易。有平辈之间的交易，长辈与晚辈的交易等，交易形式呈多样化，有绝卖、典、找价等形式。从叶氏地契看，自叶氏陈母第一代孙开始，地权交易的记录开始增多，到第三代孙时，记载的土地交易次数不断增加。二是叶彩堂得地最多（叶氏陈母的第四代孙），向他找价的人也最多。从记载的契约情况看，有24张地契与他有关。叶彩堂是族内长辈，根据当时的《大清律例》，"祖父母、父母在者，子孙不许分财异居。其父母许令分析者，听"。从叶氏家族地契看，叶彩堂的地最多，主要是他的寿命较长，按当时的乡规，有祖父母、父母在，子孙不许分财，这样叶彩堂家的田产、土地，并没有经过分家析产这一过程，叶彩堂手里的地就相对较多。

从表4-2叶氏家族卖田契交易情况看，同一家族的田地产权明晰后，可以自由买卖。主要呈现以下特点：一是交易形式包括找价、典、绝卖等。交易时土地位置、面积大小、交易价格、买卖双方的情况都标注的很清楚。二是从卖田的均价来看，一亩地的价钱大约在12.5—30两足纹银之间，找价得银有时还较绝卖得银多。三是从表4-3的卖屋契交易情况看，房屋价格普遍较高，交易大都是一间楼屋或半间。四是从交易情况看，由于叶彩堂寿命较长（一百多岁）[①]，族内将田地卖给叶彩堂的人较多，向叶彩堂找价的人也较多。叶彩堂历经清代四位皇帝，从道光末年（1850）、咸丰（1851—1861）、同治至光绪二十一年（1895）。整体来看，叶氏家族的土地交易按照乡规俗例进行，家族内部的交易规则遵守的更好，很少起纷争。

（二）土地交易情况和交易价格

叶氏家族的地契记录了嘉庆十年（1805）至宣统三年（1911）间长达一百多年的交易情况。交易形式包括绝卖、典、押、找价等多种形式。由于记载详细，每块地的位置、大小、交易价格都很明确，据此可计算出土地交易的平均价格（见表4-2），按照当时的物价水平，可计算出叶氏家族中主要成员的生活水平状况。

[①] 1819年时，叶彩堂10—15岁，又146号契，宣统元年（1909），叶彩堂作为"见卖人"还画了十字，当时他年龄为105—110岁。39张买卖契约中有24张为叶彩堂的契约。摘自：张介人《清代浙东契约文书辑选》，浙江大学出版社2008年版。

表4-2　　　　　　　　　叶氏家族卖田契交易和均价

时间	种类	卖主	买主	土地位置	交易规则	面积	价格	均价/亩
嘉庆十年十月	卖田	叶大观	侄孙 叶斐然	东至历姓地、南至芳茂伯地、西至小路、北至思成地，四至分明。	钱当日一并收足。再批：其地限至八年内，照契内原价取赎。	捌分	十千文正	12.5
嘉庆十八年正月	卖田、找绝契	叶世芬	向斐然找价	将前卖忘字号灶民田。四至在前契载明。	找价得银	叁分叁厘	足纹银九两八钱正。	29.7
道光二十一年十月	卖田找绝契	叶彩裕	其弟叶彩堂	将祖父遗下灶民田。坐落小池头，东至启珍公田，南至兴高田并买田田、西至大路、交给至戎洪兴坦为界。		五分	绝价银计足纹五两五钱正。	11
道光二十八年六月	绝卖	叶标	思忠叔房	坐落土名罗家田，东至隐陈春田、南至卖主田、西至卖主田、北至叶奇地	绝卖契	壹分贰厘零	足纹银叁两五钱正。	29.2
道光二十八年六月	立推契	叶标	叶思忠	朝下岸甲畈丁地	"立推契"	壹分贰厘	—	—
道光三十年三月	卖地找绝	叶开明	叔叶彩堂	落坐把里团，八至前契载明。	对前卖在找绝	前卖税地壹亩叁分三厘，又壹块八分三厘	价银34两8钱正。	16.1

183

◈ 地权市场的制度演化（1650—1950） ◈

续表

时间	种类	卖主	买主	土地位置	交易规则	面积	价格	均价/亩
道光三十年五月	卖地找绝契	叶开明	与叔叶彩堂	将父遗下字灶地。四至载于正契	找价	壹亩二分正	五千五百文正	4.6
咸丰四年十月	找绝契	嫂虞何氏	堂叔叶彩堂	先祖遗下分明名（民民）田	找价	四分半	八千文正，另附借票一纸	17.8
同治八年十二月	找绝契	叶薇邑	堂兄叶彩堂	四至前契载明	找价	壹亩八分	四拾贰千文	23.3
光绪十年	卖田契	蒋品玉	表兄叶彩堂	东至沈开炳田为界，南至陈丹书田为界、西至大浦、北至大浦为界。	绝卖	田八分正	银拾两正	12.5
光绪十一年	卖地	沈氏同子叶林坤	堂兄叶彩堂	东至牛河、南至厉毛头地、西至大浦、北至堂兄受业为界	卖杜绝契	祖父公地一则，二房对开受，每房壹亩二分五厘正。	银拾四两正	11.2
光绪十一年十一月	立推据	叶林坤	堂兄叶彩堂	祖父公地一块	退于叶彩堂	一亩贰分五厘正	是上述契的"除票"	—
光绪十七年八月	找价	叶如贤	侄孙叶彩堂	所卖祖堂东南首高平楼屋一间。	找价后"永远杜绝"，第一次卖后可赎回，第二次就不能赎回了。	高平楼屋一间	银拾五两正	—

184

续表

时间	种类	卖主	买主	土地位置	交易规则	面积	价格	均价/亩
光绪二十一年十月	卖田	叶戎氏	族侄叶彩堂	东至族松三公祖坟堪、南至自祖坟堪、西至沙井堪、北至自祖坟堪为界。	绝卖	地壹分零	银贰两五钱五分正	25.5
光绪二十七年二月	找价	陈粹卿	叶贤明	同上	找价	地壹分零	银40两正	—
宣统元年十二月	卖地	叶氏、黄氏	叶姓太阳会为业	东至陈姓地、南至族姓大族会、西至陈姓大向房公地、北至陈姓地为界。	绝卖	壹亩壹分正	时值价洋念壹元正	—
宣统元年十二月	卖地找绝	同上	同上	前卖下挑地一块，首因前价不足	找价	壹亩壹分正	找得英洋念贰元正	—
宣统元年十二月	立收户据	见卖施静隆	同上	同上	中人	壹亩壹分正	立此收户据存照	—
宣统二年五月	找价	同上	同上	同上	找价	同上	银念八两正	—
宣统二年十二月	卖田	沈周生	叶彩堂	东至黄姓坟、南至厉如松兄田、西至厉如松田、北至大浦为界	绝卖	五分正	银足纹12两正。	24
宣统三年正月	找绝契	沈周生	同上	同上	找价	五分正	银足纹12两正	24
宣统三年五月	立过条	沈久生	叶彩堂	十月过条	除票	灶民田贰分五厘，又短字无细号灶民田贰分五厘	—	—

资料来源：张介人《清代浙东契约文书辑选》，浙江大学出版社2011年版。

表4-3　　　　　　　　　　叶氏家族卖屋契交易情况

时间	种类	卖主	买主	土地位置	交易规则	面积	价格
嘉庆十三年十月	卖屋	叶成才	—	楼层半间。坐落于东箱（厢）屋。东至公弄，南至侄处屋，西至二胞兄屋、北至思荣弟处。	再批：其屋不致（注）年月，钱便无阻并照行。	楼层半间	36.33两银
道光二十三年正月	卖屋	叶彩廷	叶彩堂	将父遗分授楼屋。东至彩和房柱心、南至业主平屋、西至业主柱心、北至滴水外公路为界。	杜绝卖契	照分书内前半间楼下公用壹股，前后楼上壹间、楼下后半间、弄三尺公路壹股，系彼字*号，土名坐落墙门里	计足纹银42两正
道光×年二月	卖屋／找绝契	叶彩廷	胞弟叶彩堂	如前契	如前契	如前契	找价足纹银40两正
咸丰五年四月	卖屋	叶增有	侄叶彩堂	平屋一间，东至买主、南至道地、西至卖主、北至空地	找价	洞桥弄底平屋一间	5两银正
同治七年四月	卖屋	厉通有	叶思宏	东至胞弟柱心、南至卖主屋、西至厉林渭屋、北至园地为界	卖契	平屋半间	5两银，另附借票一纸
光绪十七年七月	卖屋契	叶如贤	族侄叶彩堂	高平屋一间，东至受主基地、南至受主、西至公路滴水、北至增孝侄屋合楣为界	绝卖契	平屋一间	银15两正

续表

时间	种类	卖主	买主	土地位置	交易规则	面积	价格
光绪十八年十一月	卖屋	叶贤堂	韩贵生	六椽楼房一全间。坐东朝西南来第一间。东至滴水外公弄公行出入，南至叶贤明屋，西至滴水外公道地出入无阻，北至叶维尧柱心为界	绝卖	计灶地柒厘正	足纹银17两正
光绪十八年十二月	卖屋	叶贤堂	韩贵生	同上	找价	计灶地柒厘正	足纹银20两正
光绪二十六年十一月	卖屋	叶戎氏	房侄叶彩堂	东至滴水外公路、南至韩沙齐兄屋合柱心、西至滴水游巡下公行出入、北至至孙德在屋合柱心为界	绝卖	楼屋一全间	银40两正
光绪二十六年十二月	卖屋	叶戎氏	房侄叶彩堂	同上	找价	同上	银44两正
光绪二十九年三月	典屋	叶德财	叶阿元	先父遗下平屋一间。东至滴水、西至叶彩堂、南至叶贤堂柱心、北至又彩堂柱心为界	典	平屋一间	价银英洋念4元正
宣统二年四月	卖屋	叶陈氏同找子叶德财	堂兄叶彩堂	东至天井公路、南至业主屋合柱心、西至滴水外公基地、北至高和元合柱心为界	绝卖，列"取赎"两字	楼屋一全间	银足纹念2两正

续表

时间	种类	卖主	买主	土地位置	交易规则	面积	价格
宣统三年七月	卖屋	韩宏水	叶彩堂	楼屋一全间，坐东朝西，东至后天天井滴水、南至叶贤明兄柱楣、西至明堂滴水、北至业主合柱心为界	绝卖	楼屋一全间	时值价洋60元正
宣统三年九月	卖屋找绝契	韩宏水	叶彩堂	同上	找价	—	时值价洋67元正

资料来源：张介人《清代浙东契约文书辑选》，浙江大学出版社2011年版。

（三）清代奉化县二十一都二庄"应家棚"契约

清光绪年间，奉化应家棚村已有400余户人家，鱼鳞册中编属奉化二十一都二庄。[①] 其中，以蔡增福为中心的土地、房屋买卖交易就有110项。这些交易由蔡增福（蔡长记）随时记在一本账簿中，记录了从同治六年（1867）到光绪二十三年（1897）的30年间的土地交易情况，包括土地典押、找价、绝卖等形式，仅光绪二年就达11次交易，反映出当时地权交易频繁和土地市场的活跃程度。土地价格依照地理位置、面积大小、肥沃程度等因素而不同。

"应家棚"地契反映的是蔡增福（蔡长记）一人的土地交易情况（见表4-4），他于光绪二十四年（1898年）担任应家棚"甲首"，从蔡氏一家的土地交易可见当时地权市场的活跃。短短三十年签订近15项地契，实现了暂时的财富积累，由于地契只反映了一代人的土地交易过程，并没有代际相关的资料。从表4-4中的统计看，30年间，蔡增福得地17.36亩，一户拥有17亩地，并不能称之为地主，也没有反映出土地集中的趋势。由于蔡增福担任甲首，比起一般农户，资金更充裕。一方面是多样化的交易形式为农户资金流转提供了便利，另一方面，在村里担任职务，往往是村民信赖的人，有一定威望，类似于族中"族长"。

---

① 今为奉化市裘村镇应家棚村在奉化市象山港北岸，目前是近三千人口的大村。

表 4－4　　　　　　　　　　"应家棚"卖田契

时间	卖主	买主	土地位置	交易规则	面积	价格	均价（两/亩）
光绪七年	应诚耀	蔡长记	水田一所。东至张姓祀田、南至吴姓田、西至陈姓田塍、北至陈恒房田为界	绝卖	一亩六分	大钱五千文	3.13
光绪七年	同上	同上	同上	找价	同上	五千文	3.13
光绪八年	肖门林氏	蔡增福	东至应姓田、南至堪、北至出业人坟圈。又一所，一起永卖	绝卖	八分，又一所田2分	共计田价钱念1000文	1.00
光绪八年	同一块地	同上	同上	找价	同上	10千文	10.00
光绪七年	陈纯顺	×××	东至得业人田、南至看契田、西至陈纯庸田、北至陈恒房田为界	绝卖	2亩2分2厘5	大钱34千文	15.28
光绪九年	陈纯水	×××	东至应姓田、南至杨姓田、西至弟纯顺田、北至恒房田为界	绝卖	4亩2分5厘	56千文	13.18
光绪九年十二月	陈纯顺	蔡长记	东至得业人、南至小三角、西至陈纯康、北至陈恒房田为界	绝卖	4亩2分5厘	大钱55千文	12.94
光绪九年十二月	陈纯顺	蔡长记	同一块地	找价	同上	30千文	7.06

◈◈ 地权市场的制度演化（1650—1950） ◈◈

续表

时间	卖主	买主	土地位置	交易规则	面积	价格	均价（两/亩）
光绪十一年十二月	肖承芳	蔡长记	东至路、南至肖姓坟滩、西至得业人田并陈姓田、北至坟滩并堪田为界	绝卖	1分5厘	1千3百文	8.67
光绪十三年十二月	应孝彪同弟孝彬	蔡增福	祖祀田一所，坐落千步塘盘洋湖	绝卖	1亩6分6厘	2千文	1.20
光绪十五年十二月	蒋善用	蔡增福	东至山头、南至应孝棠会众山、西至坑、北至蒋姓东户众记山为界	绝卖	4亩	山地价3千文	0.75
光绪十五年十二月	蒋功梃	蔡长记	东至蒋东房众堪、南至玄台庙庙墙脚、西至大路、北至东房众地堪为界	绝卖	柒厘	2千2百	3.14
光绪十八年十一月	应鼎琅同弟鼎瑾	蔡增福	东至陈姓众田、南至杨姓众田、西至得业人、北至陈姓众田为界	绝卖	1亩5分	1千文	0.67
光绪二十二年十一月	肖高元	蔡增福	东至溪坑、南至张姓田、西至张姓田堪、北至张姓田堪为界	绝卖	5分	11千文	22.00
光绪二十三年十一月	陈纯干	蔡增福	东至山岗、南至应姓山、西至山脚田、北至章姓山为界	绝卖	计山12亩	英洋15元5角	1.29（英洋元）

资料来源：张介人《清代浙东契约文书辑选》，浙江大学出版社2011年版。

（四）同一块地的交易流转

安徽石台县档案馆收藏了一套清雍正二年（1724）至中华民国十三年（1924）的系列地契，记载了同一块田地山场的交易流转过程，反映出以时间轴为主线，同一块地的变迁，也反映了土地市场的活跃，更印证了"千年田、八百主"的说法。土地作为固定资产并不能移动，土地的主人却可通过地契交易的形式，不断更换，实现资金的流转。

表4-5　　　　安徽石台县档案馆地契（1724—1924）

时间	种类	卖主	买主	事由	面积	价格	均价（两/亩）
雍正二年	卖地山塘房屋	方阿苏、方庠元	苏季文	—	田十二亩二分，地一亩三分，山四亩、塘二口计五分，左边庄屋一半	得银110两	6.47
乾隆元年二月	田和房屋	苏季文	陈姓家（未写名字）	将原买方庠元的田和部分庄屋卖给陈姓家	田五亩四分及随田该股庄屋	纹银三十两	5.56
乾隆元年七月	田、地、民山、塘	苏阿桂	陈（未写名）	苏阿桂因氏男苏季文身故，食用无措	塘二口计田11亩，地一亩三分，民山三亩一分五分。除之前已卖出田租二契得纹银七十两外，其余全卖给陈	纹银48两	3.75
乾隆十四	田	胡明伶	陈（未写名）	—	田二亩三分	银36两	15.65

191

◈◈ 地权市场的制度演化（1650—1950） ◈◈

续表

时间	种类	卖主	买主	事由	面积	价格	均价（两/亩）
乾隆十七年	山、老屋	胡明伶	陈（未写名）	—	山二分、老屋堂前的四分之一	纹银三两	10.00
乾隆三十年	山地山塘房屋	陈乃培	苏奇公	将祖遗及从胡明伶处买得的田地山塘房屋卖给苏奇公。	田一十三亩三分，地一亩三分，山四亩二分，塘二口和部分庄屋	294千文，税八两八钱二分。	13.49
道光八年含道光十二年的尾契	田地、山塘、庄屋	苏坤三	施应新	将祖遗和从陈（原从胡明伶处买得）处买得的田地山塘庄屋，还有从章和寿处居首是的庄屋等	田一十三亩，地一亩三分，山四亩二分，塘二口及部分庄屋	纹银190两，尾契中记载税五两七钱。	8.84
光绪十六年	田地山塘庄屋基	桂良栋	章月轩	—	田一十三亩三分，地一亩三分，山四亩二分，塘二口	空白	—
光绪二十二年	田	章月轩	陈源泉	—	无	银十三两，纳税三钱九分	—
中国民国四年	田地山塘庄屋基	陈门苏娥	苏金潮	—	田一十三亩三分，地一亩三分，山四亩二分，塘二口、及部分庄屋基	纹银26两，应税洋一元五角六分	1.19

注：这10件地契中所处位置都是二都高山仰天宕上的田地山场和庄屋。根据清代石埭县行政区划可知，其位于原石埭县二都，1959年石埭县撤销，广阳镇亦因扩建陈村水库（太平湖）而开始拆迁，镇址于1970年淹没于太平湖。

此10件地契所记载的都是原石埭县二都高山仰天窑，同一田地山塘庄屋的交易情况，是同一块土地交易流转的真实写照。原本是从祖产继承而来的土地，但是由于缺乏资金，子孙不得不将祖产转卖。从表4-5的情况看，其主要特点为：一是同一块地几易其主，家族财产被分割，家族财产逐步分散，最后流转到外姓人家，财富在代际传承中呈分散趋势，很难改变"富不过三代"的状况。二是从政府对地权市场的管理情况看，政府对乡村的治理由乡村自治逐渐向从政府加强管理转变，这一点从纳税情况可见，自乾隆三十年（1765年）起，土地交易开始有纳税记载。从这一角度反映了政府对基层治理的加强，乡村社会逐步由乡村自治向政府治理转变。

三 地权交易与农户的生活水平

清代农户的生活消费水平，很难找到统一和具体的数据资料，但是可以从一些零星的史料中反映出来，据此判断出清代居民的消费水平。从而进一步推断在清代乡村基层社会多样化的交易体系下，人们的生活状况。清代农户的消费主要集中在衣、食、住等几个方面，对于"行"这方面，居民的需求并不大，史料中关于"行"相关的消费记载较少，这里的分析也主要以"衣、食、住"的消费为主。

（一）清代乡村居民的生活水平

根据现有的研究资料，如王业键、方行等的研究，以江南乡村居民消费水平为例，若出卖一块一亩大小的土地，可维持大概一年的生计，足够一家五口全年的生活消费需求。

1. 清代居民的粮食消费——"食"

清代的米价。据王业键整理的米价，光绪十年至光绪二十一年，苏州府米价平均为每石2.13两银子。[1] 当时"银价两约钱一千六百"，则十二石米，约共为银25.5两，约共为钱40896文[2]。《安吴四种》[3] 中指出"苏民精于农事，亩常收米三石，麦一石二斗。以中

---

[1] 王业键：《清代1644—1911物价的长期趋势》，《上海经济研究》1983年第2期。
[2] 方行：《清代江南农民的消费》，《中国经济史研究》1996年第3期。
[3] 包世臣：《安吴四种》，光绪《松江府续志》（卷一至卷五），上海书店出版社1991年版。

岁计之，亩米二石，麦七斗，抵米五斗"。"大麦大米不及半价，以充口食，一石可抵七斗。和稻米煮粥饭，计麦百斤可得米七十斤。"按大麦七斗，充口食可抵米五斗计，农民口粮大米六石，折成大麦应为8.4石。《租核》中说，春熟种豆，"亩可得钱七八百，麦亦如之"。

假定如《安吴四种》所记载，大麦亩产七斗，此八百文为大麦七斗之价，则大麦8.4石，应约为钱960文。加之上述米值，全部口粮约共为钱50496文。

表4-6　清代全国米价和苏州米价（银两/（清）石）

年份	全国米价	苏州米价
1645	3	1.3
1655	2.3	0.9
1675	0.9	0.8
1685	1.2	0.5
1695	1.3	0.2
1705	1.2	0.8
1715	1.0	0.9
1725	1.3	0.9
1735	1.3	1.0
1745	1.8	1.1
1755	2.0	1.8
1765	1.8	1.8
1775	1.8	1.5
1785	1.9	1.6
1795	1.3	1.9
1805	2.5	2.1
1815	2.8	2.3

出处：卢峰、彭凯翔《我国长期米价研究（1644—2000）》，《经济学》2005年第2期。
资料来源：叶梦珠《阅世编》第七编第一至三及六节，见《上海掌故丛书》第一集，上海，1935年版，全汉昇《美洲白银与十八世纪中国物价革命的关系》，见《"中央"研究院院刊》第28卷，1957年，第517—550页。出处：王业键：《清代1644—1911物价的长期趋势》。

江南农户的粮食消费水平。方行以江南农户多为核心家庭，由夫

第四章 自发秩序的土地交易市场

妇及子女组成，至少有1—2个成年劳动力属于所谓"能者倍之"之列，5口之家大小口计算，平均仍可每人日食1升，全年食粮为3.6石，符合江南"大口小口，一月三斗"的民谚所描述。① 雇工口粮是每人每年"吃米五石五斗"，每日吃米1.52升。

浙东地区农户的粮食消费水平。参照方行在《清代江南的消费水平》一文中的论述。指出清代顺治年间，农户每年口粮支出是为银18两。副食方面，农民日常食物，除粮食之外，还有油盐荤素菜蔬之类，即我们通常所说的副食。农户全家五口，此项支出按每人为银1.4两计，则全年支出为银七两。

华北农民的生活消费水平，从数量上看，关于口粮标准的估计，来自于江南食米的材料，可作为考察华北农民口粮消费的标准。任启运认为"夫人食谷（每日）不过一升"，"以人口日一升计之，一人终岁食米三石六斗"②。洪亮吉指出"一人之身，岁得布五丈即可无寒，岁得米四石即可无饥民"③。勒紫垣在《生财裕饷第一疏》中也谈到"苏松嘉湖之民，知壮夫一丁种稻十二三亩，其岁收粒米，肥地不过三十余石，瘠地可得二十石，以每人每日食米一升科之，则三十余石者可食九人，而二十石者可食五六人"。

2. 房屋支出情况——"住"

房屋住宅价格。乾隆十八年，苏州陶六观，将"岁字圩田上瓦屋两间"卖与他人为业，时值价钱六两。明清之际，江南中等规模的住宅造价，约在六、七十两至百两银之间。④

3. 农户用布支出——"衣"

农户全年用布支出共约为银三两。据方行测算，农户每年生活消费的支出，共约为银32.6两。其中，粮食支出约占55%，副食支出约占21%，即食物支出约占生活消费总支出的76%。北方农民衣被

---

① 张研：《18世纪前后清代农家生活消费的研究》，《古今农业》2005年第4期。
② 任启运：《清芬楼遗稿·经筐讲义》卷一，清光绪十四年（1888）荆溪任氏家塾刻本，藏于清华大学图书馆。
③ 洪亮吉：《意言·生计篇》，《洪北江诗文集》，上海商务印书馆1935年版。
④ 王家范：《明清江南消费经济探测》，《华东师范大学学报》1998年第2期。

的年消费量，据考查，支出并不大。农家平均岁用土布5匹左右，或自织，或买于集市。① 清后期，土布"每匹约市钱五百文"，全家全年用棉布10匹，共约钱5000文，合银3.13两。②

按照上述材料的描述，清时期人们最主要的生活消费支出是粮食支出、副食支出和布料支出。按照上述"衣、食、住"的数据，按农户五口之家计，"食"的全年消费支出为银七两；"衣"的全年消费支出为银三两；"住"的全年消费支出，由于中等住宅房屋造价为银一百两左右，假设房屋为五年折旧期，则每年的支出为银二十两左右，将"衣""食""住"的支出合计，则农户每年消费支出为银三十两左右。与方行的研究结果相近。这里以方行先生的测算为准。

表4-7　　　　　　　　农户五口之家的年消费支出

支出项目	金额（银两）
衣	3两
食	7两
住	20两
合计	30两

据方行测算，农户每年生活消费的支出，共约为银32.6两。若按照清代石埭县的地契交易情况（见表4-5），按平均价计算，一亩田均价为8.1两银（这里不考虑田地位置，肥沃程度等因素），即农户每年的生活费用相当于四亩一分地的价格。换句话说，一五口之家的农户若拥有四亩一分地，一年的生计都不用发愁。

（二）清时期的地权分配状况

赵冈认为，清代中国南方地权比较分散，而北方比较集中。通过田册资料计算出清代康乾时期河北获鹿县的土地基尼系数在0.6左

---

① 徐浩:《清代华北农民生活消费的考察》,《中国社会经济史研究》1999年第1期。
② 方行:《清代江南农民的消费》,《中国经济史研究》1996年第3期。

第四章 自发秩序的土地交易市场

右,所计算出的 14 个结果基尼系数最低的 0.566,最高的 0.696。[①]而安徽休宁、浙江遂安的土地基尼系数大都在 0.4 左右,[②] 浙江兰溪的基尼系数也介于 0.32—0.43 之间。[③] 赵冈认为,清初以降,地权分配一直是南方比北方平均,主要原因是南方人口比北方稠密。[④]

  土地契约充分反映了乡村土地交易的情况,特别以家族为单位的土地交易,反映了一个家族的财富变迁,大家长或者族内德高望重的农户,的确掌握了更多的土地资源,但这并不代表土地集中,由于在交易中,通过不断的找价、抵、押等形式,使得土地资源流动起来,这种固定资产的流动,是近代乡村经济的特有现象,这也决定了土地很难集中到某个人或家族手里,由于土地是流动的,财富也随之变迁。从浙东地契原始资料看,地权分配状况相对分散,从土地交易频次看,交易频繁使得土地很难集中,一直处于相对流动的状态。

  总之,从家族土地交易情况看,根据地理位置、肥沃程度等有所不同,均价在 2—16 两不等。以每户年消费 32.6 两银计算,绝卖一亩地,可满足半年的生活支出,若卖两亩地的话,可以满足全年的生活支出。若是卖屋的话,一般一间平屋价格在 40 两银左右,可满足农户一年的生活消费支出,往往还有节余。即从土地交易情况看,农户手中如果有两亩地的话,或者有一间平屋的话,即使在资金不足,生活困难的情况下,也可通过绝卖土地或卖屋的方式获得资金,从而解决一时的困难。最重要的是,等到农户资金充足时,还可将之前出卖的土地赎回。为固定资产的土地和房屋,经过交易和买卖将固定资产通过交易流动起来,从而实现资金融通。从家族地契看,在分家时,每户都可得到至少一亩三分地,这对农户来说,土地是最主要的经济支柱。但是当急需用钱时,不得不变卖土地,在金融市场不发达

[①] 赵冈:《中国传统农村的地权分配》,联经出版事业股份有限公司 2005 年版,第 70 页。
[②] 赵冈:《清代前期地权分配的南北比较》,《中国农史》2004 年第 3 期。
[③] 赵冈:《清末兰溪的地权分配》,《浙江学刊》2008 年第 1 期。
[④] 赵冈:《清代前期地权分配的南北比较》,《中国农史》2004 年第 3 期。

的情况下，土地成为他们急需变现的最主要资本，这一方面促进了土地交易市场的发展；另一方面，也解决了农户对资金的需求。

四 家族财富管理与地权交易

对于清代的家族财富管理，在现有的家族农户地契文献中，可大致看出家族为代表的土地流转情况、以家族为单位的财富管理模式、家族财富的流转和代际传承情况等。通过土地交易和流转，家族财富也随之流动和变化。如同一块地的流转，所反映的财富流动和代际财富的变迁。按照家分析产制，最初家族中每位儿子所得的土地或财产是差不多的，财富是相对平均的，但是通过土地交易和流转，逐渐向种田能手流动，财富相对均衡的状态被打破。以叶氏家族地契为例，经过不断流转，土地更多的流转到叶彩堂手中。一方面是由于其种田能力强，善于管理；另一方面是叶彩堂较为长寿，财富积累时间长，其财富没有经过分家析产，也没有受到自然灾害等突发事件的冲击，财富积累的过程相对稳定。若以开始分家为节点，叶家五子中，至第三代时，叶彩堂积累的财富最多。

概括起来，分家析产、地权交易与代际传承之间的关系，主要表现为：

1. 分家析产作为非正式制度对维持乡村秩序发挥重要作用

分家析产是民间的一种非正式制度。这种非正式制度对家族财产的分配、代际传承产生重要影响，按照诸子均分的方式对家产进行分配，作为一种乡规俗例或民间法，人人都要遵守，政府通过法律形式对分家析产予以认可。对于清代乡村社会来说，分家析产在维护乡村基层社会的稳定、分散家庭财富风险等方面发挥重要作用。

2. 家族财富管理与代际传承

从家族地契交易情况看，随着交易制度的逐步完善，以家族为单位的土地交易，并不单单局限于家族内部，特别从长时段来看，原本属于某个家族的地产，经过土地交易流转后，几易其主，财富在代际的传承并不能维持太久，很难打破"富不过三代"的固有模式。在现有的史料中，很难发现家族地产在家族内部的长期积累，由于总会受不可预测因素的冲击，有的由于疾病、有的由于疏于对田产的管理，有的急需用钱，不得不变卖祖产。从地权交易流转角度分析家族财富的代际传承，一方面反映了地权市场的活跃、交易形式的多样化；另一方面，正是由于多样化的地权交易形式，使人们更容易将土地变现，加速了土地流转，也加速了家族财富的外溢，财富不可能仅在家族内部流转。在交易工具多样化的前提下，土地的主人不断变换，家族财富在代际间的传承也发生了很大变化，至少田产在家族代际传承过程中，很难作为财富积累的手段。

3. 土地交易与农户消费水平

从农户的消费水平看，一亩地的市场价格足以满足一个五口之家全年的消费支出。根据以往学术界对清代消费水平的研究，以农户五口之家为例，用于粮食的消费全年为银七两。平均来看，不论人口多少，农户全年用布支出共约为银三两。中等规模的住宅造价，约在六、七十两至百两银之间。按照方行所测算的农户每年生活消费支出，共约为银32.6两。按当时土地绝卖均价每亩地为12.5—30两足纹银之间（以浙东地契为例）。以此来看，若农户的土地位置、肥沃程度较好，绝卖一亩地可得银30两左右，能够满足一家老小一年的生活消费支出。再加上后期的找价，或多次找价，出卖一亩地足以维持一家五口全年的生计。由此判断，土地在农户家族财富中的重要地位。

4. 家族地权交易与地权分配

关于家族地权交易是否影响地权分配的问题，家族土地经过诸子均分后，变得更加分散。赵冈指出"南方土地分配比北方更为分散，主要是由于南方人口较稠密"[①]。从叶氏家族地契和应家棚地契的原始资料看，土地交易并没有过度集中到地主手中，土地流转较为频繁。随着地权的不断流动，土地更多地向种田能手集中，而种田能手大都是自耕农，自耕农手里的土地越多，越表明之前所认为的"土地掌握在10%的人口手中"这一说法是不恰当的。自耕农比例的增加，进一步证实了地权分配更加趋于均衡，没有出现土地集中现象。

---

① 赵冈：《中国传统农村的地权分配》，新星出版社2006年版。

◈ 地权市场的制度演化（1650—1950） ◈

关于诸子均分制。一块完整的土地通过诸子均分制，被化整为零，土地被分散化了。通常情况下，土地越多，生育后代越多；土地越少，生育孩子相对较少，这就会导致大户人家在分家析产时，土地占有情况更趋于分散。而欧洲部分地区和日本采取的是长子继承制，呈现另一种历史演进的状态。这也解释了为什么传统中国乡村没有出现大庄园主或传承几百年的贵族大家庭。诸子均分制使土地越来越分散化、细碎化，而西欧庄园农牧型经营模式具有很强的整体性和不可分割性，其法人产权特性也具有不可切分性，这也是中西方继承制差异的根源。[①]

综上所述，从家族地权交易看家族财富管理和代际传承，可明晰家族、地权、财富积累和制度之间的关系。由于受相关资料限制，仅通过分析一两个地区的家族地契，并不能反映家族地权交易的全貌。但从现有地契资料中，可看到以家族为单位的地契交易所反映的家族财富变迁过程，以及乡规俗例在土地交易中的重要作用。这不单是交易规则的问题，还是地权交易与社会环境、乡村自治情况、乡规俗例（如分家析产）之间的关系问题。从目前的分析看，以田产或土地为基础的财富积累，很难实现代际的长期传承。由于受较多因素影响，财富不断流动，以土地流转为核心的财富流动，使得家族内部的财富很难在族内实现代际传承，土地是家族财产最核心的组成部分，一亩地的售卖价格可抵普遍农户一年的生活消费支出。可以说，土地是家庭规避风险的重要手段之一，而随着地权频繁交易，财富流转速度的加快，诸子均分制等因素影响，财富较难锁定在某个家庭内部，较难实现代际间的长期传承和积累。这从侧面也反映出近代基层地权市场的活跃、交易的频繁和土地流转的速度较快。

[①] 龙登高、何国卿：《土改前夕地权分配的检验与解释》，《东南学术》2018 年第 4 期。

第五章　政府管理加强的基层地权市场

　　随着土地交易量的扩大，交易中出现纠纷的几率也大大增加，城市化的发展及大批乡绅进城，使乡村基层治理出现空白，政府开始接管基层并加强管理。随着政府公共管理职能的强化，地权市场也在发生着变迁。

　　政府对基层地权市场的介入，引起了地权市场的一系列变化，基层乡村已不再是乡绅或宗族自治形态，而是由政府领导或控制下的基层社会。而中国在近代落伍，许多有识之士和进步人士纷纷认为经济落后的根源是腐朽的社会制度，政府需要进行一系列改革，废除旧制度，实施新政策。并认为地主收取地租是对佃农的剥削，应保护佃农利益，实行减租，随即提出一系列新政策，如二五减租，三七五减租等，这些政策都是为保护佃农而实施的，结果均以失败告终，为何这些政策不仅没有达到预期效果，反而还破坏了基层地权市场的原有秩序？从佃农一方来说，在自发秩序的乡村基层社会，佃农是独立经营的个体，拥有独立的产权，可以在地权市场上自由交易，在经营过程中，还可获得剩余索取权和控制权，剩余索取权和控制权保证了佃农获得更多的收益，产权保障了佃农投资和管理田地的基本权益。而政府加强管理恰恰扰乱了这种秩序，在制定新政策时没有看到佃农的个体经营的优势，导致政策失效。

　　回顾近代地权市场的演变过程，在政府对基层管理较少的清代，地权市场交易活跃。民间自发产生的多样化交易工具，为农户提供了多种融资需求，各种资源得到有效配置。可以说，这种自生自发的地权市场，某种程度上达到了一种帕累托最优状态。同时，地权市场的完善也促进了农业经济的发展。在人口不断增长、土地有限的情况下，能够养活人类四分之一的人口。这一方面是由于小农的精耕细作式的生产方式，与当时的社会发展状况相适应，使生产力有所提高，另一方面，自生自发的地权市场对农业经济的发展起至关重要的作用。由于人们能够在土地交易市场以供需为导向进行交易，农户有自由选择的权利，土地在不断流转过程中，最终落在种田能手的手中，发挥了土地资源的最大效用。但是随着政府管理的加强，自生自发的乡村秩序受到冲击，政府开始加强对基层社会的管理，如强令执行新的土地政策，禁止押租转佃等，这在一定程度上限制了农户自由选择的权利，资源配置中发挥主导作用的不再是市场，而是政策法令。

第一节　政府加强管理的主要表现

一　民国时期土地政策的变化

有关民国时期的土地政策研究以及实施成果，不同学者持不同观点。如郭德宏专门对南京政府时期，国民党在各地所推行的土地政策进行了详细论述，指出陈果夫在江苏实施的"地籍整理"政策，只在镇江、青浦和丹阳实施过，其余各县都未进行。并认为土地政策失败的主要原因，是政策影响到了国民党自身的利益。[①] 姜爱林认为土地政策是农村问题的核心，国民政府的土地政策进一步满足了地主阶级的利益，没有实现平均地权的政策目标，其效果也不尽人意。[②] 赵晓耕认为民国土地法由于受制于当时政治、社会力量及政策法规本身等不稳定因素的影响，不可能得以贯彻实施。[③] 何莉萍对以浙江省为代表的二五减租运动进行了分析和评价，认为这一政策在实施过程中

---

① 郭德宏：《中国近现代农民土地问题研究》，青岛出版社1993年版。
② 姜爱林：《论土地政策的几对重要范畴》，《中共福建省党校学报》2001年第2期。
③ 赵晓耕：《试述民国初年的土地政策与土地立法》，《政治与法律》2006年第1期。

第五章 政府管理加强的基层地权市场

没有考虑到现实基础,不可能取得成效。①

国民政府所颁布的一系列土地政策,显示出政府对基层社会干预的强化。在这一过程中基层地权市场也经历着变迁,作为交易主体的地主和农户在交易规则的改变下不断转换角色。本章通过分析民国以来土地政策的变化,特别是政府加强管理后对地权市场的影响,并以江浙地区基层地权市场的变化为例,论述国家的法令政策与民间自发产生的交易规则之间的对立,以及政府加强管理对基层地权市场土地价格的影响。从政府管理与市场发展角度论述土地政策变化与地权市场变迁之间的关系。

从法律条文的变化上,能够看出政府对地权交易市场的态度。清末的法律已经出现对土地市场管理的倾向,但基本还是依据习惯法制定,对基层土地市场没有太大影响,到了民国时期,管理越来越强,从法律条文上清晰可见。1910 年 5 月《大清现行刑律》中,"草案"第 1089 条规定,"永佃存续期间为二十年以上五十年以下,若设定期间在五十年以上者短缩为五十年"②。这样对永佃权的期限限制,使得永佃权与租佃制度的界限很难划清。

二 民国时期具体的土地政策

民国时期,政府管理地权市场的迹象已很明显。如北洋政府根据 1914 年大理院上字第 304 号判例规定:"民国民法法典尚未颁布,前清之现行律除制裁部分及与国体有抵触者,当然继续有效。"已经明确对地权市场的干预。1927 年 5 月国民党中央土地委员会还专门起草了《佃农保护法》,其中规定了佃农对所耕土地有永佃权,但不得将所租土地转租他人,并废止了包田及包租制③。1924—1927 年国民

---

① 何莉萍:《从"二五减租"运动看民国时期土地政策之实施》,《河南社会科学》2006 年第 2 期。
② 杨士泰:《清末民国地权制度变迁研究》,中国社会科学出版社 2010 年版。
③ 1927 年 5 月南京国民政府成立后又颁布《佃农保护法》,规定"佃农缴纳租项不得超过所租地收获量百分之四十""佃农对于地主除缴纳租项外,所有额外苛例一概取消"。

政府主要推行了两项土地政策。① 一是提出耕者有其田政策，② 二是"二五减租"政策。③ 二五减租最终以失败收场。1927—1937 年的土地政策：一是田还原主政策；二是田赋整理政策。这些政策只有第一条减轻附加与废除苛杂尚能实施，其他均未贯彻执行。抗战时期的土地政策主要为战时土地政策，田赋征实政策和农地自耕政策。④ 但这些政策推行的结果都不尽如人意。政策制订的初衷是好的，但每次干预均未达到预期效果，反而将原本井然的秩序打破了。

近代中国的经济发展远远落后于西方国家。当权者和有志之士普遍认为落后的根源是腐朽的社会制度，应予以废除。他们试图通过变革或革命的方式，来改变贫困落后的面貌，以实现理想中的平均主义。于是纷纷提出革新的思想，其中，"耕者有其田"、重新分配土地等政策都反映了平均地权的美好愿望。但是这种以政府管理为主导的变革，并没有考虑到土地市场自身的发展特点。从 1927 年临时中央政府的《草案》通过到扶植自耕农政策的提出，都体现了政府对基层土地市场管理的加强，也可以看到每一次加强管理均未达到预期的效果。

（1）大革命时期：国民政府主要推行了两项土地政策⑤。一是提出耕者有其田政策，二是"二五减租"政策。耕者有其田是 1924 年孙中山提出并推行的，即主张农民拥有土地，农田应为农民所有，而所收获的农产品，要归农民支配。二五减租政策即"减轻佃农田租百分之二十五"，此外，二五减租不同于灾年减租的惯例，而是在正常

---

① 何莉萍：《从"二五减租"运动看民国时期土地政策之实施》，《湖南社会科学》2006 年第 2 期。

② 孙中山在广东省农民运动讲习所第一届毕业典礼上提出并推行。

③ 1930 年《土地法》第 177 条规定："地租不得超过耕地正产物的收获总额千分之三百七十五，出租人不得预收地租和收取押金。" 1935 年《中国经济年鉴》中进一步明确为："二五减租者，以农作物正产之全收获量先减 25%，以偿佃户所填之资本。所剩之 75%，归佃农业主各半均分。故租额系全收获量的 37.5%，农业副产品，纯归佃农所有，不另起租。"《中国经济年鉴》上，上海商务印书馆 1935 年版，第 113 页。

④ 姜爱林：《民国时期土地政策述要》，《历史档案》2001 年第 4 期。

⑤ 何莉萍：《从"二五减租"运动看民国时期土地政策之实施》，《湖南社会科学》2006 年第 2 期。

第五章 政府管理加强的基层地权市场

年景下按原租额减少25%。这是一项在承认地主土地所有权的前提下，减轻农民负担的基本土地政策，理论上是保护佃农的利益，但该政策1926年通过后，并没能执行下去。一是受党派之争的影响，二是二五减租影响了地主豪绅的利益，他们不但利用在乡村的势力压迫农民，还利用不缴田赋的手段来抵制政府。[①]。三是缺乏知识的佃农们很难了解条例的抽象内容，地主们利用农民对条例的一无所知或是一知半解，变相地将二五减租变为加租，鼓动农民起来反对二五减租，引发不少业佃纠纷。四是法规条例本身也存在不少问题。"过去的二五减租之所以在浙江以外地区成效未著，一方面是农民知识水准不够，同时也是制度本身存在若干缺点，不易推行，例如37.5%这个数字，很多农民就不容易找清楚。"[②] 归纳起来，这些因素只是造成二五减租失败的部分原因，而根本原因是政府在颁布土地政策时，没有正确了解基层地权市场的发展状况，对产权认识不足，对佃农的独立经营所带来的高收益了解不够，盲目干预只会打乱原有的自然秩序，在不能充分了解基层地权市场的条件下，强制干预很难取得成功。

（2）十年内战时期的土地政策：一是田还原主政策。即从共产党农村根据地所"夺回"去的某一地区，称为"收复区"，国民党将收回的土地又归还给原来的业主即地主。二是田赋整理政策。1934年5月全国财政会议制定三项措施。减轻附加与废除苛杂；确立县预算为轴心的整理地方财政；举办土地陈报，"使地与主联系起来"，但只有第一条减轻附加与废除苛杂尚能实施，其他两项均未贯彻执行。[③]

（3）抗战时期的土地政策：主要为战时土地政策，田赋征实政策和农地自耕政策。但这些政策推行的结果都不尽如人意。

（4）抗战胜利后，国民政府一心内战，无暇进行土地改革。1946年，国民政府行政院公布《绥靖区土地处理办法》，之后又尝试在一

---

① 郑震宇：《中国之佃耕制度与佃农保障》，《地政月刊》第1卷，1933年第3期。
② 刘光炎、冯放民：《中央周刊》第10卷第10期，中央周刊社1948年版，第3、10页。
③ 姜爱林：《民国时期国民党土地政策述要》，《历史档案》2001年第4期。

些地区继续推行二五减租，这些政策都未得到贯彻实施。①

三 禁止押租、典、转佃、实行减租等未取成效

民国时期，知识分子普遍认为，转佃徒增一道中间环节，佃农多了一层剥削，增加了最终耕作者的负担。② 同时，转佃因转手次数过多，易致冲突，官府常苦于协调与处理。③ 民国政府颁布了一些法令如禁止押租、转佃，但各地得不到执行，民间仍以习惯法为依据处理租佃关系，法院在实际工作中往往也只能以此为依据。④ 因为押租金对地主和佃农双方都是一种经济约束手段。禁止许多流传已久的交易习俗，非但不能解决问题，还干扰了自生自发的有效秩序，限制了地权市场的多样化发展。

基于民国时期的典习惯，人们继续期望典卖了的土地仍可以回赎、找价，实际上清代以来的民间习惯在民国时期还有流传，但是随着正式法典的产生，如在1911年《大清民律草案》中，就简单地把典完全去掉，只允许借贷中的"抵押""质权"和简单的绝卖，完全没有提及典。民国早期许多地方土地价格上涨增加了典的纠纷。国民党立法者不得不对回赎权的期限作相应的修改，缩短到30年，仅是北洋立法者允许的一半（第912、924条）。还决定使典权买卖的民间习惯合法化，第917条规定典权人可以把典权让与他人，第915条更规定典权人可以转典或出租典物与他人⑤。对于近世自生自发秩序的基层乡村来说，政府对基层地权市场的制约相对有限，虽然法律曾禁止民间的土地买卖，但是对基层乡村来说，这些法律几乎没有约束

---

① 肖铮：《土地改革五十年》，台湾中国地政研究所1980年版。
② 这种认识成为20世纪的主流，直至将土地固定分配给劳动者，并将农民稳定地束缚在其土地上，还通过户口等制度限制其自由选择的空间。尤其是在城市化急剧发展的时期，按人头固定分配土地，随着农民大量离开土地，地权却不能流转，造成土地不能通过交易配置到最具效率的劳动力与资本手中。
③ 龙登高：《地权交易与生产要素组合：1650—1950》，《经济研究》2009年第2期。
④ 李德英：《国家法令与民间习惯：民国时期成都平原租佃制度新探》，中国社会科学出版社2006年版，第100—102页。
⑤ [美] 黄宗智：《法典、习俗与司法实践：清代与民国的比较》，上海书店出版社2003年版。

第五章 政府管理加强的基层地权市场

力。有些地区还流行着老典八十年的习惯，如奉天省徐水县习惯：从前买地税契，典在不税契。因有躲避税契、希图省费起见，明明买妥，文契竟载有"典当"字样，并有"八十年许赎"等语（《民事习惯》上，P22）。可见政府虽加强了对基层市场的干预，规定了典的期限，可民间仍按乡规进行交易，根本没有受到政府加强管理的影响。而随着政府管理的加强，原有的乡村秩序被打破，国民党政府试图按市场逻辑制订法典来对抗民间的交易习俗。这一时期的政府政策与民间习俗并没有对立，至少在法规的制定上，尽量与民间习惯相一致，说明政府对基层乡村的控制还留有一定的空间。据国立清华大学对浙江昆阳县的调查，在所调查的506农户中，承典田地者有74户，占总数14.6%，其中以佃农承典户最多，占原有户数的20%，半自耕农次之，占17.1%。[①] 可见典的交易方式还很流行。

这一时期的政府虽然加强了对基层的控制，颁布了一系列法律条令，但效果并不明显，民间交易仍按乡规俗例进行。政府的法令在民间行不通，如实行禁止押租，对地主来说，会失去收取货币资金的机会，还会担心不停地寻找新佃户将花费更多成本；对于佃农来说，交了押租金，佃耕土地就有了保障，如果不欠租就可以永远耕种下去，所以禁止押租行不通，民间还在流行。对于禁止转佃，一定程度上就限制了佃农自由转让租佃权的权利，如遇到其他事情，或一时人手不够，需将土地转佃予他人时，便找不到应佃之人，很有可能造成土地荒芜没人耕种，还增加了佃农的负担，会因缴不上租而被地主夺佃，因而禁止转佃在民间也行不通。对于实行减租政策，如政府实行三七五减租，表面看是为了保护佃农，地主却变相增加地租额度，原来只收一季的租金，减租后加收一季或二季，导致佃农负担加重。二五减租的推行实际增加了农民的负担，如农民用来缴租的度量衡，自1935年起即由"老斗"改用"市斗"，二五减租后，表面上看是减轻了农民的租额，实际地主将每石租米加上一成六，变为一石一斗六

[①] 苏汝江：《昆阳农村经济之研究》，国立清华大学国情普查研究所专题研究之一，1942年版，手稿。

升，称为"一六升"，"二五减租"就变成了"一六加租"，有些地主索性恢复老斗，直至1948年才又改用市斗。① 可见二五减租的推行，不仅没有保护佃农，还变相增加了佃农缴租负担。对于典交易规则来说，虽然政府认为典对于土地交易没有什么用处，应予以取消，但民间仍在沿用，说明政府对交易制度的认识不够，典是以物品为担保而获得资金的方式，暂时让渡使用可以按期赎回，如果人们急需用钱，典是一种获得资金的有效方式，等到资金充裕时还可以赎回。对典这种交易方式的取消，实际上剥夺了人们暂时让渡物权的交易方式，因而在实际中得不到推行。但是这一时期政府对基层市场的干预还留有余地，并没有强制执行所颁布的法令政策，使得有些民间交易习俗还在沿用。

第二节　政府管理加强对基层地权市场的影响

这一时期，许多有识之士认为中国经济落后的根源在于腐朽的社会制度，认为封建的习俗惯例是阻碍经济发展的根源，必须根除才能像西方国家那样实现经济的快速增长。政府加强管理最直接的表现是颁布了一系列法律条例，如《大清民律草案》对永佃期限的限制，《佃农保护法》禁止将所租土地转租等，这些看似保护佃户的措施，在实际执行过程中，收效甚微。

一　政府为何加强基层管理

随着商品化和城市化的发展，自发秩序的基层地权市场若想维持原有秩序是很困难的。一方面，商品化与城市化促进了各种要素的流动，特别在西方商品的冲击下，原来自生自发的社会秩序很难再继续维持；另一方面，一旦自生自发秩序遭到破坏而发生变迁，整个过程是不可逆的，即很难再回到原有的秩序中。由于自生自发

---

① 华东军政委员会土地改革委员会：《江苏省农村调查》，1952年编印，第16页。

的乡村基层社会，大部分的交易通过乡规俗例即非正式制度进行，在政府没有介入乡村基层以前，宗族在基层组织中发挥重要作用，在政府、基层乡村、宗族、农户等几方博弈中，政府不用花费太多成本便能实现乡村的基层自治，权衡干预与不干预两种策略，政府必然选择不干预。当外在条件发生变化时，如城市化和商品化的发展，对于乡绅来说，有两种选择，一是居住乡里，一是搬进城里，相比于乡村的单调，城市生活更舒适安逸，于是多数乡绅选择进城。随着乡绅进城，渐渐出现基层治理空白，这时政府同样面临两种策略，即干预还是不干预，这时的乡村已发生了很大变化，干预对政府来说是最有利的选择。

此外，当时的社会历史背景也为政府管理基层提供了条件，由于中国经济远远落后于西方，执政者认为腐朽的社会制度是限制经济发展的最主要阻碍，应予以废除，政府采取强制性制度变迁的方式，试图对基层市场进行管理，虽然其效果并不明显，但从整个社会发展演进过程来看，政府管理不断加强，直至完全控制。政府管理变化的过程也体现了非正式制度与正式制度在一国发展中的动态变化过程。

政府对自生自发秩序地权市场的管理，主要忽视了两点：一是没有看到佃农作为个体进行独立经营所具有的优势，二是没有认识到产权在地权市场中的重要作用。

二 政府对朴素经济自由主义的地权市场认识不够

在民间的朴素经济自由主义秩序下，佃农的独立经营可获得剩余索取权和剩余控制权，其所经营的田地可看作是自己的企业。[1] 剩余索取权被视为实际的所有权。近世中国的佃农，虽然土地是租佃而来，但在定额租条件下对农场拥有完全的所有权，分成租佃制的农场则是佃农与田主分享。因此，佃农拥有或分享剩余控制权与剩余索取权。即合约未规定的剩余收益，定额租之外的收成全归佃农，分成租

---

[1] 龙登高、彭波：《近世租佃制度及其收益比较》，《经济研究》2010年第1期。

◈ 地权市场的制度演化（1650—1950） ◈

制下由佃农与地主按约定分享，无法约定者由佃农独占。① 佃农作为独立经营农户，对农场实际上拥有或共享控制权。如农民运动研究会对佃农独立经营有这样描述：在一年当中，农民除了那一种重要收获外，还有一两种副业的收获，收获后，农民立即打谷，将属于地主的那份立即交给田地管理人，除此外，佃农就没有其他的责任了，并不束缚于田地。② 可见佃农在交够地主的租银后，那些副业经营所收获物都由佃农自己支配，地主不会过问，即佃农拥有剩余索取权和控制权。佃农在主业之外，还可以经营副业，如在水田里养鱼，在田埂边种一些经济作物等，这些都是佃农收入的一部分，无形中佃农就获得了额外的经济收入，生活更有保障。

佃农的剩余索取权，大体表现为如下方面：第一是主要作物之外的种植与收成，如夏作之外的春作，或一季之外的二季，或其他辅助农作物，都由佃农决策与经营，剩余归佃农支配。大多数租佃契约，地租通常按一季作物来征收。③ 第二是佃农超额的劳动与资本投入的收益，"农勤则倍收，产户不得过而问焉"。佃农追加投入所获约定租额以外的增量收成，即使成倍增加，也与"产户"即土地所有者无关。第三是通常面向市场的多种经营与副业经营，这些经营是佃农独立控制，其剩余亦由佃农支配。后述佃权的市场价格不菲，很大程度上来自土地经营的各种剩余索取权。

佃农的土地获得了物权属性，即不仅拥有用益物权，而且拥有担保物权，佃农对农场的剩余控制权与剩余索取权更为彻底了。还有一点必须强调，佃农对土地投入的未来收益可以通过交易而转让或贴现。这样佃农的未来收益，不仅规避了风险，还可以解决当前的一些困难，比如急需资金等。④

---

① 龙登高：《地权市场与资源配置》，福建人民出版社2012年版。
② [英]戴乐仁等著，李锡周编译：《中国农村经济实况》，北平农民研究会1928年版。
③ 李伯重：《中国的早期近代经济：1820年代华亭——娄县地区GDP研究》，中华书局2010年版。
④ 龙登高：《地权市场与资源配置》，福建人民出版社2012年版。

第五章 政府管理加强的基层地权市场

而政府对基层干预加强后，由于没有看到佃农独立经营所带来的额外收益，只看到地主得到了佃农所交租金，片面地认为是一种剥削，提出要保护佃农的利益，并实行减租，但是结果却失败了。比如实行三七五减租前，原来地主只收一季租额，三七五减租后，地主加收一季即收两季或三季的租额，等于变相提高了租金。政府原本为了保护佃农，结果适得其反，佃农的负担不但没有减轻，反而加重了，因而新政策无法实施。

三 对产权的认识存在误区

（一）政府对基层地权市场存在认识误区

政府颁布的一系列土地政策，并没有意识到佃农虽然租佃土地耕种，实际拥有产权即经营权，如田面权等，而政府强制实行的新政策，有时佃农反而不能接受，这一现象在二五减租时尤为明显。如全国来看，湖南、湖北、江苏、浙江等省都实行了二五减租，但减租运动两三年后就消失了，江苏虽没有取消，也没有实行起来。地主纷纷反对二五减租，很多地区无法实行，仅在嘉兴二、三区可以实行，[1]主要是由于永佃制的存在。按永佃制规定，如不欠租，佃农即可永久耕种，地主无权撤佃，即使政府明令减租，佃农如完全按章纳租，地主便无话可说，如发生纠纷闹至官府，地主必败。佃农有永佃之权，地主不能撤佃，从这方面说，在永佃制的保障下佃农才是胜利者，故对新推行的减租政策，不论是地主还是佃农均不愿意响应，减租政策失败。

在自生自发的地权市场，土地交易以约定俗成的规则进行，财产权很明确，随着地权市场的发展和完善，出现了多种多样的交易方式和交易工具，土地产权进一步明晰，如"一田两主"及"一田三主"的产权所有形式得到普遍认可等。而随着政府管理的日渐加强，这种有效的交易市场被打破，取而代之的是强制的法律政策，人们不得不改变原有的交易习俗，重新适应新的土地政策，这一方面增加了交易

---

[1] 冯紫岗：《嘉兴县农村调查》，国立浙江大学、嘉兴县政府1936年版。

◈ 地权市场的制度演化（1650—1950） ◈

成本和机会成本，另一方面也束缚了农民的创造性。特别在刚刚实行土地改革时，许多农民并不轻易认同无偿分得的田地是属于自己的财产，反而认同原有的土地交易习惯，如吴县浒关区新合乡周凤根、钟阿金不要田，他们说："人家腿上的肉，披不到我腿上的肉。"[①] 由此看出，产权的界定是至关重要的。只有在产权明晰的条件下，土地交易才得以顺利进行，多种交易形式如出租、押、抵、找价、绝卖的交易形式才得以产生，交易各方的权益才得以保障。地权市场的所有交易都是在产权明确的前提下展开的，如果产权界定不清，交易就无法进行，地权市场也就失去存在的意义。

（二）产权界定对地权市场发展的重要性

如科斯定理所述："只要财产权是明确的，并且交易成本为零或很少，则无论在开始时将财产权赋予谁，市场均衡的最终结果都是有效率的。"[②] 在自生自发的地权市场，土地交易以约定俗成的规则进行，财产权界定明确。随着地权市场的发展和完善，出现了多种多样的交易方式和交易工具，土地产权进一步明晰，如"一田两主"及"一田三主"的产权所有形式得到普遍认可，多样化的产权交易形式使基层地权市场更为活跃、有效率。而随着政府管理的日渐加强，这种有效的交易市场被打破，取而代之是强制的法律政策，人们不得不改变原有的交易习俗，重新适应新的土地政策，这一方面增加了交易成本和机会成本，另一方面也束缚了农民的创造性。

由此看出，只有在产权明晰的条件下，地权交易才得以进行，多种交易形式得以产生。明清时期江南地区形成了灵活的地权流转机制，产权界定牵涉政府界定和民间习俗。[③] 若政府对地权市场认识不足，盲目干预，反而破坏原有的自然秩序。这一时期土地政策没有取得预期效果，主要是由于政府对民间的地权市场认识不够。近代中国的佃农，虽然土地是租佃而来，但在定额租条件下对农场拥有完全的

---

① 《浒关区新合乡分配土地阶段总结》，江苏省档案馆档案：3006－短－355，1950，9，20。
② ［美］纳尔德·H. 科斯：《社会成本问题》，《法学与经济学杂志》1960年第10期。
③ 张一平：《苏南"土改"中一田两主地权结构的变动》，《中国农史》2011年第3期。

所有权，分成租佃下的农场则是佃农与田主分享。佃农拥有或分享剩余控制权与剩余索取权。① 佃农作为经营农户，对农场实际上拥有或共享控制权。

而政府对基层管理加强后，由于没有看到佃农独立经营所带来的额外收益，只看到地主得到了佃农所缴租金，片面地认为是一种剥削，提出要保护佃农的利益，并实行减租，结果却失败。由于政府对基层地权市场的自发性和高效率并不了解，只通过颁布法令的形式加强管理，很难取得预期效果。

四 政府加强基层管理与押租制变化

自明清到民国，押租制一直作为非正式制度在民间流行，但是随着政府对基层管理的加强，特别是当权者认为，近代中国落后的根源是旧有的体制，主张废除所有的制度。认为押租制是一种剥削，明令禁止押租转佃，但是从实际效果看，并没有起到多大效用。对于地主来说，收取押租可获得货币资金，虽然押租在实行初期，如果地主退佃，应全部将押金归还佃户，押金的决定权在地主手中。如果地主需要或使用这部分资金，如用于经商、放高利贷等，他就不会退佃，让佃户一直耕种下去，自己不仅可以获得货币资金，还可以规避风险。当遇到风险时，佃户如不能按期交租，地主用押金抵还欠租。所以对地主来说，收取押租金是一种保障，不论对于规避风险，还是获得暂时性的货币收入都有好处，因而地主不会同意禁止押租的条约。而对于佃户来说，交押金的好处是，可以佃种这块田地，并通过佃种田地获得劳动收益，只要按时交租，就可以一直租佃下去，因而佃农也不反对押租。由此看来，即使政府对押租制进行干预，也不能禁止押租制在民间的流行，随着押租数量的增加，押租成为永佃制的一种形式和渠道。从民国二十年的统计数据看，每百户佃农中被地主退佃者平均为8.8%，民国二十八年平均为11%，民国三十年为13.7%，② 地

---

① 龙登高：《地权市场与资源配置》，福建人民出版社2012年版。
② 乔启明、蒋杰：《抗战以来各省地权变动概况》，农业促进委员会1942年版。

◆ 地权市场的制度演化（1650—1950）◆

主退佃率不高。一般地主退佃，主要是加租、欠租或者收回自耕等原因，有时是由于物价上涨，地主想增加收益，多提高租额，佃户无法应对，才遭退佃。从统计数据上看，因押金加重，佃户无力负担而被退佃者，在四川、湖北、云贵地区较普遍。总体来看，地主退佃情况较少。

从这方面说，政府对押租制的干预并未起作用，押租制仍然继续推行，而有些地区的押租额一再上涨。从押租金的上涨情况看，政府加强管理对押租制几乎没有影响，即使在抗战时期，地主还在增加押租金额。据农业促进委员会调查资料显示，抗战以来，民国二十六年各省每市亩押金，平均为15.8元，二十八年增加为32.7元，增了一倍多，至民国三十年，涨为55.3元，① 交押金的原本用意是佃户纳租的担保，地主为了收租稳定，才提高押金，有时涨押金也为了选择好的佃农，特别是竞佃者较多时，地主更要加价，如四川省是全国押租制较为普遍的地方，以土地肥沃、出产优厚、竞佃较多为甚，押金多少与租谷和租金成反比，四川押租中流行这样的习惯，租约上有载明："押租银一百两正，其田每亩纳租谷壹石玖斗正，每两扣谷四斗二升正"②，押金多寡因当地习惯而异，四川以成都平原水稻区押金最高。

这些实例皆证明，民国时期政府虽然对押租加强管理，如颁布禁止押租等政策，押租制仍然在民间流行，押租制的存在有其合理性。

通过押租取得的土地，如果佃农不欠租就可以永远租种下去，佃农获得永远耕种的权利，拥有永佃权，这也是押租最后演变为永佃制的最基本形式。土地交易规则的多样化，反映在各地的民间交易习俗中，随着交易工具的多样化，土地交易变得越来越灵活，一块田地既可以租佃，又可以典，还可以找价等，这种地权交易体系，契约关系内在结构也变得复杂化。人们可以在土地市场通过各种交易实现资源整合和安排。③ 随着押租制的发展，一田两主的出现，地权交易形式

---

① 乔启明、蒋杰：《抗战以来各省地权变动概况》，农业促进委员会1942年版。
② 《四川农村经济调查委员会调查报告》第7号，中国农民银行1941年版。
③ 龙登高：《清代地权交易形式的多样化发展》，《清史研究》2008年第3期。

更加多样化，原业主既可以出卖田底权获得急需现金，又可保留佃耕权，获取劳动收益，也可以出卖田面权，保留土地所有权。这种灵活多样的交易方式使得地权市场上各种资源得到有效配置。

五　政府介入基层后永佃制的发展

政府介入基层乡村后，永佃制仍有发展，虽然政府采取禁止押租转佃政策，但对永佃制的发展影响不大，江南地区仍是永佃制最为发达的地区。关于永佃户占总户数的统计，国民政府全国土地委员会在1937年对全国16个省各类租佃期限的户数进行了抽查，永佃户最多的地区是察哈尔、绥远、安徽。安徽省共抽查43 012户，其中永佃户18 990户，占抽查户数的44.15%，定期租佃户5 536户，占抽查户数的12.87%，不定期租佃户数18 482户，占抽查户数的42.96%，其他户4户，占抽查户数的0.01%。① 其次是江苏、浙江和湖北地区的永佃户较多，所占比例分别为40.86%，30.59%和13.4%（见图5-1）。

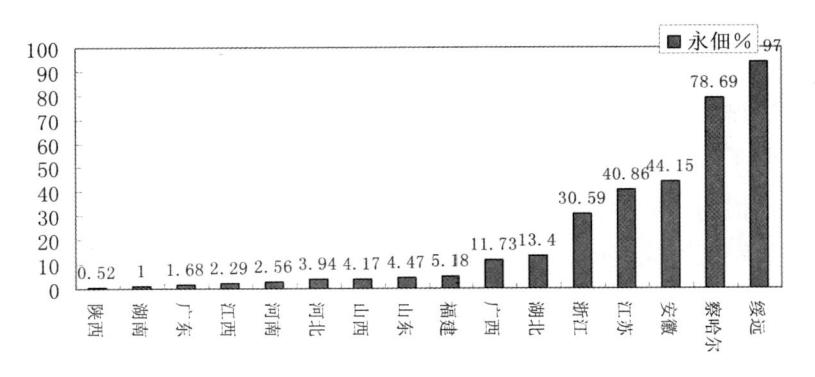

图5-1　全国各地的永佃比重

资料来源：土地委员会编《全国土地调查报告纲要》，土地委员会1937年版。

土地委员会的调查数据表明，民国时期的永佃制仍有一定发展。

---

① 土地委员会编：《全国土地调查报告纲要》，土地委员会1937年版，第45页。

◆◆ 地权市场的制度演化（1650—1950） ◆◆

作为一项民间流行的非正式制度，当受到外力冲击时，会受到破坏，将以一种新的形式存在，这也是演化博弈论在论述习俗的演化时所强调的，即在"断续均衡效应"的影响下，习俗会发生变迁。当惯例驻存后，呈现出多元化特点，一旦受到外力冲击，这一制度将被打破。外在冲击力使这个种群或社会导向一种新的习俗与惯例的演生路径。

当某个人主要是与一小群邻居交往时，发生制度切换的速度可能要比单一交往的情形更加迅速并以指数形式加速。由一种惯例演变为另一种惯例所需等待的时间，是人口容量（顶点数）的一个函数。假定每个人在随机时间里更新他的策略，这些时间是由一个泊松到达过程决定的。在一个长度为 τ 的区间里，一个人更新策略的期望次数是 $\lambda\tau$（$\lambda>0$）。假设 $\lambda=1$，即假设每个人在单位时间里更新策略一次，更新在个人之间是独立同分布的。考虑一个具有 m 个顶点的图像 $\Gamma\in\zeta$。对于每个状态 x，设 a（x）为采取行动 A 的人数，并设 p（x）= a（x）/m 为采取行动 A 的人的比例。给定 $p\in[0,1]$，设 W（Γ，β，p，x^0）为直到人群中至少有（1-p）部分都采取行动 A 的预期等待时间，前提是从状态 x^0 开始：

$$W（\Gamma，\beta，p，x^0）= E[\min\{\tau:p(x^\tau)\geq 1-p\}]$$

过程的 p 惯性是在所有的初始状态 x^0 上的最大预期等待时间，

$$W(\Gamma,\beta,p)=\max_{x^0\in E}W(\Gamma,\beta,p,x^0)$$，即当每个人都在开始时采取非风险占优的行动 B 时，此式就成立了。$W(\Gamma,\beta,p)$ 是由交互作用结构的局部密度所决定的，而不是由图像本身的大小决定的。即当个人属于小而紧密相连结的组群时，接近于随机稳定状态的等待时间就有了上界，而与人口容量无关。局部交互理论恰好论证了在这种状态下的一种惯例转换所需等待的时间，即从一种惯例切换到另一种惯例所需等待的时间是有界的。当受到外力冲击时，会导致惯例的衰落或一种新惯例的产生。

至于永佃制是否衰落，不同学者持不同观点。从现存的文献资料来看，民国时期的永佃制并未衰落，在某些地区还有一定的发展，土地委员会的调查表明，民国时期在所调查的全国 281488 个农户中，永佃户数占21.08%，不定期户数占70.74%，从分地区的情况看，绥远永佃户最多，占总户的93.97%，其次为察哈尔占78.69%，安徽占44.15%，江苏占40.86%，浙江占30.59%。① 可见永佃制在一些地区十分盛行，并没有衰落。民国时期，政府介入并没有阻碍永佃制的发展，对于地主来说，永佃权可保证其获得充足地租而不用为不断寻找和更换佃户花费功夫，既省时又省力，对于佃户来说，获得田面权，就可以世代永久佃种下去，还可以在市场上进行交易，或卖，或转佃，或转租，这样的交易形式对双方来说均可获利，即使政府出面干预，对于交易双方来说，也不会起太大作用，因而政府对永佃制的干预是无效的。

六 交易主体的变化

土地交易契约反映了不同交易主体的交易活动，各个交易主体的身份随着土地交易制度的变迁也发生着变化。这些交易主体主要指地主、自耕农、佃农、雇农等，他们是地权交易市场的主角，也是土地契约的签订者和执行者。

在传统基层社会，乡绅、宗族是基层社会的主要管理者，地主和农户是土地市场的主体，交易按乡规俗例进行。随着政府对基层干预的加强，交易主体的身份地位也发生变化，如乡绅进城，有的变卖土地转而投资商业，成为商人，有的永居城里成为城居地主或不在地主，有的将田地转租给别人，由此人再转租，成为"二地主"。另外，自耕农的身份也经常发生变化，获得田面权的佃农，自主经营田地，由佃农变成自耕农，佃农有了一定资金积累后，通过购买土地获得所有权而又变成地主。随着地权交易市场的变化，交易主体也在发生变化。

（一）地主的变化

在传统基层社会，地主的主要特点是中小地主比重高，大地主不多；经营地主和庶民地主增加。从地主占田情况来看，大地主占田平

---

① 土地委员会编：《全国土地调查报告》，土地委员会1937年版。

均数百亩，上万亩的也只有三、四家（见下表 5-1）。从经营方式上看，一般地主都将土地出租或租佃，很少自种，大都需要雇工。以山东为例，山东的地主很少，景甦、罗仑①调查的 131 家经营地主中，以经商起家的有 64 家，占调查总数的 49%；以种地起家的有 59 家，占调查总数的 45%；以做官起家的只有 8 家，仅占调查总数的 6%。地主主要由庶民地主阶层所构成。总体来看，地主没有主导力，并逐渐被边缘化。②

表 5-1　　　　　　　　　清代大地主占田举例

时代	地区	地主姓名	占田数量
清初	湖南桂阳	邓仁心、邓仁恩（诸生）	田数百顷
康熙	江苏无锡	徐乾学（刑部尚书）	买慕天颜田一万顷
康熙	浙江平湖	高士奇（少詹事）	置田千顷
乾隆	直隶怀柔	郝氏	膏腴万顷
乾隆	江苏海州	孟思鉴	［约五千余亩］
嘉庆		和坤（大学士）	地亩八千余顷
嘉庆		刘全及马某（和坤家人）	地亩六百余顷
嘉庆	湖南衡阳	刘重伟（木商）子孙	田至万亩
嘉庆		百龄（广东巡抚）	买地五千余顷
嘉庆		孙五庭（两江总督）	买地三万余顷
道光	山东济宁	沈懋德	有田万余亩
道光	江苏吴江	娄步瀛	地四十余顷
道光	直隶静海	琦善（大学士、总督）	地二百五十六万一千二百十七亩
道光	湖南武陵	丁炳鲲	［地四千亩以上］

资料来源：李文治《清代鸦片战争前的地租、商业资本、高利贷与农民生活》，载《经济研究》1956 年第 1 期。［ ］号内系李文治所增加。惟嘉庆间孙玉庭一项据景甦、罗仑《清代山东经营地主底社会性质》，山东人民出版社 1959 年版，第 93 页。琦善所占土地系据外国人著作，似不可靠。许涤新、吴承明加注《中国资本主义发展简史》，第 226 页。

民国时期的乡绅已不再是基层地权市场的主导力量，随着商业化的发展，大部分乡绅进城，出现了基层治理的空白，传统基层组织网络被打破。乡村社会各阶层正经历着一系列变迁，科举制的废除及新

---

① 罗仑、景甦：《清代山东经营地主经济研究》，齐鲁书社 1985 年版，第 116 页。
② 赵冈：《地权分配之太湖模式再检讨》，《中国农史》2003 年第 1 期。

第五章 政府管理加强的基层地权市场

知识人的涌现,旧绅士人群的日益衰落等变化都对基层乡村产生着重要影响。搬进城里的乡村士绅,呈现出商业化的特点,留在乡村的绅士身份也有了新取向,较传统绅士更广泛,包括商绅、军绅、新式学绅及部分非法方式(土匪、寇首)。国民党政权建立后,在乡村基层推行乡村政权建设,留住乡里的乡派士绅找到一个发展的新机会,从而基层社会出现了一个新的社会阶层即新乡绅阶层。

新乡绅阶层的出现打破了原有秩序,使得土地交易市场也逐渐发生变化,主要表现为:人们交易习惯的改变,地权分配状况的变化等,都反映了政府管理强化的乡村基层社会的变迁。

不在地主[①]:城居地主的兴起和发展

清朝前中期,由农村移居城镇的地主逐渐增多,地主城居以后,通常与佃农不直接接触,他们更关心"择佃",即"良田不如良佃",以及按时收取地租,推动押租制的流行。随着商业的发展、新学制的确立、自然灾害的频繁、战乱及军阀战争等因素的影响,乡居地主向城市流动越来越频繁,渐渐演化为一种结构性的流动。在江南地区存在大量"不在地主"[②]。而在北方地区,村里极少有地主,大部分地主居住城里,城居地主增多。如河北省顺义县于辛庄村的村有土地多为县城人、杨各庄人所拥有,占总耕地面积的四分之一,良乡县吴店村在民国以后,土地所有权呈外流趋势,村有土地的十分之四为城居地主所有。山东高密县三里庄,农业经营耕地的82.3%是佃耕地,[③]属城居地主所有,可见,乡居地主的城居化已成为近代中国社会的普遍现象。

1. 不在地主增多

随着城市化发展,地主进城,不在地主增多。据嘉兴县的调查资料显示,地主占有的土地并非在其本乡。如渠东乡共有土地仅1.1万

[①] 对于"不在地主"一词的界定,不同学者有不同的观点,此处探讨的是"不在地主"中的一个类型,即城居地主。此处两个概念不加区分。

[②] 曹幸穗:《旧中国苏南农家经济研究》,中央编译出版社1996年版。

[③] 安宝:《"不在地主"与城乡关系——以租佃关系为视角的个案分析》,《东北师范大学报》2011年第1期。

◆◈◆ 地权市场的制度演化（1650—1950） ◆◈◆

余亩，而该乡地主在外乡所有的土地竟达 1.3 万亩以上，除汉南乡外，其他各区不在乡地主的土地均在 50% 以上，最多为泰安区，达 78.45%，其次是坛塘乡，达 69.5%（见下图 5-2）。从江苏昆山、安徽宿县两地的情况看，居外地主大多是世代居于外，且为当地大地主，江苏南通正好相反，居乡地主所占比例大，为 84.2%（见下图 5-3）。

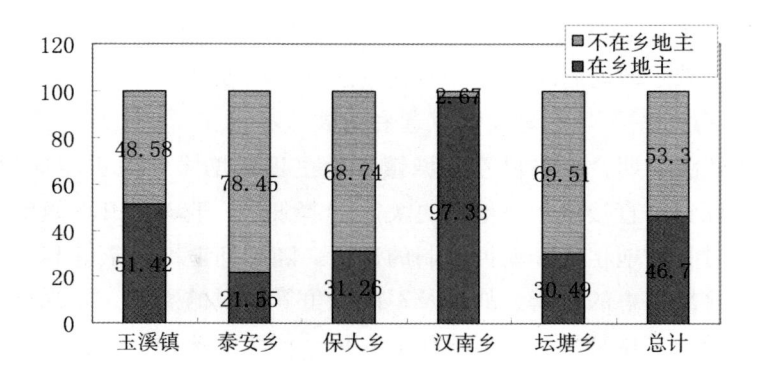

图 5-2　嘉兴县在乡地主与不在地主各占土地百分比

资料来源：冯紫岗《嘉兴县农村调查》，国立浙江大学、嘉兴县政府 1936 年版。

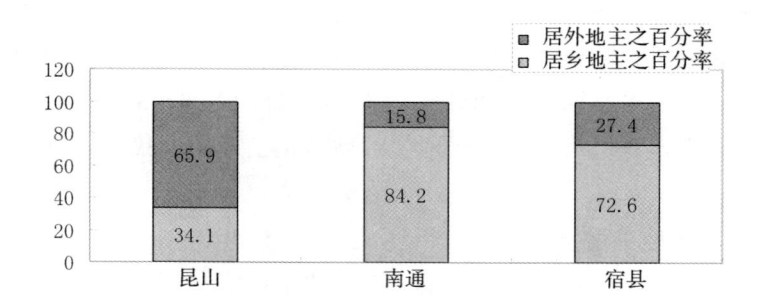

图 5-3　居乡与居外地主占地多寡比较

资料来源：乔启明《江苏昆山南通安徽宿县农佃制度之比较以及改良农佃问题之建议》，金陵大学农林科《农林丛刊》第 30 号，1926 年 5 月初版。

2. 城居地主的变化

一般来说，城居地主大都在城市有其他职业，仅于每年收租时下乡一次，或派他人代理，他们对佃户漠不关心，双方关系较为恶劣；而住乡地主，虽本身不耕作，但长期居住在乡，不但对佃农的耕作技术随时指导，还时常关心佃农的生活，与佃农的关系融洽。受1932—1934年地价惨跌影响，地主阶层也发生很大变化，中小地主减少，许多小地主沦为平民，大地主和城居地主增加。以河北为例，1932—1936年的5年间，临城、唐县等地的中农由65%降至23%，而小农由20%增至55%[①]。这一时期的全国大地主的数量无准确统计，有人估算，全国占地万亩以上的大地主，在200户以上；千亩以上的大地主约有3万户；500—1000亩的大地主，更是不计其数[②]。

抗战以来的数据统计显示：（1）按地主所占土地面积大小，可将地主分为大、中、小三级，以小地主为最多，中小地主均有增加，土地分割较细[③]（见图5-4）。土地所有权无大变更，使用权稍有变动，土地所有权仍多在地主手中，以城市地主所占面积较大，其每户所占土地，高者拥有千余亩，低者尚不足10亩，土地面积差距很大，不可简单对比。从地权分配上看，每百亩田地中，各省城居地主平均约占18亩，乡间地主约占21亩，自耕农约占25亩，地主兼自耕农约占18亩，半自耕农约占17亩（见图5-5）。

（2）从数量上看，以住乡者占多数，各省平均每百户地主中，住乡者占72.6户，住城者占27.4户。城居地主最多的省份是西康、贵州、云南、陕西、四川等地，六省的城居地主所占比例超过平均值即24.2%，南方地区的城居地主反而减少（如下图5-6）。从1937年的调查资料来看，城居地主最多的省份为广东、云贵川、西康等地，土地所有权在不同的农户间的分配，有一定变化，但并未因战事而发生巨变。

---

① 薛人：《河北临城县农村概况》，转引自千家驹《中国农村经济论文集》，中华书局1936年版，第497页。

② 刘克祥：《20世纪30年代地权集中趋势及其特点——30年代土地问题研究之二》，《中国经济史研究》2001年第3期。

③ 各省大地主，平均每户占有土地670.1市亩，以湖南、云南两省的大地主最多，湖南为1112.5亩，云南为1420市亩。中地主所占土地面积，各省平均为296.6市亩，以西康为最多，小地主平均面积为107.6市亩，其次是甘肃、陕西，浙江小地主占土地面积最少。

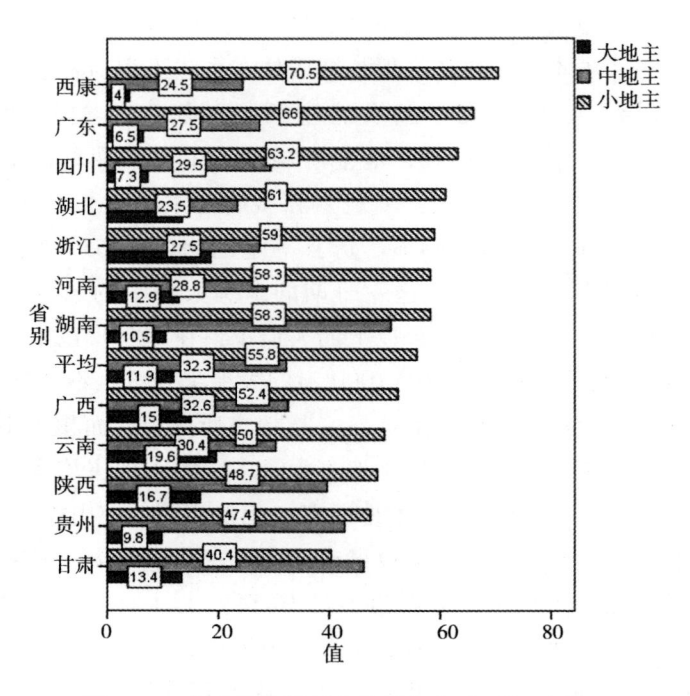

◆◇◆ 地权市场的制度演化（1650—1950） ◆◇◆

图 5-4　各省抗战期间各级地主占地面积百分比

资料来源：乔启明、蒋杰《抗战以来各省地权变动概况》，农产促进委员会 1942 年版。

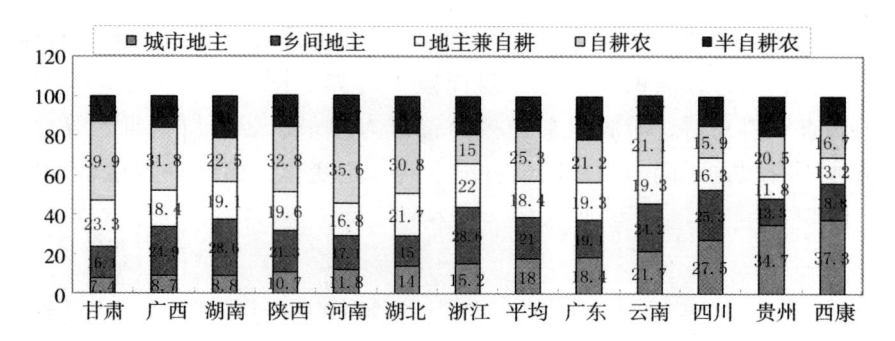

图 5-5　1937 年各省地权分配状况（每百亩田地中各地区农户百分比）

资料来源：乔启明、蒋杰《抗战以来各省地权变动概况》，农产促进委员会 1942 年版。

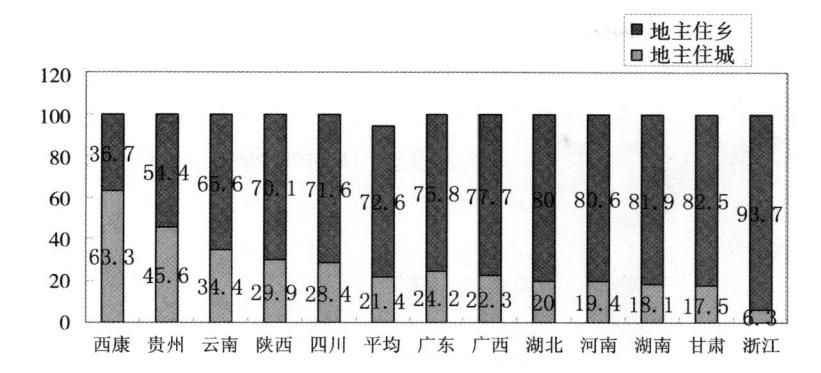

第五章 政府管理加强的基层地权市场

图5-6 全国各省住城地主与住乡地主数量百分比

资料来源：乔启明、蒋杰《抗战以来各省地权变动概况》，农产促进委员会1942年版。

从土地改革前的资料看，[①] 城居业主所占土地较多（见下图5-7），张村城市业主占地比重49.3%，寺头31%，观惠15.6%。这与其所处的地理位置有关，靠近城区的乡镇（占全区半数以上）的租田大部分集中于城市业主手里，其中绝大部分又集中在杨、薛、顾等姓地主手中，地租由管账者代收。而在边远之乡，土地多集中在乡下地主及富农手中。

3. 地主的职业变化

由于民国时期地方军阀和官吏利用特权强占土地，成为集"军阀、官僚、商人、地主"四位一体的大地主，这一时期的地主身份变化，并不是政府加强管理的结果。而清政府对官吏的要求严格，官吏惩罚制度烦琐，清朝时期并没有集诸多强权为一身的特权地主。而民国时期的特权地主，是在特殊背景下产生的。从乡居地主与城居地主的人数上看，乡居地主仍占多数。以豫鄂皖赣四省数据为例，从乡居地主的人数平均值来看，四省的乡居地主均高于居外地主，其中，河

---

① 华东军政委员会土地改革委员会编：《江苏省农村调查》，华东军政委员会土地改革委员会1952年版。

◆◆ 地权市场的制度演化（1650—1950）◆◆

南的乡居地主所占比重为 82%，湖北为 83%，江西为 74%。安徽为 62%[①]（见附录 B）。但是从大地主的主要职业看，以江苏为例，比重最高的是军政官吏和高利贷者，江南的大地主从事高利贷的较多，占 42.8%，江北的大地主出身军政官吏的较多，占 57.3%（见图5－8）。

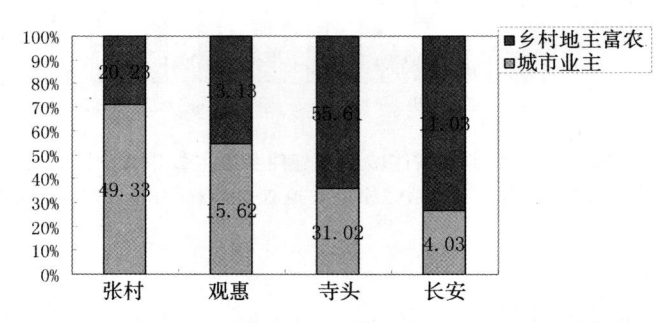

	张村	观惠	寺头	长安
城市业主	49.33	15.62	31.02	4.03
乡村地主富农	20.23	13.13	55.6	11.03

图5－7 无锡居住城市业主与在乡地主富农的土地占有情况（百分比）

资料来源：华东军政委员会土地改革委员会编《江苏省农村调查》，华东军政委员会土地改革委员会1952年版。

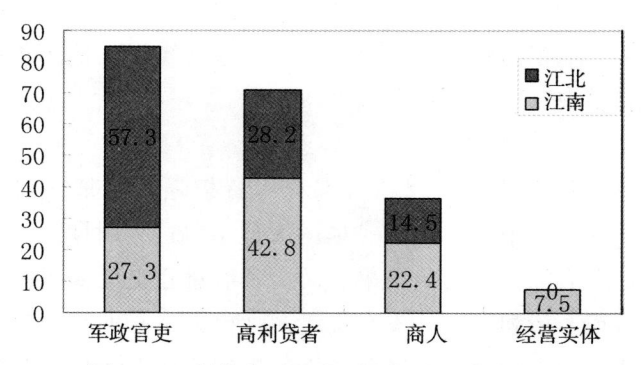

	军政官吏	高利贷者	商人	经营实体
江南	27.3	42.8	22.4	7.5
江北	57.3	28.2	14.5	0

图5－8 江苏大地主主要职业表（家数%）

资料来源：陈翰笙《现代中国土地问题》，中国土地问题和商业高利贷（上海，民国26年），第30页。农复会，江苏农村调查，第17页。农产品价格仍然下降，第72页。平凡《中国农业人口之阶级的分析》，中国农民问题与农民运动，第81—82页。

---

① 金陵大学农学院农业经济系调查：《豫鄂皖赣四省之租佃制度》，金陵大学农业经济系1936年版。

第五章　政府管理加强的基层地权市场

以上数据显示，外来资本对土地的投入增多，有些城居地主实际是军阀、官僚，或者高利贷者，他们投资土地，是为了获得高额收入，但这种现象只是暂时的，是特殊历史背景下暂时的强权占有，与本卷所论述的地权市场的演进脉络不相一致，在自生自发秩序的乡村基层，不存在军阀和高利贷者大量投资土地的现象，而这一时期的军阀和官僚地主比重高，并不是政府加强管理的结果，与文中所论述的主题关联不大，这里仅考虑乡绅进城，不在地主增多，对基层社会地权市场的影响。

（二）宗族

宗族聚居的特点，通常是"古代北盛于南、近世南盛于北"。全国来看，东南地区的宗族聚居程度最高。华南许多地区中，单姓村比较普遍，以江西为例，江西高安县1291个村子中，有1121个村（87%）是单姓村。而广东花县有40%的村庄是单姓的。[1] 广东、福建两地的宗族，势力更甚于江苏。江西、安徽、湖南等地的族田建置与江苏、广东、福建等地的情况恰恰相反，山区的宗族多，经济落后山区多于经济发达的平原。北方地区的宗族普遍不发达。

族田的分布情况大致上可反映宗族势力的变化。从族田数量上看。广东、福建地区的族田最多，占全部耕地面积的比例最大。据陈翰笙等1934年的调查，珠三角番禺等县的族田占耕地总面积的比例在30%—60%不等。闽北地区的各种形式的"共有田"，占总土地的50%以上[2]。其次是江苏、浙江的族田，清代后期仅吴、长（州）两县500亩以上的义庄就有140余处。江苏规模最大、数量多的族田——义庄，几乎全部集中在苏南地区的松江、苏州、常州诸府；义田建置，乾隆以前，苏北多于苏南，乾隆以后，苏南多于苏北。[3] 江西族

---

[1] ［美］黄宗智：《华北小农经济与社会变迁》，中华书局1985年版，第244页。
[2] 华东军政委员会土地改革委员会员会编：《福建农村社会调查》，华东军政委员会土地改革委员会1952年版，第110页。
[3] 华东军政委员会土地改革委员会员会编：《福建农村社会调查》，华东军政委员会土地改革委员会1952年版，第110页。

田也有很大发展,乾隆年间官方曾两次对江西宗祠、族田进行清查。共有族田6739处,数量较大的族田有760处。① 安徽族田约占全省总耕地面积的4%强,而皖南山区的徽州地区超过了14%。

　　从族田的经营方式上看,除佃仆制外,族田经营多采用一般的租佃制。佃耕种时,一些地区(广东最多,江西两湖也有)常常采取"投标招佃"的办法,谁出的租多,谁得佃。随着宗族产业的增多,在管理和分配族田收入上,一般按约定俗成的习俗为准。一些地方,佃种族田是近于永佃制的。如"广东又有租清永耕的习惯。特别在北江、南路和韩江上游,租清永耕,实施太公田的远多于私田"②。

　　政府介入基层治理后,族田在分布上没有太多变化。通过所收集的调查资料显示,土地改革前,族田在全国的分布,仍是南盛于北,族田主要集中于南方,这一状况直到土地改革前夕也没有发生太大变化。

　　广东、福建地区的族田最多,占全部耕地的比例最大。广东有些地区族田占总田产的比重平均为30%—40%左右,多的占到50%—89%。③ 福建族田比重:古田七保75.8%,古田过溪占61.4%(以上属于闽北闽西地区)。仙游4个村占43.5%,永春7个村占29.53%,莆田华西占21.87%,南安新榜村占15%,福州市郊6个村占13.55%,福州市郊2个村占7.98%,福建醒屿村占9.02%(以上属于沿海地区)。一般来说,闽北、闽西占50%以上;沿海各地只占到20%到30%。④

　　长江流域⑤各省的族田,华南多于北方。1930年毛泽东对兴国第十区,即永丰圩一带的土地占有情况的调查显示,家族公堂约占当地

---

　　① 张研:《关于清代族田分布的初步考察》,《中国经济史研究》1991年第1期。
　　② 陈翰笙:《广东农村的生产力与生产关系》,上海中山文化教育馆1934年版,第25页。
　　③ 郑振满:《清至民国闽北六件"分关"的分析》,《中国社会经济史研究》1984年第3期。
　　④ 华东军政委员会土地改革委员会编,《福建农村调查》,1952年,第109页。
　　⑤ 包括青海、西藏、四川、云南、重庆、湖北、湖南、江西、安徽、江苏、上海11个省(自治区、直辖市)。

第五章 政府管理加强的基层地权市场

土地总数的10%。同年在寻乌调查发现祠堂土地所占比兴国比例更高。长江流域的湖南长沙府、湖北汉阳府、黄州府各县，公田面积都占全部耕地面积的15%左右，而且在公田中族田（包括义庄与祭田）只占45%（湖南）和43%（湖北），学田、寺田等非族田类公田比族田多。①

北方各地区，宗族的共有财产一般仅限于公共墓地、坟山，没有可用于耕作的族田及其他宗族共有财产。李景汉30年代在河北定县所调查的62村共有耕地238563亩，有族田的宗祠不过13所，总共有田仅147亩，只占总耕地总面积的万分之几。陕西关中三府41县，土地改革前土地统计中的（族庙公产）没有一县超过1%。②"满铁"在华北6个自然村的调查未发现有族田。至于东北，则更少族田。③山东大部分村落家族通常没有大面积的族田。④

华东军政委员会土地改革时的资料显示，苏南族有土地即义庄与祠堂土地，在农村中所占比重相当大。如高淳县沧溪区双桥乡公田的单位即有361个，占有土地385.96亩。以整个高淳乡来说，其总田亩733208亩，而公堂田即有83375.1亩，占总田亩的11.36%，无锡荡口区十二个义庄，占有田13751.6亩，占全区总田亩的9.52%，其中以华分义庄占有土地最多，计4223亩，孝余堂为最小，仅占有土地53.42亩。苏州东山区五个乡有义庄七个，占田7170亩，三个祠堂占田966.6亩，其中以王义庄为最大，有田2364亩，席义庄最小，有田100亩。苏州东山区五个乡8119.8亩宗族性土地，其种类为：稻田占62%，棉田占18.5%，荡田占5.5%，其余是鱼池、桑田、坟地，共占14%（见下图5-9）

---

① 毛泽东：《毛泽东农村调查文集》，人民出版社1982年版。
② 卞悟（秦晖）：《公社之谜——农业集体化的再认识》，《二十一世纪》1998年第8期，转引自刘军、王询《中国南北方汉族居住区宗族聚居的地域差异》，《东北财经大学学报》2007年第2期。
③ 刘军、王询：《中国南北方汉族居住区宗族聚居的地域差异》，《东北财经大学学报》2007年第2期。
④ 张佩国：《地权·家户·村落》，学林出版社2007年版。

◈◈ 地权市场的制度演化（1650—1950） ◈◈

坟地，13.37　渔池，0.21
棉田，18.48
桑田，0.49
荡田，5.53
稻田，61.92

图 5-9　苏州东山区五个乡宗族土地占总田亩百分比
资料来源：华东军政委员会土地改革委员会《江苏农村调查》，华东军政委员会土地改革委员会 1952 年版。

通过以上分析，族田分布在土地改革前变化不大，多集中在南方地区。民国时期政府对基层管理加强，对族田的影响较小。族田作为公共田产，受到外界干扰较少，除非战争或灾害等不可预测的事件发生，族田一般不会有太大变化。

（三）自耕农

清朝政府对基层实行宽松政策。自耕农在乡村社会占主导地位，从分地区的情况看，依据郭松义的调查，湖南、陕西省的自耕农较多，直隶的自耕农占总农户半数。按获鹿县的统计资料，至乾隆初获鹿县仍有占 34.82% 的自耕农和富裕自耕农。总体来看，北方自耕农数量，在总体上至少要超过整个农业人口的半数。苏南自耕农亦占有优势，清末时，自耕农仍占有将近一半的人口。[①] 可见自耕农是当时乡村基层的主力，同时也表明，自耕农在人口中的比重之大，说明具有独立经营能力的农户多，更有利于地权交易市场的发展。

（四）佃农

通常来说，自耕农的经济基础一般很脆弱，在遇到天灾人祸时常缺乏规避风险的能力。失去土地的自耕农，不得不向地主租种土地，成为佃农。佃农开始时受限制，清初时曾禁止佃农流动；乾隆初，农户离乡已无限制；到清中期，佃农已基本上有了择佃、退佃、迁徙的

[①] 郭松义：《清代的自耕农和自耕农经济》，《清史论丛》2009 年号，中国广播电视出版社 2008 年版。

第五章 政府管理加强的基层地权市场

自由了。① 从经济地位上看，佃户虽租种地主的土地，但一般都拥有自己的劳动工具如耕牛、器具等，佃户在生产中也有一定的自主权，可自由安排种植作物，还可以从事其他产业不受地主干预。说明佃农的地位不断提高，拥有更多地独立选择权。

与清代相比，民国初期的永佃权更加普及。按刘大均的数据统计，从各地区看，许多地区永佃权习惯仍在沿用，如江苏兴化地区，终身租佃者普遍可传之子孙，也可不定期限由一方任意退租。广东东莞的习惯：租约多为口约，无一定年限，田主可任意退佃。山东烟台地区的租佃期限亦多不定，但佃户除欠租外，均可有永佃权。山西的租佃期限短的有3年，也有5年、10年或20年的契约。浙江的稻田多可永佃，只有浙东产竹木之地则多用定期租佃制度。在所调查的11个省中，江苏、江西、浙江、安徽、湖南五省的永佃制皆较为流行，浙江米谷之田几乎全为永佃制，九江佃户领有批贴，保障永租之权。江苏淮安租佃制也多为永佃，据前东南大学的调查，江苏金陵道佃户，终身租佃者居55%，苏常道91%，沪海道90%，此三道占苏省江南之全部。安徽安庆等地的稻谷租田多为永佃制，湖南米谷之田亦多为永佃。可见永佃制的习惯在民国初期仍广为流行。虽然政府加强了对基层乡村的管理，但有些交易方式仍在实行，佃农还大量存在。

依据1917年的数据，佃农变化的主要特点为：一是佃农的比率南方高于北方，南方最高的省份为湖南，达到80%，其次是浙江、广东和福建，北方仅一例，佃农比率较高，奉天59.3%为最高（见上图5-10）。二是田主对佃农的约束减弱。民国以前，佃户欠租，可送官署究办，或由田主自命奴仆对其处罚。民国以后被法律禁止。即使佃农欠租也不许笞刑，田主虽请求处罚，而官吏往往不许，以致对佃农难以约束。三是主佃关系上看，本乡地主与佃农的关系，比居外地主与佃农关系融洽。

---

① 许涤新、吴承明：《中国资本主义发展史》（第一卷），人民出版社2003年版。

◈❖ 地权市场的制度演化（1650—1950） ❖◈

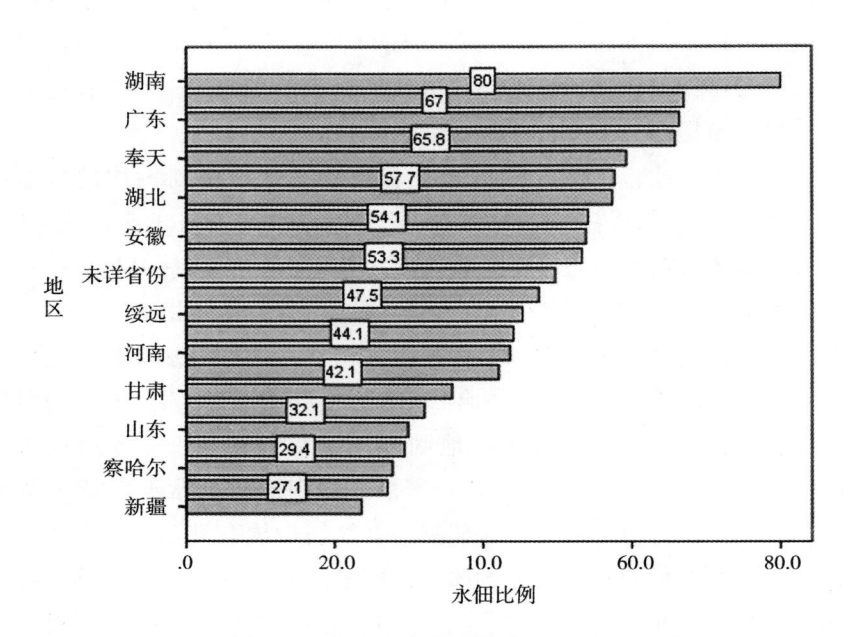

```
地区    永佃比例
湖南    80
广东    67
奉天    65.8
湖北    57.7
安徽    54.1
未详省份  53.3
绥远    47.5
河南    44.1
甘肃    42.1
山东    32.1
察哈尔   29.4
新疆    27.1
```

图5.10　民国六年各省佃农百分比

资料来源：刘大均《我国佃农经济状况》，上海太平洋书店1929年版。

总体来看，随着基层地权市场的发展，永佃权也发生变化。以永佃权的变迁为例，依据1935年全国各省各类租佃户数的调查数据显示（见图5-11），北方地区陕西、河南、河北等地的永佃户比重小，不定期租户多，察哈尔、绥远地区的永佃户多，南方地区江苏、浙江、安徽等地的永佃户较多，福建、广西、湖北的永佃户较少。总体来看，永佃户数呈下降趋势。

（五）雇农

清代农村雇工明显增多。据吴量恺统计，乾隆二十年至六十年（1755—1795）40年间，清政府刑科题本的二万多件档案材料中，涉及雇工就4600件，占四分之一弱。① 中国第一历史档案馆乾隆朝

---

① 许涤新、吴承明：《中国资本主义发展史》（第一卷），人民出版社2003年版。

第五章 政府管理加强的基层地权市场

"刑科题本、土地债务"类58000多件档案的统计,涉及农业雇工

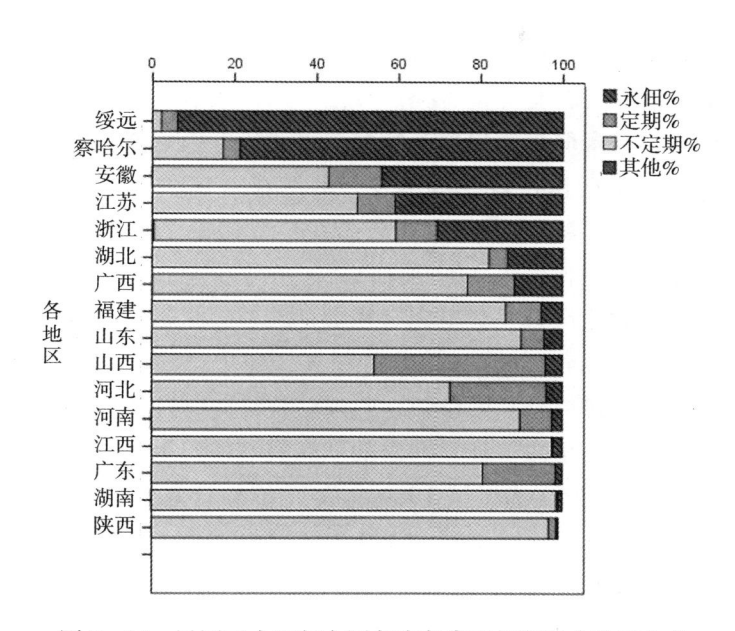

图5-11 民国二十四年全国各省各类租佃期限户数百分率

资料来源:中国经济年鉴《民国二十四年中国经济年鉴》,商务印书馆1935年版。

命案的档案就有6100余件,约占总数的10.52%,[①] 雇农的另外一个特点是绝大多数都是短工。

随着商品经济的发展以及城市化进程的加快,与自生自发秩序的基层地权市场相比,政府加强管理后的基层地权市场正经历着变迁,虽然某些交易习俗仍在沿用,乡规俗例还发挥作用,但是一些交易规则和交易主体都在渐渐发生变化,随着政府管理的一步步加强,自生自发秩序的交易规则和制度也被强制性制度变迁所改变,乡规俗例为主的习惯法对人们的约束力也渐渐减弱。

---

① 郭松义:《18、19世纪的中国农业生产和农民》,载冯尔康、常建华编《中国历史上的农民》,台湾馨园文教基金会1998年版。

◈ 地权市场的制度演化（1650—1950） ◈

第三节　地权市场的制度分析

一　制度变迁与农业增长的实证分析

对于近世有关农业变量的统计数据，如国民收入、土地数量、劳动力人口，实行永佃权的户数等数据，主要参考以下资料：

（1）关于清代国民收入的测算，刘逖在《1600—1840年中国国内生总值的估算》一文，对学术界有关近代GDP的研究文献进行了综述。① 在经济统计学中，有所谓的"三方等价原理"，即GDP的生产量、分配量和使用量三者是完全相等的。"三方等价原理"意味着可以从三个不同的角度对GDP进行测算，即生产法、收入法和支出法。生产法统计最终产品的价值，收入法统计各常往单位在生产过程中创造的收入，支出法统计生产出的产品最终使用去向（消费、投资和净出口）。贝洛赫认为，按1960年美元价格计算，1800年英国人均国民收入为324美元，法国为220美元，中国为228美元；1840年中国下降到了206美元。②

在国内，刘瑞中③和管汉晖、李稻葵④分别对1700年、1750年、1800年三个年份的国民收入和明代GDP进行了估算。

此外，还有学者对稍晚时期中国的国民收入进行了估算，如巫宝三⑤、刘大中⑥等对20世纪30年代的统计，张仲礼⑦对19世纪80年

---

① 刘逖：《1600—1840年中国国内生产总值的估算》，《经济研究》2009年第10期。
② Bairoch, P., The Main Trends in National Economic Disparities Since the Industrial Revolution, in Paul Bairoch and Maurice Levy – Leboyer, eds, *Disparities in Economic Development Since the Industrial Revolution*, 1981, New York: St. Martin's Press.
③ 刘瑞中：《十八世纪中国人均国民收入估计及其与英国的比较》，《中国经济史研究》1987年第3期。
④ 管汉晖、李稻葵：《明代GDP及结构试探》，《经济学（季刊）》2010年第3期。
⑤ 巫宝三：《中国国民所得（一九三三）》，商务印书馆2011年版。
⑥ Ta – chung Liu, *China's national income, 1931 – 36: An exploratory Study*, Washington, D. C.: The Brookings Znstitution, 1946.
⑦ 张仲礼：《19世纪80年代中国国民生产总值的粗略估计》，《南开经济研究所季刊》1987年增刊，第1集。

232

代的统计，刘佛丁、王玉茹①对 1850 年和 1887 两年的估算等。这里主要参考刘逖对 1600—1840 中国国内生产总值的估算。

（2）清代人口、田地、耕地面积主要参考梁方仲《中国历代户口、田地、田赋统计》、何炳棣《中国历代土地数字考实》、葛剑雄《中国人口发展史》（全 1—6 卷）等。米价主要参考彭信威《中国货币史》等，永佃户主要参考国民政府主计处的《中国租佃制度之统计分析》，赵冈的《永佃制研究》。

何炳棣测算的清代土地亩数（如下表 5-2），认为中国历史上的亩，西汉以后应作纳税单位看；明清两代的"丁"与"亩"都是纳税单位，不可作为户口、土地数字来看待。②

表 5-2　　　　　　　　清代全国田地数字　　　　　　　（单位：亩）

年份	《实录》	其他
顺治 1661	526502829	549357640《清朝文献通考》
康熙 1685	589162338	607843001 同上
雍正 1724	890647524	723632906 同上
乾隆 1753	—	735214536 同上
嘉庆 1812	—	791525196《嘉庆会典》
咸丰 1851	—	756386244《户部则例》
同治 1873	—	756631857 同上
光绪 1887	—	911976606《光绪会典》

资料来源：何炳棣《中国历代土地数字考实》，台北联经出版事业股份有限公司 1995 年版。

在影响农业增长的诸要素中，为了更具体地解析制度的作用，这里采用格利克斯提出的生产函数方法来构建农业生产函数。假定农业

---

① 刘佛丁、王玉茹：《关于中国近代国民收入研究的状况和展望》，《天津商学院学报》1998 年第 3 期。
② Ho Ping-Ti, The Significance of the Qing Period in Chinese History, *The Journal of Asian Study*, Feb. 1967, 26. 2.

地权市场的制度演化（1650—1950）

生产函数是 Cobb-Douglas 函数的对数线性形式，相应的计量模型[①]为：

$$\ln Y = constant + \alpha_1 \ln land + \alpha_2 \ln labor + \alpha_3 \ln fert \\ + \alpha_4 PTS + \alpha_5 p_{gp}/p_{pf} + \alpha_i T_i + \Sigma \alpha_i D_i + \varepsilon$$

上式中，等式的左侧为被解释变量，即农业的总产出水平。等式左端为解释变量。这里的解释变量由四部分组成：其中 land，labor，fert，power 分别表示农业生产过程中土地、劳动力、化肥和机械的投入数量，这四个变量构成解释变量的第一个部分，由于清代对化肥和机械的统计较少。陶熙在《租核》中记载：人耕十亩，农具每年用钱八百，肥料用钱五千。依据刘逖[②]对粮食 GDP 的算法，古代农业生产成本只包括种子和生产工具两项，由于古代没有工业肥料，在不专门统计肥料产业的情况下，农业用肥料（自蓄或购入的人畜粪、草料、豆饼等）均可归为净产品。故计算每年所用肥料，可用总产值减去净产值而得，由于这一时期基本没有机械投入，故不考虑 power 对农业生产的影响。第二部分为制度解释变量，主要为检验制度变迁对农业增长的影响，这里将永佃制作为制度变迁的一个因素进行考量，其中 PTS 表示永佃制的普及和发展情况，主要用实行农佃制的户数占全国总户数的比重来体现；p_{gp}/p_{pf} 为农业产品价格与农业生产资料价格的比例关系，该指标主要用于考察价格波动对农民生产的激励效果，从而对农业增长所产生的影响，由于清代的数据资料较少，这里将 1600—1840 年间的米价与种子价格的关系，作为这一指标的评价标准，但经测算，米价与种子价格之间的比率较小，其影响可忽略不计，这里将这项指标剔除。第三部分 constant 表示模型的截距项，同时该系数也可以作为技术进步的索洛余值来看待，用以衡量技术进步对农业增长的贡献。第四部分是虚拟变量以及随机扰动项，其中 T_i 为时间趋势，D_i 表示地区虚拟变量，ε 表示模型的随机扰动项。故上式可简化为：

[①] 乔榛、焦方义、李楠：《中国农村经济制度变迁与农业增长——对 1978—2004 年中国农业增长的实证分析》，《经济研究》2006 年第 7 期。

[②] 刘逖：《前近代中国总量经济研究（1600—1840）：兼论安格斯·麦迪森对明清 GDP 的估算》，上海人民出版社 2010 年版，第 54 页。

第五章 政府管理加强的基层地权市场

$$\ln Y = constant + \alpha_1 \ln land + \alpha_2 \ln labor + \alpha_3 \ln fert$$
$$+ \alpha_4 PTS + \alpha_i T_i + \Sigma \alpha_i D_i + \varepsilon$$

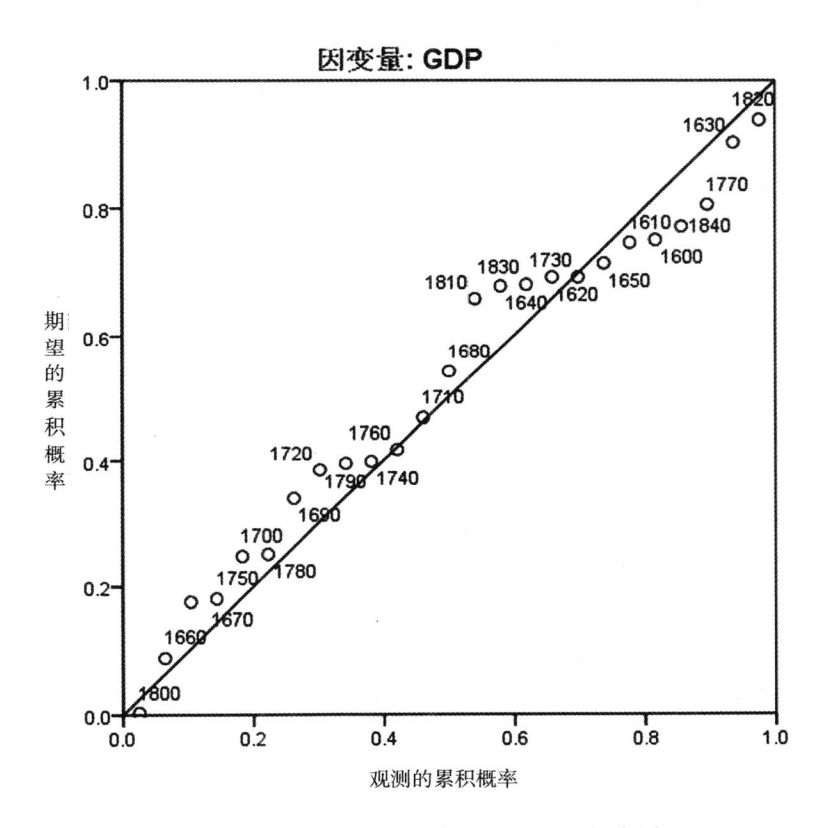

图 5-12 1600—1840 年农业 GDP 累积概率图

上图 5-12 分别以点的顺序画出两个累积分布的散点。若图中显示两种散点的分布相同,则残差分布在一条直线上下,图 5-12 中直线表示为残差期望线。残差观察值起初是低于期望值(在期望线下方)的,因在农业 GDP 较低的年份(如 1800 年),残差观测值小于残差期望值。当残差值达到较大限度时,观测点就落在期望直线的上方,这时观测值累积超过了期望值。从图 5-13 可看出,变量间大致呈线性趋势,与图 5-12 的结论相一致,可以推断,回归方程满足线

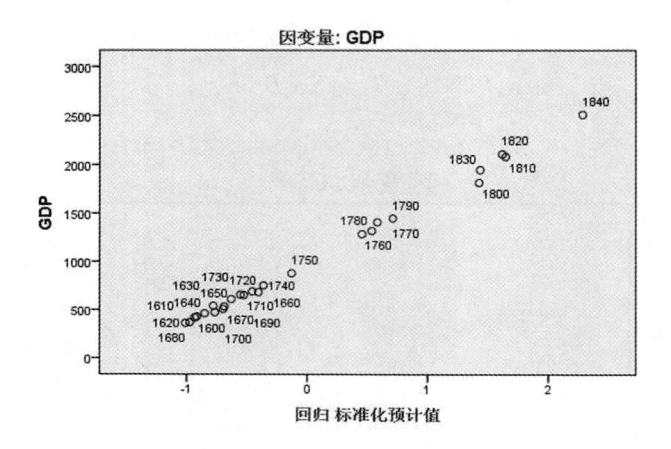

地权市场的制度演化（1650—1950）

图 5.13 1600—1840 年 GDP 的散点图

性及方差齐次的检验。该模型所描述的变量间的关系具有一定的代表性，残差有效部分较多，可以进行下一步分析检验。

将模型线性化后进行估计，得到

$LnY = -0.038Lnland + 0.165Lnlabor + 0.826Lnfert + 0.058PTS$
（0.030）（-1.243）（3.875）（16.736）（2.456）
$R^2 = 0.997$　D.W. $= 1.583$　F $= 1649.1$

从模型中可看出，耕地面积的弹性为 $\alpha_1 = -0.038$，劳动人口的弹性为 $\alpha_2 = 0.165$，肥料投入弹性为 $\alpha_3 = 0.826$，永佃户数的弹性为 $\alpha_4 = 0.058$。以上估计参数及检验结果可看出，F 检验都在 1% 水平上显著，模型调整后的似合优度 R^2 也超过了 0.98，表明模型所选取的解释变量能较好地对 1600—1840 年农业经济的增长进行解释。另外，D.W. 检验值也比较理想。

各自的贡献率

设 i 为农业 GDP 年均增长率，L1 为土地面积的年均增长率，L2 为劳动人数的年均增长率，f 为肥料的年均增长率，R 为永佃户的年均增长率，则

$i = a + a_1L1 + a_2L2 + a_3f + a_4R$，其中 a 为没有包括在模型中的因素对农业 GDP 增长的贡献。

经测算得，在农业 GDP 增长中，各自的贡献率为：

土地对 GDP 的贡献率为：-1.1%

劳动人数对 GDP 贡献率为：8.7%

肥料使用对 GDP 贡献率为：87%

制度变化即永佃户数对 GDP 贡献率为：10.6%

其他因素对 GDP 的贡献率为：5.26%

以上分析可看出，1600—1840 年间农业 GDP 平均每年增长率为 7.4%，在基本生产要素投入方面，除土地投入下降外，贡献率只有-1.1%，其他要素投入均有所增加，其中肥料的增长较为迅速，其贡献率为 87%，可见当时在农业机械技术水平较低的情况下，肥料对农业收入的增长起重要作用。其次是制度绩效的作用，制度变迁对农业收入的影响较大，贡献率已超过 10%，说明在当时的生产条件下，永佃制的发展和普及对农业经济增长的影响较大，特别是在明清时期，永佃制得以较快发展，制度绩效对农业增长的贡献较为明显，新制度在推动农业经济增长方面发挥重要作用。

二 交易合约的经济学分析

关于制度的分析框架，特别在正式组织中，非正式规则的发展空间一般来说是非常重要的。Barnard[1]认为，"正式组织只有在存在非正式的情况下才具有活力和生存前提……"非正式规则的演化再次被视为最终导致制度变迁的力量。非正式制度，正如经验上某种共识所表述的，是一种"惯例"，一种长期存在的习惯行为。[2] 任何惯例必须是可识别的、可理解的、可记忆的和可传递的准则。在自生自发的基层乡村组织结构中，作为交易规则的惯例是可识别、可传递的，起先只在一小部分地区实行，随着交易的扩大，这些惯例不断扩散并被普遍接受，正是各方不断博弈的结果，即政府、基层乡绅、地主、农户各自的安排均达成后的一种相对稳定状态。惯例变迁的过程，可用

---

[1] ［美］切斯特 I. 巴纳德：《经理人员的职能》，王永贵译，机械工业出版社 2013 年版。

[2] ［德］韦伯：《经济与社会：第一卷》，阎克文译，上海人民出版社 2010 年版。

❖ 地权市场的制度演化（1650—1950）❖

演化博弈论来解释，设想一群人分成很多类似的子群，或者说"村庄"，这些子群间互不发生作用，即可能位于不同的地方。考察一种交互作用的形式——一个博弈，该博弈在每一个村庄中都经常进行，并且设这个博弈具有多个严格的纳什均衡。例如，交互作用可能涉及一个委托人和一个代理人，在土地市场，委托人和代理人就是地主和佃农，他们试图在协议中达成共识，这个契约决定了他们之间的关系。这些交易过程表现为三个特点：一是局部遵同和整体多元化特点，即在每个村庄里，在任何给定时间，行为都很可能接近于某个均衡（局部的惯例），如亲邻先买权、永佃权等，尽管违反常规的行为也会发生。惯例形成后在不同地区的表现形式不同，不同的村庄由于历史的偶然性也可能在不同的惯例下运作，如永佃权在不同的地区表现形式不同，如亲邻先买权，有些地区是典权人是第一购买人，有些地方是地邻为第一购买人，有些地方是亲邻为第一购买人等，表现出全局多样性的特点。二是间断均衡。在每一个村庄中，任何惯例产生后都会有很长一段时间的稳定期，其中某一个均衡保持在原位不变，被一些偶然的小插曲所打断，在这些小插曲中村庄对随机冲击做出反应，从一个均衡转为另一个均衡。因而在某个时期的某个地方就有暂时的多样性和空间多样性。三是均衡稳定性。有一些均衡天生地要比另一些均衡更加稳定，并且一旦建立起来，就趋向于驻存很长时间。如一种惯例一旦产生，也会在较长时间里存在，特别当随机扰动很小的时候，这种频率分布的模式将以很高的概率十分接近于随机稳定均衡。[1] 一旦特定的行为模式制度化了，人们就倾向于较多地依赖习惯和常规，而不是依赖推理和计算。人们愿意接受这种习惯性的制度化行为，原因在于认知资源是稀缺的，习惯使人们愿意把稀缺资源用于其他任务。当人们以习惯和常规来引导行为，而较少依赖于判断时，尽管参数发生了边际变化，过去的行为仍在维持。[2] 即制度有一个滞

---

[1] ［美］H. 培顿·扬：《个人策略与社会结论：制度的演化理论》，王勇译，上海人民出版社2004年版。

[2] ［美］阿夫纳·格雷夫：《大裂变：中世纪贸易制度比较和西方的兴起》，中信出版社2008年版。

后潜伏阶段，在新制度产生之时，原有的制度基本上还能满足人们对制度的需求，旧制度对人们的生活还有影响，表明在短期内立即接受一项新制度存在困难，需要时间和经历一个缓慢过程。因而新制度的实施有一定的滞后性，但这种滞后对制度变迁本身没有影响。民国时期政府颁布了一系列新政策对地权市场进行干预，这些政策并没有取得相应的效果，而原有制度的影响力依然存在。一方面是由于强制性的政策并不适应当时的社会现状，很难得到推行；另一方面，原有的制度约束效力还依然存在，新制度的实施存在一定时滞，除非政府进一步加强干预，强令实行新政策，否则新制度不可能在短期内得到推广。从这方面说，制度变迁是个渐进的过程，Acemoglu 这样总结制度变迁的过程，① 如下图：

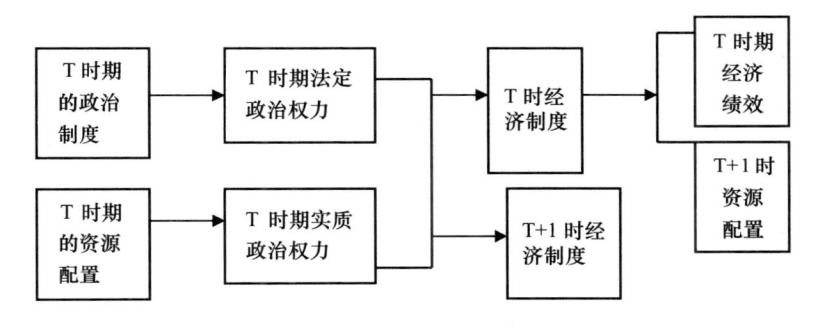

图 5.14　制度变迁的动态关系

资料来源：柯荣柱《制度与经济增长：阿西莫格鲁与新政治经济学思想简介》，天则经济所 340 次双周学术论坛，2007 年。

三　制度变迁的演化博弈分析

制度变迁实际上是制度的替代、转换与交易过程，是一个复杂的过程。关于制度变迁的类型，主要分为诱致性制度变迁和强制性制度变迁。诱致性制度变迁实际是自发性变迁，是一群（个）人在响应由制度不均衡引致的获利机会时所导致的变迁；强制性制度变迁指的

---

① Acemoglu, D., "The Form of Preperty Rights: Oligarchic VS. Democratic Societies", MIT working paper.

是由政府法令引起的变迁。[1]

(一) 诱制性制度变迁

在这种制度变迁过程中,首先要有一种外在利润的激励或诱发其变迁,外在利润内在化的过程实质上是制度变迁的过程。在这一过程中,首先,要有一个发明者,也就是外在利润和新制度安排的"发明者",这个发明者,就是初级行动团体(也即初次行动团体),如起初采用"亲邻先买权"的村庄,实行"找价"习惯的区域,实行"永佃制"的地方等等,他们都是新制度安排的发明者,采用这些制度会有一种外在利润,可以给双方带来更高的收入,而这种外在利润内在化的过程,就是制度变迁的过程。其次,要有一个适合新制度产生和成长的环境,这个制度环境和其他外部条件应该给新制度安排留下一定的空间和边界。即制度变迁的收益应大于预期成本,如果新制度安排可能超过制度环境所允许的边界,那么新制度安排就难以实现。故只有外在利润这一个条件还不能导致制度的变迁,另外需要有好的环境允许和容纳新制度的产生。在自生自发的基层组织内,由于相对宽松的环境,新的交易习俗得以产生和流行。诱致性制度变迁是一个潜移默化的过程,总是经过由初始制度均衡,到制度不均衡,再到制度一般均衡这样周而复始的过程。引起制度不均衡的原因很多,有些可能是制度选择集合改变导致的变迁;有些是由于技术改变和社会生产力的发展导致的;也有的是由于要素和产品相对价格的变动引起的;也有可能是其他制度安排的改变等因素引起诱致性制度变迁。[2]一种制度安排之所以被挑选出来并被采用和遵守,最主要的选择标准就是生产费用和交易费用这两个方面。因为对于一项新制度的采纳,在它从出现到得到普遍认可,需要很长时间的谈判过程,谈判成本是一个很重要的制约因素,如果谈判成本过高将使一些诱致性制度变迁

---

[1] 林毅夫:《关于制度变迁的经济学理论:诱致性变迁和强制性变迁》,生活·读书·新知三联书店1994年版。

[2] 林毅夫:《关于制度变迁的经济学理论:诱致性变迁和强制性变迁》,载科斯等《财产权利与制度变迁——产权学派与新制度经济学派译文集》,上海三联书店1991年版,第384页。

第五章 政府管理加强的基层地权市场

无法产生。对于正式制度的变迁来说,其谈判成本通常较高,需要创新者花时间和精力去组织和谈判,还需要得到这群人的一致认可方能实施,谈判成本较高。而对于非正式制度变迁而言,规则的变动和修改纯粹由个人完成,有时用不着征求所有人的意见,谈判成本较低。但对于交易成本来说,只有当这个社会中的大多数人放弃了原来的制度安排并接受新制度安排时,制度变迁才会发生。基层地权市场中的乡规俗例,在执行时的谈判成本通常较小,只要亲邻或乡邻都愿意遵守某项规则,由于亲邻间一般具有相同的价值观、道德、习惯,大家如果普遍认同某项习俗,就会自觉不自觉地遵守,有时甚至不需要谈判。这里主要强调的是自生自发的诱致性制度变迁对地权市场的影响,地权市场上的交易习俗和惯例也是在某个地区产生,达到局部遵同,慢慢扩散,直至更多的人认可和遵同,使之成为一种惯例确定下来并得以驻存。

诱致性制度变迁的特点为:(1)盈利性。即只有当制度变迁的预期收益大于预期成本时,有关群体才会推进制度变迁。如亲邻先买权,可以让族内及亲邻乡邻拥有优先购买土地的权利,对于买地者来说,预期收益大,因为相邻的两块地有利于耕种和田间管理,对于卖者来说,卖给亲邻省去了寻找买家的搜寻成本,以及讨价还价等交易成本,预期收益也大于预期成本,从而使这种制度得以流传。永佃权也是如此,"田底"和"田面"的分离,所有权的界定更加明晰,对于地主来说,可以不用花费时间和精力照管田地,佃农只要按时缴租即可;对于佃农来说,取得"田面权"后,只要按时缴租,就可永远租种下去,还可以将田面权用作交易,在此过程中,地主与佃农的各自利益都得到了保障,各自预期收益都很高,永佃制作为一项得到普遍认同的非正式制度也得以驻存和流行。(2)自发性。诱致性制度变迁是有关群体对制度不均衡的一种自发性反应,自发性反应的诱因是外在利润的存在。近世基层地权交易市场上的规则都是自发产生的,是交易双方经过多次博弈后不断谈判的结果,采用这种新规则可为双方带来某些外在利润,外在利润是双方谈判的诱因。(3)渐进性。诱致性制度变迁是一种自下而上、从局部到整体的制度变迁过程。制度的转换、替代、扩散都需要时间，从外在利润的发现到外在利润的内在化，其间要经过许多复杂的环节。如在行动团体内就某一制度方案达成一致同意就是一个缓慢而渐进的过程，而非正式制度变迁还要更缓慢一些。① 如永佃权的确立，也是地主与佃农长期谈判不断博弈的结果，是一个渐进的过程，如果有一方反悔或不遵守，都会导致非正式制度无法实施。

（二）强制性制度变迁

强制性制度变迁由政府命令和法律引入来实现。强制性制度变迁的主体是国家，国家的基本功能是提供法律和秩序，并保护产权以换取税收。其局限性表现在：制度设定受到统治者的偏好和有限理性、官僚政治、意识形态刚性、集团利益冲突和社会科学知识的局限性、国家的生存危机等因素制约，此外，强制性制度变迁尽管可以降低组织成本和实施成本，但它时常会违背一致性同意原则。② 强制性政策的制定和实施往往是"自上而下"的，有些政策的制定没有考虑到基层的实际情况，而且程序烦多，在实际中执行起来，也会因上行下达而使政策失去最初制定时的效力。在现实的生活中，时时出现"上有政策，下有对策"的现象，这些现象的出现，并不能用中央缺乏权威、地方缺乏纪律约束之类的理由来解释。有时也会出现强制性的制度变迁与地方利益相抵的现象。在哈耶克看来，自生自发的秩序即自然秩序是最好的秩序，是一种抽象的而非具体的秩序。在一种社会秩序中，每个个人所应对的特定情势乃是那些为他所知道的情势。但是，只有当个人所遵循的是那些会产生一种整体秩序规则的时候，个人对特定情势所作的应对才会产生一种整体秩序。邓正来教授将哈耶克理论的核心命题归纳为三点：（1）所有社会型构的社会秩序不是生成的就是建构的：前者是自生自发的；后者是组织或是人造的秩序。（2）人类社会中存

---

① 卢现祥：《西方新制度经济学》，中国发展出版社2003年版。
② 卢现祥：《西方新制度经济学》，中国发展出版社2003年版。

第五章 政府管理加强的基层地权市场

有大量的自生自发的社会秩序，它们都是"人之行动而非设计的结果"。但这种自生自发的社会秩序中存在两种秩序类型：一是行动结构，二是规则系统。（3）关于社会行为规则系统中"文化进化"的命题。社会规则系统的文化进化不仅规定行为者在默认知识下遵循规则而行动，并且还设定了社会规则秩序自发演化的性质。[①] 哈耶克指出，"人类生成于其间的文化传统，是由一系列的惯例和行为规则复合而成的。这些规则和惯例之所以能胜出，是因为它们帮助某些个人继而某些群体获得了成功。但这些规则最初能被采纳，并非因为单个主体在采纳该规则之前就熟悉规则的作用；相反，这种认知乃是一种'从经验中学习的结果'"[②]。相对于自生自发秩序的诱致性制度变迁，民国时期的政府对基层乡村管理的加强，以及所采取的强制政策，实际是强制性制度变迁的表现。

四 制度变迁与交易个体的行为选择

从宏观角度对制度变迁进行分析，可看出在诱致性制度变迁的条件下，人们更愿意接受自生自发条件下所产生的交易规则和秩序。但是随着政府管理的加强，这种自然秩序极容易被打破。

从委托—代理角度对地主和佃农的个体行为进行分析。地主通常被看作是委托人，佃农是代理人，两者之间主要是一种合约关系。不同地区，地主与佃农之间的关系表现不同。以江苏昆山的地主为例，用押佃方式以虐待佃户，而佃户则亦想种种方法以欺骗地主。南通县因地主看利甚轻，与佃户比较融洽。宿县佃农，多与仓廪收者，通同作弊。该地农人有"佃户不偷，五谷不收"之农谚。[③] 据农民运动研究会的调查，地主与佃农间的关系，完全是经济问题，租银有时可给

[①] 邓正来：《自由主义社会理论——邓正来解读哈耶克〈自由秩序原理〉》，山东人民出版社2003年版。

[②] [美]哈耶克：《个人主义与经济秩序》，邓正来译，生活·读书·新知三联书店2003年版。

[③] 乔启明：《江苏昆山南通安徽宿县农佃制度之比较以及改良农佃问题之建议》，《地政月刊》1937年第5卷第2、3期合刊。

地权市场的制度演化（1650—1950）

货币，有时可给农作物。若给货币，则定实每年多少；若给农作物，则定实某种重要收获的年份。一年当中，大多数地除了那一种重要的收获外，还有一种或两种副的收获，收获后农户立刻打谷，将属于地主那份立刻送与该田管理人。除租银外，佃户对地主就没有其他责任了。税项也是地主给纳的，据当时的法律，当政府或因收成不丰抑或因庆典免除应纳的税项时，免税的好处佃户得十分之三。[①] 由此可见，佃户的权益这一时期得到有效保障。据刘大均的调查，南方农民中，佃农与半自耕农约占全体的60%至90%，北方佃农比率较低，全国人口之大部分既在南方。按安庆习惯，佃户由耕种所得的收益，除足偿其劳费外，尚可有余额以与借款之利息相当，可见佃户缴完地租后可支配的剩余收益是相当可观的。[②]

从以上分析可看出，在自生自发的乡村秩序，对政府来说，基层自治可以更好地维护其统治，一方面节约了管理成本，另一方面还促进了经济发展；对宗族来说，族长可以自由解决宗族内部事务，发挥大家长的作用，实现宗族自治而不必受政府管理；对于个体农户来说，他们可以通过自由交易合理调配自己的土地，发挥个体独立经营的优势，因而在自生自发的乡村秩序，基层社会某种程度上达到了资源配置的有效均衡状态。这种均衡状态下，个人在追求自身利益时，通过不断磨合，可促进公共利益实现。地主与佃户间的多次重复博弈，自发产生了多样化的交易规则，这些规则为地权市场的进一步发展提供了便利。但是这种自生自发的社会秩序很难维持。一方面，随着城市化、商品化的发展，乡绅进城，出现了基层治理的空白，国家担心其统治受到威胁，必然介入基层；另一方面，执政者认为中国经济落后于西方的主要根源是腐朽的社会制度，应借鉴西方的法制，实施新政策，从而对基层社会加强管理。由于政府对基层社会的认识不足，没有看到佃农拥有独立的个体经营权，可创造更多的价值，因此

---

① ［英］戴乐仁等著，李锡周编译：《中国农村经济实况》，北平农民运动研究1928年版。

② 刘大钧：《我国佃农经济状况》，上海太平洋书店1929年版。

第五章 政府管理加强的基层地权市场

干预的结果并不理想。加之原有的制度还在发挥作用,仍对人们的行为和思想产生约束力,新政策很难取得应有的效果。随着城市化和商品经济的发展,以乡规俗例为基础的地权交易制度很难维持,纵观三百多年的地权市场变迁过程,政府加强管理的迹象越来越明显,而自生自发的社会秩序却渐渐消失,这种自生自发秩序一旦消失,便不可逆转。

第六章 结论

在民间朴素的经济自由主义秩序，地权交易市场的发展显示了草根经济的活力和创新性。原生性和自发性的交易规则具有旺盛的生命力，在交易市场上发挥着重要作用，人们按照约定俗成的交易习俗进行交易，形成一种自然秩序。在这种秩序下资源得到有效配置，经济效率不断提高，个人在追求自身利益时，经过不断磨合可以促进公共利益的实现。自生自发秩序的地权交易市场发展是一个渐进的过程，是人们在交易中不断探索和磨合中实现的。政府加强管理恰恰干扰了这一过程，使原本有序的市场受到干扰。一方面政府没有认识到佃农拥有独立的产权，可以在市场上进行自由交易。还可通过剩余索取权和控制权获得额外的劳动收益。二是政府对自生自发的地权市场认识不够，盲目干预不但没有取得效果，还打乱了原有的良好秩序。

第一节 近世地权市场的演进脉络

论述地权市场的制度演化这一论题，存在时间跨度较大，涉及的内容多等因素影响和制约，以一篇文章的篇幅很难顾及地权市场演进过程的方方面面，因而本卷重点强调和厘清近世地权市场的演进脉络。

近世地权市场的演变过程，自发秩序即朴素经济自由主义的基层乡村社会，交易相对自由，形成多样化的交易形式，多层次的地权交易体系，使农户能够根据市场价格与风险偏好进行选择，以满足自身需求，并有助于实现当期收益与远期收益之间的跨期调剂，从而促进土地流转与生产要素组合，提高经济效益。

这里主要从两条主线对地权市场的演进脉络进行论述，一是从制度变迁的角度，即从朴素自由主义的秩序向政府加强管理的制度演化的过程。二是从地权交易制度的演化过程。

一 以制度变迁为主线的演进脉络

在宗族自治的乡村地权市场，政府管理之所以没有触及基层，一是由于其行政机构只设到县，即"国权不下县，县下惟宗族，宗族皆自治，自治靠乡绅"①，政府的管辖还没有触及基层乡村。二是宗族自治结构很稳定，宗族治理下的乡村秩序井然，政府不需要在基层设立官府，既节约了财政开支，又能保证基层自治，这种秩序更不会对国家统治产生威胁，各方均得利，政府不必介入。而随着乡绅进城，基层社会逐步呈现出治理空白的趋势，政府担心其统治受到威胁，介入是必然的。政府加强管理改变了原有的社会秩序，强制废除一些民间自发产生的乡规俗例，如明令禁止押租转佃，实行二五减租，三七五减租等，呈现出对基层管理加强的趋势。

对于佃农来说，不但拥有独立经营权，可以随时在地权市场上通过交易各取所需，佃农还可获得剩余索取权和剩余控制权，如在田埂边种植经济作物，在水田里养鱼等以获得额外劳动收益。多样化的交易工具，是地权市场不断得以发展创新的象征，由于当时没有其他金融工具可以利用，土地作为一项资产，却可以自由流动，土地契约在流通中充当着金融工具的作用。

对于政府来说，原有的社会秩序是在漫长的演进过程中，经过多次博弈逐渐形成的规则，这种规则将整个基层社会大致维持在平衡状态，各种生产要素得以合理流动，资源得以合理配置，从而形成社会正效益。政府对基层管理的加强，逐步打破了这种秩序，使原本平衡的社会状态逐渐失衡。如实行二五减租以后，田底价格下降而田面价

---

① 秦晖:《传统中华帝国的乡村基层控制：汉唐间的乡村组织》，《中国乡村研究》2012年第1期。

格不断上升,这是减租后的自然现象,由于地价的决定主要取决于地租的多少,政府强制减少地租,使得田面田价格上升,佃农的负担加重,政策的初衷是为了保护佃农,结果却恰恰相反,主佃之间的纠纷增多。三七五减租同样是为了减轻佃农的负担和保护佃农,而地主通过加收租额,由一季收租变为两季,更加重了佃农负担,且田面田的价格一涨再涨,到土地改革前,田面田的交易已渐渐退出市场。

乡绅进城后,成为不在地主,有些不在地主投资商业成为商人,有些长期居住在城里,对田间事务不再过问,又不愿亲自到乡村收租,这时租栈应运而生,民国时期租栈发展较快。

政府加强对基层管理后,原有的乡村秩序受到影响,地权交易所依据的乡规俗例渐渐失去作用,取而代之的是国家法律。随着政府管理的进一步加强,民间土地自由买卖减少,契约随即失去作用,逐渐退出市场。由于失去了自由交易的地权市场的支撑,一些交易习俗如押租、永佃等交易制度,转租、典、抵、当等交易方式渐渐消失,整个地权市场经历着变迁。

综上所述,近世基层地权市场的政府、地主、佃农、交易规则、社会秩序等都处在不断演变过程中。这些变化可简单概括为:

政府:不干预——开始发挥公共管理职能——加强基层管理

地主:居乡——进城成为不在地主——或投资商业或高利贷——无暇顾及田地——租栈的产生

佃农:独立个体经营——拥有剩余索取权和控制权——受到干预

交易规则:自发性、多样化——单一化——正式规则

基层社会秩序:朴素的经济自由主义——政府加强管理的社会秩序

二 以地权交易形式为主线的演进脉络

从地权交易形式的演进来看,交易形式由最初只有买和卖两种方式,逐渐演变为多种形式,脱胎于"卖"的典交易形式,在唐宋时期"典卖"连用,相关交易规则、纳税手续均未彻底分清,在交易时,典主要通过"合契同约"契约形式与产权交割时的"田骨"存

根，与"卖"相区分。至清代，二者区别进一步明显，但所有权的"卖"又分解出"活卖"与绝卖。活卖能够回赎，但只是一种优先权，典的回赎则是交易结束的环节。随着使用权与所有权的分离，产权的进一步明确，交易形式更加多样化，在交易过程中，人们对各种权利的需求逐渐增加，如一块田地，原业主不想绝卖，只是一时需要资金周转，就可以选择典的形式，先将土地典出去，等资金充足时再赎回。这时的交易是使用权的暂时让渡，所有权未变更。如有些农户想耕种田地，但手里没钱，可用房屋或物品作抵押，得到土地进行耕种。若农户手里的土地较多，自己耕种不过来，可采用出租、出卖田面权等方式实现变现。或者直接将土地出卖，也不用担心后期因土地涨价而亏损，可以通过找价，或多次找价等形式弥补因土地涨价而造成的损失。多样化的地权交易形式，体现出各种交易形式内在的逻辑联系，形成了多层次的地权交易体系，满足了要素市场行为主体的多样化偏好与需求，降低了地权交易特别是产权转移的系统性风险。在此基础上发育的地权市场，有利于增强个体农户独立的经营能力，从而促进传统基层乡村社会的稳定与发展。

而随着政府对地权市场管理的加强，对某些交易规则进行明确规定，改变了由市场对基层地权市场进行自行调节的状态，原来由交易双方根据各自需求而约定的交易规则，随着政府管理的加强，逐步发生变化。如典的交易，承典人可将典来的田地转典给他人，而民国时期，政府明确禁止转典。原来农户根据自己的资金需求而衍生出的交易方式，如押、抵、当等交易形式，也被明文禁止了。交易形式不再呈多样化，而逐步向单一化转变。人们融通资金的渠道也越来越窄，基层地权市场逐步失去原有的活力。在这一过程中，市场在资源配置中的作用逐渐削减，地权市场在潜移默化中发生变迁。

通过分析近世地权市场的演化，可以厘清基层地权市场的演进脉络及演变过程。以往的学者对近世地权市场的研究多局限于地主对佃农的剥削，地主对土地的主导力等方面，只注重从制度的表面分析问题，并没有认识到自生自发秩序地权交易市场的活跃和发展的动力源泉，以及由此所带动的制度创新和经济增长。也没有认识到草根经济的活力，以及政府管理较少的基层市场自身发展所带动的类似金融交易工具的发展。很少从政府公共管理角度对近世地权市场的演化进行分析。本卷创新点在于文中论述尝试做到这一点，并从制度演化角度对近世地权市场的发展和变迁过程进行梳理，以期对当今土地制度改革提供有益借鉴。

第二节　自发秩序地权市场的活力

自发秩序为地权交易市场的制度创新提供了良好环境，交易工具的多样化，使各种生产要素实现动态结合，如没有土地可通过典来实现，没有田底权，可通过田面权获得土地的经营权。在没有其他金融工具的情况下，土地契约是人们交易并获得资金融通的工具，成为金融工具的替代品。

这一秩序的基层地权市场，是在政府职权还没有触及的乡村基层社会，宗族自治的相对自由开放的基层地权市场。个人在追求自身利益时，可推动公共利益的实现。自发的地权市场所呈现的活力，主要表现在多种多样的交易工具、交易规则的原创性、交易制度的创新、中介机构的发展以及以契约为中介的信用工具的发展等。

概括起来，自发秩序的基层地权市场的活力，主要表现在：一是地权交易形式的多样化发展。近世基层乡村社会，市场在资源配置中发挥主导作用，各生产要素能够自由流动，产权明晰，衍生出多种地权交易工具。多种多样的地权交易形式如押、抵、当、典都有进一步的发展。新交易形式的产生——活卖和找价，为地权市场提供了更为灵活交易的方式。契约是联系交易双方的中介，某种程度上起到货币中介的作用，发挥流通手段和支付手段的职能，人们在交易中建立了信用关系，契约成为交易的信用工具。多种多样的契约形式为地权交易提供了便利。多层次的地权交易体系，使农户能够根据市场价格与风险偏好进行选择，以满足各自需求，并有助于实现当期收益与远期收益之间的跨期调剂，从而促进土地流转与生产要素组合，提高经济效益。

第六章 结论

二是产权制度的发展。押租、永佃制、田面权的发展使农户的产权进一步明晰，农户的独立经营权得到有效保障，在地权市场可以通过自由交易满足需求。押租和永佃制作为地权市场的非正式制度，其产生和发展的演变过程揭示出惯例习俗的最典型的演化过程。自生自发秩序的亲邻先买权，一方面有其存在的合理性，可保障土地在地理位置上的完整性，有利于形成规模经济。另一方面，也有其弊端，交易仅局限于亲邻间，限制了资源的合理流动，随着交易量的增加，亲邻先买权经历变迁，但作为习俗的影响力仍存在。

三是地权交易中介机构的发展。中人是契约订立的见证人，起初的职责只承担见证职责。后来发展为担保者，对交易合约负有连带责任。不同地区习俗不同，中人在交易中所承担的责任也不同。根据中人在交易中承担责任的大小，可将中人分为三个类型，第一种是交易中的见证人，为交易双方作证，发生纠纷时起调解作用，签约时，一般不收取中人费，由交易双方请吃酒席作为答谢，这类型的交易一般相对简单，涉及双方利益也相对较小。第二种是中人负部分责任。当交易双方发生纠纷时，中人不仅需调解纠纷，还要协助债权人追讨债务，负有部分连带责任。第三种是中人负全部责任。在交易双方签订契约时，明确中人需负全部责任，若债务人不能按时履约，由中人代为偿还全部债务。从民间法角度看，中人是民间法的一种象征，成为维系地权交易顺利进行的重要纽带。中人在交易中所充当的角色，受到官府的认可，当交易双方发生纠纷时，认为中人调解不公的，可上诉到当地官府，官府一般裁定由中人负责调解，表明当地官府对中人职责的认可。同样，若中人在调解纠纷过程出现舞弊或调解不公正的现象，官府会对中人进行处罚。民间法与正式法律在中人这一问题上实现统一。另外，租栈作为专为收租的新兴中介机构，其产生和发展反映了地主与租栈间的委托代理关系，双方经过谈判达成协议，各取所需。

随着地权市场的变化，基层乡村社会也经历着变迁。如乡绅进城，不在地主增加，基层乡村出现权力空白，这时政府对基层管理加强，政府片面地认为近代经济落后的根源是腐朽的社会制度，认为地

地权市场的制度演化（1650—1950）

主对佃农是一种剥削，应对佃农加以保护，从而颁布了一系列保护佃农的政策，如减租、禁止押租转佃等。政府加强管理不仅没有取得预期效果，还打乱了原有的市场秩序。出于好心的政策为何得不到实施，一方面对基层乡村的地权交易市场认识不足，盲目加强管理很难取得预期效果。如实行保护佃农政策，不但没有保护佃农，减租给地主带来的损失加倍转嫁到佃农身上，佃农收入减少，与地主间的纠纷也不断增加。另一方面没有认识到明晰产权的重要性，民间的产权意识早就存在，在自发秩序的基层乡村社会得到充分发挥，人们认识到产权是地权交易的保障。而政府并没有认识到产权在基层地权市场中的作用，反而加强管理。从制度变迁角度看，强制性制度变迁与诱致性制度变迁各有利弊，政府对地权市场应予以指导，不可盲目加强管理。同时这一时期政府虽然加强对基层地权市场的管理，但效果并不理想，对基层的管理还留有空间，一些地权交易习俗和惯例仍在沿用。

这里所强调的自发秩序的地权市场，是在政府还没触及的基层所实现的乡村自治，是经过了漫长的演进过程，在特定条件下产生的，是各方博弈的结果。政府作为监管方已经存在，只是对基层的管理还留有空白。同时也反映了作为乡规俗例的非正式制度在地权交易中所发挥的作用。随着政府对基层公共管理的加强，这一秩序受到干扰，地权市场处在不断演化过程中。通过对近世基层地权市场演进脉络的梳理，不仅可以从制度演化角度对近世地权市场有更全面的认识，还可以通过对民间自发产生的交易工具的演化过程，辨析近世地权市场活跃的源泉，以及多样化的交易工具所带给生活的便利。由于获得资金融通方式的多样化，在金融工具匮乏的时代，多样化的地权交易工具为满足人们融资需求起到重要作用。同时，通过对近世地权市场演进脉络的梳理，可解释一些学术疑问或争论的焦点问题，如近世地权分配状况的问题；近世地权市场的活跃和交易规则的灵活，多样化交易工具的产生，且随着时代变迁，这些交易工具不断发生演化；近世中国为何没有出现像西欧那样的大庄园主，分家析产对地权市场的影响等等。进一步解析在近世地权市场的演进过程中乡村经济的变迁，可给当今土地改革带来启示。通过分析和厘清近世地权市场的演进脉络，从宏观层面即国家、制度等的变迁过程，到微观层面即单个家族、单个交易工具等的演变，可以更好地理解在多方博弈的社会中，制度演化所带动的社会变迁，以及正确处理好非正式制度与正式制度，政府与市场的关系，对于地权市场的健康发展所起的重要作用，并为当今土地改革提供借鉴和参考。

附录 A 亲邻先买权的优先顺序

地区		先买权顺序	出处
湖北汉阳	典主作为第一序位优先权的情况	先尽典主，亲房，次疏房，再次邻里	《大全》三：35
吉林榆树		承典户有优先留买权	《报告录》39
吉林省全省		典主对所典房屋有先买权	《报告录》38
黑龙江龙江		先尽原典主	《报告录》51
黑龙江青冈		租户尽先承典，典户尽先购买	《报告录》67
黑龙江兰西		先尽原典主承买	《报告录》79
河南省开封		典主应有先买之权利	《报告录》125
山西省潞城		先尽典户	《报告录》152
江苏省丰		先尽典户	《报告录》217
甘肃华亭		典主	《报告录》395
湖北京山、通山		先尽典主，次及亲房	《大全》三：36
山西定襄		典户、本族（由近及远）	《报告录》173，483
福建闽清	亲族、房邻、地邻为第一优先次序	业主亲族有先买之权	《大全》三：14—15
湖北郧县、兴山、竹溪		先尽亲房，次尽典主，次尽抵押主，再次尽邻里	《大全》三：35
江苏盐城		房屋买卖，先尽亲族，亲族不受，然后转卖他人	《大全》三：31
安徽泗县		先尽本族	《报告录》147
福建远安		先尽亲族	《报告录》326
湖北襄阳		家族、当户、地邻	《报告录》329
陕西楮南		亲族、地邻、老业主	《报告录》380

附录 A 亲邻先买权的优先顺序

续表

地区	先买权顺序		出处
江西萍乡		亲房	《报告录》580
湖南长沙		亲房	《报告录》695
湖北谷城		先尽亲房，次及典主	《大全》三：36
安徽来安		先尽同族或上业主	《大全》四：4
甘肃静宁		宗族，邻佑	《报告录》396
湖北五峰		本族、姻亲、承典或承租人	《报告录》335
热河平泉		房邻、地邻	《报告录》408
绥远全区		房邻、地邻	《报告录》418
直隶保定	租户、佃户作为第一优先	佃户	《报告录》22 处
黑龙江嫩江、景星		租户	《报告录》62，63

资料来源：前南京司法行政部编《民事习惯调查报告录》，中国政法大学出版社 2005 年版；法政学社编《中国民事习惯大全》，上海广益书局 1924 年版。

附录 B　豫鄂皖赣四省居乡地主与居外地主百分比及职业比较

省别	县别	居乡地主 百分率	居乡地主 职业	居外地主 百分率	居外地主 职业
河南	淮阳	100	农、商、绅、学	—	
	舞阳	86	农、绅、商、闲居	14	商
	叶县	100	农、绅、闲居	—	
	汝南	78	农、绅、商、政、闲居	22	商、绅、闲居
	上蔡	45	农、绅、商、政、闲居	55	商、绅、闲居
	唐河	85	农、绅、商、学、政、闲居	15	商、政、闲居
	方城	83	农、绅、商、闲居	17	商、学、闲居
	新野	70	农、绅	30	政、学
	南阳	95	农、绅、学	5	商、政、闲居
	内乡	83	农、绅、闲居	17	政、工、学、商
	镇平	83	农、绅	17	商、学
	信阳	75	农、绅、商、闲居	25	商、政、学、闲居
	平均	82		18	
湖北	枣阳	88	农、绅、商、闲居	12	官僚、学、商、绅
	襄阳	79	农、绅、商、闲居	21	商、政、闲居
	京山	90	农、学、政、商、闲居	10	南、政、学
	宜城	88	农、商、学、闲居	12	商、学、闲居
	江陵	93	农、商、学、闲居	7	商、政、闲居
	宜都	70	农、商、闲居	30	商、闲居
	当阳	87	农、绅、商、闲居	13	商、政、学

附录 B 豫鄂皖赣四省居乡地主与居外地主百分比及职业比较

续表

省别	县别	居乡地主 百分率	居乡地主 职业	居外地主 百分率	居外地主 职业
	宜昌	86	农、绅、商、学、闲居	14	商、学、闲居
	天门	80	农、商学、政	20	商、政、学
	应城	86	农、绅、学、闲居	14	商、绅、政
	黄梅	60	农、绅、商、学	40	政、学
	云梦	86	农、绅、商、学、闲居	14	政、学
	汉川	100	商	—	
	蒲圻	84	农、绅、政、商、闲居	16	政、工、商、闲居
	咸宁	65	农、绅、商、学、闲居	35	商、政、学
	平均	83		17	
	桐城	33	农、绅、商	67	商、政、学
	舒城	40	绅、商	60	绅、政
	合肥	68	绅、政、商、学、闲居	32	绅、商、政
	寿县	50	农、绅、商、学、闲居	50	绅、商、政、军
	潜山	99	绅	1	商、学
	巢县	79	农、绅、商、政、学	21	工、商、政
	滁县	60	绅、商	40	绅、政
	太湖	70	农、绅、商、学、闲居	30	政、商
安徽	芜湖	52	农、绅、商、学、政、闲居	48	政、商、学
	宣城	62	农、绅、商、闲居	38	商、闲居
	宁国	86	农、绅、商	14	商、政
	歙县	69	绅、学、商、闲居	31	商
	休宁	50	绅、商	50	商
	太平	45	绅、商、闲居	55	商
	青阳	80	农、绅、商	20	绅、闲居
	贵池	45	农、绅、商	55	绅、商、闲居
	平均	62		38	
江西	九江	66	农、工、商、绅、政、学、闲居	34	商、政、闲居
	吉安	74	农、商、学、政、闲居	26	商、政

◈◈ 地权市场的制度演化（1650—1950）◈◈

续表

省别	县别	居乡地主 百分率	居乡地主 职业	居外地主 百分率	居外地主 职业
	南昌	75	农、绅、商、闲居	25	商、学、绅
	临川	77	农、商、工、学、绅、闲居	23	商、政、学、闲居
	南城	82	绅、商、工、学、闲居	18	商、政、闲居
	贵溪	90	农、商、闲居	10	商、闲居
	万年	30	农、绅、商、闲居	70	商、政、闲居
	宜黄	90	农、工、商、学、绅、闲居	10	政、商、闲居
	乐平	70	农、商、绅、闲居	30	商、绅、闲居
	浮梁	50	农、绅、商、闲居	50	商、绅、闲居
	平均	70		30	
四省总平均		74		26	

资料来源：《豫鄂皖赣四省之租佃制度》，金陵大学农业经济系1936年版。

参考文献

中文文献

安宝:《"不在地主"与城乡关系——以租佃关系为视角的个案分析》,《东北师范大学学报》(哲学社会科学版) 2011 年第 1 期。

安徽省博物馆:《明清徽州社会经济资料丛编(第一辑)》,中国社会科学出版社 1988 年版。

卞利:《论时清时期的民间规约与社会秩序》,《明清史研究》2019 年第 1 期。

卞悟(秦晖):《公社之谜——农业集体化的再认识》,《二十一世纪》1998 年第 8 期。

曹树基:《传统中国地权问题再讨论——对刘志相关批评的回应》,《中国经济史研究》2018 年第 5 期。

曹树基:《典地与典租:清代闽南地区的土地市场与金融市场》,《清史研究》2019 年第 4 期。

曹幸穗:《旧中国苏南农家经济研究》,中央编译出版社 1996 年版。

陈翰笙:《广东农村的生产力与生产关系》,上海中山文化教育馆 1934 年版。

陈翰笙:《租佃制度》,转引自《中国经济年鉴(上)》,实业部中国经济年鉴编纂委员会,商务印书馆 1934 年版。

陈秋坤:《清代台湾地权分配与客家产权——以屏东平原为例 (1700—1900)》,《历史人类学学刊》2004 年第 2 期。

陈瑞:《清代徽州族长的权力简论》,《安徽史学》2008 年第 4 期。

陈胜强：《论清代土地绝卖契约中的中人现象》，《民间法》2011年第1期。

邓正来：《规则·秩序·无知：关于哈耶克自由主义的研究》，生活·读书·新知三联书店2004年版。

邓正来：《自由主义社会理论——邓正来解读哈耶克〈自由秩序原理〉》，山东人民出版社2003年版。

丁骞：《民国时期中国地权分配的研究》，硕士学位论文，清华大学，2008。

段荫寿：《平湖农村经济之研究》，成文出版社有限公司1977年版。

樊树志：《传统农业与小农》，《学术月刊》1989年第3期。

樊树志：《明清租佃契约关系的发展——关于土地所有权契约的思考》，《复旦学报》1983年第1期。

方行：《略论中国地主制经济》，《中国经济史研究》1998年第3期。

方行：《清代佃农的中农化》，《中国学术》2000年第2辑。

方行：《清代江南农民的消费》，《中国经济史研究》1996年第3期。

方行：《清代前期的土地产权交易》，《中国经济史研究》2009年第2期。

方行：《清代租佃制度述略》，《中国经济史研究》2006年第4期。

费孝通、吴晗：《皇权与绅权》，天津人民出版社1988年版。

费孝通：《江村经济》，江苏人民出版社1986年版。

费孝通：《乡村中国》，人民出版社2008年版。

费孝通：《乡土中国生育制度》，北京大学出版社2000年版。

冯小红：《中国小农经济的评判尺度——评黄宗智的"过密化"理论》，《中国农史》2004年第2期。

冯紫岗：《嘉兴县农村调查》，国立浙江大学、嘉兴县政府1936年版。

傅衣凌：《傅衣凌治史五十年文编》，厦门大学出版社1989年版。

高王凌：《租佃关系新论》，《中国经济史研究》2005年第3期。

顾鸣塘：《儒林外史与江南士绅生活》，商务印书馆2005年版。

顾炎武：《日知录》，岳麓书社1994年版。

顾倬：《江苏无锡农村经济调查第一集（第四区）》，江苏省农民银行总行 1931 年版。

贵州省编辑组编：《侗族社会历史调查》，贵州民族出版社 1988 年版。

郭德宏：《中国近现代农民土地问题研究》，青岛出版社 1993 年版。

郭汉鸣、洪瑞坚：《安徽省之土地分配与租佃制度·中央政治学院地政学院研究报告之五》，正中书局 1937 年版。

郭松义：《清代的自耕农和自耕农经济》，《清史论丛》（2009 年号），中国社会科学院历史研究所清史研究室编，中国广播电视出版社 2008 年版。

韩德章：《浙西农村之借贷制度》，《社会科学杂志》1932 年第 2 期。

韩德章：《浙西农村之租佃制度》，《社会科学杂志》1934 年第 1 期。

郝秉键：《西方史学界的明清"绅士论"》，《清史研究》2007 年第 2 期。

何国蕊等：《国家儒家伦理思想对财产权利制度的影响分析》，《上海经济研究》2008 年第 5 期。

何莉萍：《从"二五减租"运动看民国时期土地政策之实施》，《湖南社会科学》2006 年第 2 期。

洪亮吉：《意言·生计篇》，《洪北江诗文集》，商务印书馆 1935 年版。

华东军政委员会土地改革委员会，《福建省农村调查》，1952 年版。

华东军政委员会土地改革委员会，《浙江省农村调查》，1952 年版。

华东军政委员会土地改革委员会，《江苏省农村调查》，1952 年版。

江太新：《论福建押租制的发生和发展》，《中国经济史研究》1989 年第 1 期。

金陵大学农学院农业经济系，《豫鄂皖赣四省之租佃制度》，金陵大学农业经济系，1936 年。

靳涛：《制度结构与制度变迁——一个历史与逻辑相结合的视角》，《演化与创新经济学评论》，科学出版社 2008 年版。

经君健：《清代民田主佃关系政策的历史地位——清代民田主佃关系

政策的探讨之三》，《中国经济史研究》1988 年第 2 期。

柯荣柱：《制度与经济增长：阿西莫格鲁（Acemoglu）与新政治经济学思想简介》，天则经济所 340 次双周学术论坛，2007 年。

李必樟：《清代（1644—1911）物价的长期趋势》，《上海经济研究》1983 年第 2 期。

李伯重：《理论、方法、发展趋势：中国经济史研究新探》，清华大学出版社 2002 年版。

李伯重：《中国全国市场的形成：1500—1840》，《清华大学学报》1999 年第 4 期。

李德英：《国家法令与民间习惯：民国时期成都平原租佃制度新探》中国社会科学出版社 2006 年版。

李德英：《民国时期成都平原的押租与押扣——兼与刘克祥先生商榷》，《近代史研究》2007 年第 1 期。

李德英：《民国时期成都平原土地转租问题探讨》，《史林》2006 年第 3 期。

李金铮：《20 世纪上半期中国乡村经济交易的中保人》，《近代史研究》2003 年第 6 期。

李力：《清代民间土地契约对典的表达及其意义》，《金陵法律评论》2006（春）。

李龙潜：《清代广东土地契约文书中的几个问题》，转引自《明清广东社会经济研究》，上海古籍出版社 2006 年版。

李三谋、李震：《民国前中期土地租佃关系的变化》，《农业考古》2000 年第 3 期。

李三谋：《民国前中期土地贸易之特征》，《中国农民》1998 年第 2 期。

李文海，夏明方等：《民国时期社会调查丛编（二编）·乡村经济卷》（上、中、下），福建教育出版社 2009 年版。

李文治、江太新：《中国地主制经济论》，中国社会科学出版社 2005 年版。

李文治：《把地主制经济的发展变化作为考察某些历史问题的中心线

索》,《中国经济史研究》1996年第2期。

李文治:《论清代前期的土地占有关系》,《历史研究》1963年第5期。

李文治《再论地主制经济与封建社会长期延续》,《中国经济史研究》1992年第2期。

李学昌主编:《20世纪常熟农村社会变迁》,华东师范大学出版社1998年版。

梁漱溟:《中国文化要义》,学林出版社1987年版。

梁治平:《清代习惯法:社会与国家》,中国政法大学出版社1996年版。

林毅夫:《关于制度变迁的经济学理论:诱致性变迁和强制性变迁》,生活·读书·新知三联书店1994年版。

刘大钧:《我国佃农经济状况》,上海太平洋书店1929年版。

刘军、王询:《中国南北方汉族居住区宗族聚居的地域差异》,《东北财经大学学报》2007年第2期。

刘克祥:《20世纪30年代地权集中趋势及其特点——30年代土地问题研究之二》,《中国经济史研究》2001年第3期。

刘克祥:《近代四川的押租制与地租剥削》,《中国经济史研究》2005年第1期。

刘秋根:《清代典当业的法律调整》,《中国经济史研究》2012年第3期。

刘逖:《前近代中国总量经济研究(1600—1840):兼论安格斯·麦迪森对明清GDP的估算》,上海人民出版社2010年版。

龙登高、龚宁、孟德望:《近代公共事业的制度创新:利益相关方合作的公益法人模式——基于海河工程局中外文档案的研究》,《清华大学学报》2017年第6期。

龙登高、何国卿:《土改前夕地权分配的检验与解释》,《东南学术》2018年第4期。

龙登高、林展、彭波:《典与清代地权交易体系》,《中国社会科学》2013年第5期。

龙登高、彭波：《近世佃农的经营性质与收益比较》，《经济研究》2010年第1期。

龙登高、王明、黄玉玺：《公共品供给的微观主体及其比较——基于中国水运基建的长时段考察》，《管理世界》2020年第4期。

龙登高、王正华、伊巍：《传统民间组织治理结构与法人产权制度——基于清代公共建设与管理的研究》，《经济研究》2018年第10期。

龙登高、温方方、邱永志：《典田的性质与权益——基于清代与宋代的比较研究》，《历史研究》2016年第5期。

龙登高、温方方：《传统地权交易形式辨析——以典为中心》，《浙江学刊》2018年第4期。

龙登高、温方方：《论中国传统典权交易的回赎机制——基于清华馆藏山西契约的研究》，《经济科学》2014年第5期。

龙登高：《从平均地权到鼓励流转》，《河北学刊》2018年第3期。

龙登高：《地权交易：融通需求与维系产权的取向》，中国工商业、金融史的传统与变迁——十至二十世纪中国工商业、金融史国际学术研讨会论文集，2007年。

龙登高：《地权交易与生产要素组合：1650—1950》，《经济研究》2009年第2期。

龙登高：《地权市场与资源配置》，福建人民出版社2012年版。

龙登高：《历史上中国民间经济的自由主义朴素传统》，《思想战线》2012年第3期。

龙登高：《清代地权交易形式的多样化发展》，《清史研究》2008年第3期。

龙登高：《中国传统地权制度及其变迁》，《近代史研究》2019年第1期。

龙登高：《中国传统地权制度论纲》，《中国农史》2020年第2期。

卢现祥：《西方新制度经济学》，中国发展出版社2003年版。

罗海山：《传统中国的契约：法律与社会——以土地买卖、典当契约为对象的考察》，博士学位论文，吉林大学，2005年。

罗仑、景甦：《清代山东经营地主经济研究》，齐鲁书社1985年版。

毛泽东：《毛泽东农村调查文集》，人民出版社1982年版。

莫宏伟：《近代中国农村的永佃权述析——以苏南为例》，《学术论坛》2005年第7期。

倪静雯：《清末山东农村家族财产代际传递研究——以广饶杜氏家族地契、分家书和继单为例》，《中国农史》2013年第6期。

宁波：《清代社会结构变迁的历史特点之一——乡绅势力对基层社会控制的加强》，《牡丹江师范学院学报》2002年第6期。

农业推广部：《南昌全县农村调查报告》，江西省农业院专刊，1935年。

彭文宇：《清代福建田产典当研究》，《中国经济史研究》1992年第2期。

前南京国民政府司法行政部编：《民事习惯调查报告录》（上册），中国政法大学出版社1998年版。

前南京国民政府司法行政部编：《民事习惯调查报告录》（下册），中国政法大学出版社2000年版。

乔启明、蒋杰：《抗战以来各省地权变动概况》，农业促进委员会1942年版。

乔启明：《江苏昆山南通安徽宿县农佃制度之比较以及改良农佃问题之建议》，金陵大学：农林丛刊，1926年。

乔榛、焦方义、李楠：《中国农村经济制度变迁与农业增长——对1978—2004年中国农业增长的实证分析》，《经济研究》2006年第7期。

秦晖：《传统中国的乡村基层控制》，转引自［美］黄宗智主编《中国乡村研究》（第一辑），商务印书馆2005年版。

秦晖：《田园诗与狂想曲》，中央编译出版社1996年版。

秦勇：《古代不动产亲邻先买权的经济分析》，《甘肃农业》2005年第2期。

邱建立：《民国时期租栈制度在苏南的运作——以苏州、松江的若干租栈为例》，博士学位论文，华东师范大学，2011年。

瞿同祖：《清代地方政府》，范忠信、晏锋译，何鹏校，法律出版社2003年版。

（清）阿桂等：《大清律例·刑律》，中华书局2015年版。

厦门大学历史研究所中国社会经济史研究室：《福建经济发展简史》，厦门大学出版1989年版。

施由民：《清代江西的土地租佃与买卖初探》，《农业考古》1994年第1期。

实业部国际贸易局：《中国实业志·山西省》，实业部国际贸易局，1937年。

史建云：《近代华北土地买卖的几个问题（三）》，华北乡村史学术研讨会论文集，2001年。

史建云：《彭慕兰著〈大分流：欧洲，中国及现代世界经济的发展〉》，《历史研究》2002年第2期。

舒仁德：《记一套清雍正至中华民国年间的系列地契》，《文物鉴定与鉴赏》2016年第10期。

四川省档案馆编：《清代巴县档案汇编》（乾隆卷），档案出版社1991年版。

四川省档案馆编著：《清代乾嘉道巴县档案选编》（上），四川大学出版社1996年版。

苏汝江：《昆阳农村经济之研究》，国立清华大学国情普查研究所专题研究之一（手稿）。

孙钦良：《地契大观园：补契、老契、换契》，《洛阳晚报》2010年5月20日。

唐文基：《关于明清时期福建土地典卖中的找价问题》，《史学月刊》1992年第3期。

陶希圣：《清代州县衙门刑事审判制度及程序》，《食货月刊复刊》1971年第1期。

汪柏树：《坚持以徽读徽——解读民国徽州土地卖契中的当、卖及典卖之典》，《黄山学院学报》2010年第12期。

汪丁丁：《哈耶克"扩展秩序思想"初论》，生活·读书·新知三联书店 1996 年版。

王恩荣：《安徽的一部——潜山农民状况》，《东方杂志》第 24 卷第 16 号，1927 年 8 月。

王家范，《清江南消费性质与消费效果解析——明清江南消费经济探测之二》，《上海社会科学院学术季刊》1988 年第 2 期。

王建革：《人口、生态与地租制度》，《中国农史》1998 年第 3 期。

王奇生：《民国时期乡村权力结构的演变·中国社会史论》，湖北教育出版社 2000 年版。

王小嘉：《从二五到三七五：近代浙江租佃制度与国民党浙江二五减租政策的嬗变》，《中国经济史研究》2006 年第 4 期。

韦森：《惯例的经济分析——演化博弈论制度分析的新进展》，天益网·天益思想库，2006 年。

韦森：《哈耶克式自发制度生成论的博弈论诠释》，《中国社会科学》2003 年第 6 期。

韦森：《习俗的本质与生发机制探源》，《中国社会科学》2000 年第 5 期。

魏金玉：《清代押租制度新探》，《中国经济史研究》1993 年第 3 期。

乌廷玉：《旧中国地主富农占有多少土地》，《史学集刊》1998 年第 1 期。

吴欣：《明清时期的"中人"及其法律作用与意义——以明清徽州地方契约为例》，《南京大学法律评论》2004 年第 1 期。

伍若贤：《清代民国珠江三角洲的乡族田与二路地主》，《广东社会科学》1987 年第 4 期。

向松祚：《张五常经济学》，朝华出版社 2005 年版。

萧振亚：《萧山县租佃制度》，成文出版社有限公司 1977 年版。

萧铮：《民国二十年代中国大陆土地问题资料》，成文出版社、美国中文资料中心 1977 年版。

谢肇华：《清代实物定额租制的特点及其影响》，《青海社会科学》1985 年第 3 期。

邢丙彦：《民国时期松江地主收租组织的地租形态与货币折租》，《社会科学》2004 年第 11 期。

修朋月、宁波:《清代社会乡绅势力对基层社会控制的加强》,《北方论丛》2003 年第 1 期。

徐勇:《非均衡的中国政治:城市与乡村比较》,中国广播电视出版社 1992 年版。

徐祖澜:《乡村之治与国家权力——以明清时期中国乡村社会为背景》,《法学家》2010 年第 6 期。

许涤新、吴承明:《中国资本主义发展史第一卷:中国资本主义的萌芽》,人民出版社 2003 年版。

薛人:《河北临城县农村概况》,《中国农村经济论文集》,1936 年。

杨国桢:《明清土地契约文书研究》,人民出版社 1988 年版。

杨国桢:《清代闽北土地文书选编(一)》,《中国社会经济史研究》1982 年第 1 期。

杨立新:《大清民律草案 民国民律草案》,吉林人民出版社 2002 年版。

杨瑞龙、聂辉华:《不完全契约理论:一个综述》,《经济研究》2006 年第 2 期。

杨士泰:《清末民国地权制度变迁研究》,中国社会科学出版社 2010 年版。

杨小凯,John Wiley & Sons:《百年中国经济史笔记:中国的原始资本主义——晚清的经济历史,民国经济史》,《中华人民共和国经济史,中国的经济改革》,中国社会科学出版社 2000 年版。

杨小凯:《民国经济史》,《开放时代》2001 年第 9 期。

叶显恩:《明清徽州农村社会与仆佃制》,安徽人民出版社 1983 年版。

应廉耕:《四川省租佃制度》,中国农民银行四川农村经济调查委员会调查报告第 7 号,1941 年。

尤建霞:《苏州的地主与农民》,《苏州文史资料》(1—5 辑),1990 年。

游海华:《清末至民国时期赣闽粤边区农业变迁与转型》,《史学月刊》2005 年第 6 期。

于建嵘:《乡村自治:皇权、族权和绅权的联结——清末乡村社会政治特征的诠释》,《探索与争鸣》2003 年第 3 期。

俞如先：《民间典当的中人问题：以清至民国福建闽西为视点》，《福建论坛·人文社会科学版》2009年第5期。

翟家骏：《身份与财产：比较法视野下的分家析产习惯》，《清华法治论衡》，2017年。

张介人：《清代浙东契约文书辑选（宁波文化研究工程·历史文献整理系列）》，浙江大学出版社2008年版。

张介人：《清代浙东契约文书辑选》，浙江大学出版社2011年版。

张佩国：《地权、家族、村落》，学林出版社2007年版。

张五常：《佃农理论》，中信出版社2010年版。

张五常：《经济解释》，中信出版社2015年版。

张研：《18世纪前后清代农家生活消费的研究》，《古今农业》2005年第4期。

张研：《关于清代族田分布的初步考察》，《中国经济史研究》1991年第1期。

张研：《清代江南收租机构简论》，叶显恩主编《清代区域社会经济研究》，中华书局1992年版。

张研：《清代族田和基层社会结构》，中国人民大学出版社1991年版。

张一平：《苏南"土改"中一田两主地权结构的变动》，《中国农史》2011年第3期。

张应强、王宗勋主编：《清水江文书（第二辑）》，广西师范大学出版社2007年版。

张占力：《明清时期绅士阶层在宗族保障中的作用探析》，《山东省农业管理干部学院学报》2010年第1期。

张仲礼：《中国绅士——关于其在19世纪中国社会中作用的研究》，李荣昌译，上海社会科学院出版社1991年版。

赵冈：《传统农村社会的地权分散过程》，《南京农业大学学报》2002年第2期。

赵冈：《地权分配之太湖模式再检讨》，《中国农史》2003年第1期。

赵冈：《论一田两主》，《中国社会经济史研究》2007年第1期。

赵冈：《清代前期地权分配的南北比较》，《中国农史》2004年第3期。

赵冈:《清末兰溪的地权分配》,《浙江学刊》2008年第1期。

赵冈:《中国传统农村的地权分配》,联经出版事业股份有限公司2005年版。

赵冈:《中国传统社会地权分配的周期波动》,《中国经济史研究》2003年第3期。

赵晓力:《中国近代农村土地交易中的契约、习惯与国家法》,《北大法律评论》1998年第1期。

赵旭东:《权力与公正——乡土社会的纠纷解决与权威多元》,天津古籍出版社2003年版。

郑北林:《租栈浅析》,《史学集刊》1990年第3期。

郑振满:《明清时期闽北乡族地主经济》,《清史研究》2003年第2期。

郑振满:《清至民国闽北六件"分关"的分析》,《中国社会经济史研究》1984年第3期。

中国农民银行:《四川农村经济调查委员会调查报告7号》,1941年。

中国人民银行江西省分行金融研究所:《湘鄂赣革命根据地银行简介》,1987年印行。

衷海燕:《士绅、乡绅与地方精英——关于精英群体研究的回顾》,《华南农业大学学报》2005年第2期。

周荣:《永佃权与清代农民生活》,《史学月刊》2002年第4期。

周远廉,谢肇华:《清代租佃制研究》,辽宁人民出版社1986年版。

朱继胜:《瑶族习惯法研究》,中国法制出版社2015年版。

中译本

[德] 马克斯·韦伯:《儒教与道教》,王容芬译,商务印书馆1995年版。

[美] 孔飞力:《中国现代国家的起源》,陈兼、陈之宏译,生活·读书·新知三联书店2013年版。

[美] 李怀印:《重构近代中国》,岁有生、王奇生译,中华书局2013年版。

［美］H. 培顿·扬：《个人策略与社会结构：制度的演化理论》，王勇译，上海人民出版社 2004 年版。

［美］阿夫纳·格雷夫：《大裂变：中世纪贸易制度比较和西方的兴起》，中信出版社 2008 年版。

［美］阿里斯：《技术在经济学理论中的地位》，《美国经济评论》1953 年第 5 期。

［美］艾伯华（Wolfram Eberhard）：《中国通史》，王志超、武婵译，金城出版社 2012 年版。

［美］安德鲁·肖特：《社会制度的经济理论》，陆铭、陈钊译，上海财经大学出版社 2003 年版。

［美］卜凯：《中国农场经济》，张履鸾译，商务印书馆 1936 年版。

［美］卜凯：《中国土地利用》，金陵大学农业经济系，1941 年版。

［美］步德茂：《过失杀人、市场与道德经济——十八世纪中国财产权的暴力纠纷》，社会科学文献出版 2008 年版。

［美］丹尼斯·缪勒：《公共选择理论》，中国社会科学出版社 1999 年版。

［美］道格拉斯·诺斯、罗伯斯·托马斯：《西方世界的兴起》，厉以平、蔡磊译，华夏出版社 1989 年版。

［美］杜赞奇：《文化、权力与国家——1900—1942 年的华北农村》，江苏人民出版社 1996 年版。

［美］凡勃伦：《有闲阶级论》，商务印书馆 1964 年版。

［美］费正清：《美国与中国》，世界知识出版社 2008 年版。

［美］弗鲁博顿、［德］芮切特：《新制度经济学：一个交易费用分析范式》，姜建强、罗长远译，上海人民出版 2006 年版。

［美］黄宗智：《法典、习俗与司法实践：清代与民国的比较》，上海书店出版社 2003 年版。

［美］黄宗智：《华北小农经济与社会变迁》，中华书局 1985 年版。

［美］黄宗智：《集权的简约治理——中国以准官员和纠纷解决为主的半正式基层行政》，《中国乡村研究》第五辑，2007 年。

［美］黄宗智：《清代的法律、社会与文化：民法的表达与实践》，上海

书店出版社 2007 年版。

［美］康芒斯：《制度经济学．上册》，商务印书馆 1962 年版。

［美］科斯等：《财产权利与制度变迁——产权学派与新制度经济学派译文集》，上海三联书店 1991 年版。

［美］肯尼斯·约瑟夫·阿罗：《社会选择与个人价值》，丁建峰译，上海人民出版社 2010 年版。

［美］马若孟：《中国农民经济——河北和山东的农业发展：1890—1949 年》，江苏人民出版社 1999 年版。

［美］米契尔：《商业循环问题及其调整》，商务印书馆 1962 年版。

［美］珀金斯：《中国农业的发展：1368—1968》，上海译文出版社 1984 年版。

［美］塞特菲尔德：《制度滞后模型》，《经济译文》1995 年第 4 期。

［美］张五常：《佃农理论——应用于亚洲的农业和台湾的土地改革》，易宪容译，美国芝加哥大学出版社 1969 年版。

［美］赵冈：《永佃制研究》，中国农业出版社 2005 年版。

［美］赵冈：《中国传统农村的地权分配》，新星出版社 2006 年版。

［日］岸本美绪：《清代中国的物价与经济波动》，社会科学文献出版社 2010 年版。

［日］村松祐次、邢丙彦：《清末民初江南地主制度文书研究》，《史林》2005 年第 3 期。

［日］村松祐次：《近代江南的租栈——中国地主制度的研究》，东京大学出版会 1970 年版。

［日］青木昌彦：《比较制度分析》，上海远东出版社 2001 年版。

［日］滋贺秀三、寺田浩明等：《明清时期的民事审判与民间契约》，王亚新、梁治平编译，法律出版社 1998 年版。

［日］滋贺秀三：《清代诉讼制度之民事法源的概括性考察》，转引自王亚新等编译《明清时期的民事审判与民间契约》，法律出版社 1998 年版。

［英］李嘉图：《政治经济学及赋税原理》，商务印书馆 1962 年版。

［英］马歇尔著：《经济学原理》，廉运杰译，华夏出版社 2005 年版。

[英]亚当·斯密著:《国民财富的性质和原因的研究》(上、下),郭大力、王亚南译,商务印书馆2011年版。

英文文献

Andreu Mas-colell, Michael D. Whinston and Jerry R. Green. *Microeconomic Theory*. Oxford University Press, 1995.

Angus Deaton, Guy Laroque. Housing, Land Prices, and Growth. *Journal of Economic Growth*, 2001, 6 (2): 87 – 105.

Buck. *Chinese Farm Economy*. Chicago: University of Chicago Press, 1930.

Daron Acemoglu, Simon Johnson and James Robinson. The Rise of Europe: Atlantic Trade, Institutional Change, and Economic Growth. *The American Economic Review*, June 2005.

Duara, Prasenjit. *Culture, Power, and the State: Rural North China, 1900 – 1942*. Stanford, Calif.: Stanford University Press, 1988.

Francoise Forges. Equilibria with Communication in a Job Market Example. *The Quarterly Journal of Economics*, 1990, 105 (2): 375 – 398.

George C. S. Lin, Samuel P. S. Ho. The State, Land System, and Land Development Processes in Contemporary China. *The Association of American Geographers*, 2005, 95 (2): 411 – 436

Hardin, Russell. *Collective Action*. Baltimore: Johns Hopkins University Press, 1982.

Hart and Moore. Property Rights and the Nature of the Firm. *Journal of Political Economy*, 1990, Vol 98: 1119 – 1158.

Ho, ping-ti (何炳棣), *Studies on Population of China, 1365 – 1953*. Cambridge Mass: Harvard University Press, 1959.

James Kai-sing Kung. Choice of Land Tenure in China: The Case of a County with Quasi-Private Property Rights. *Economic Development and Cultural Change*, 2002, 50 (4): 793 – 817.

Justin Yifu Lin. Endowments, Technology, and Factor Markets: A Natural Experiment of Induced Institutional Innovation from China's Rural Reform. *American Journal of Agricultural Economics*, 1995, 77 (2): 231 - 242.

Maddison, Augus. *Dynamic Forces in Capitalist Development: Long-run Comparative view*. Oxford: Oxford University Press, 1991.

Madeleine Zelin. The Rights of Tenants in Mid-Qing Sichuan: A Study of Land-Related Lawsuits in the Baxian Archives. *Journal of Asian Studies*. May 1986, No. 3.

Martin J. Osborne. *An Introduction to Game Theory*. Shanghai: ShangHai University of Finance and Economics Press, 2005.

Mark Elrìn, *The Pattern of the Chinese Past*, Stanford University Press, 1973.

M. Aoki, Y. Hayami, *Communities and Markets in Economic Development*. Oxford University Press, 2001

Mussa, M. and S. Rosen. Monopoly and Product Quality. *Journal of Economic Theory*. 1978 (18): 1191 - 1220.

North, Douglass C. *Structure and Change in Economic History*. New York: W. W. Norton, 1981.

North, Douglass C. *Institution, Institution change and performance*. New York: Cambridge University Press, 1990.

North, Douglass C. John Joseph Wallis, Barry R. Weingast, *Violence and Social Orders*. Cambridge University Press, 2009.

Russell, Conrad. *The Causes of the English Civil War*. New York: Oxford University Press, 1990.

Shen, Zhijia (沈志佳), *Zouping, 1911 - 1949: a Social and Political History*, Thesis (Ph. D.), The University of Chicago, 1997.

Skinner, G. William. Marketing and Social Structure in Rural China. *Journal of Asian Studies* 1964 - 65, 24 (1): 3 - 44; 24 (2): 195 - 228; 24 (3): 363 - 99.

Thomas M. Buoye. Manslaughter Markets, *Moral Economy: Violent Dis-*

putes over Property Rights in Eighteenth-century China. Cambridge University Press, 2000.

Yang Yao. The Development of the Land Lease Market in Rural China. *Land Economics*, 2000, 76 (2): 252 – 266.

Van Zanden, Jan L. *The Rise and Decline of Holland's Economy.* Manchester: University of Manchester Press, 1993.